René T. Proyer / Tuulia M. Ortner

Praxis der Psychologischen Gutachtenerstellung

Schritte vom Deckblatt bis zum Anhang

Verlag Hans Huber

Adressen der Autoren:

Dr. René Proyer
Universität Zürich
Psychologisches Institut
Persönlichkeitspsychologie und Diagnostik
Binzmühlestrasse 14/7
CH-8050 Zürich
Tel: +41 (0)44 63 575 24
Fax: +41 (0)44 63 575 29
Homepage: http://www.psychologie.uzh.ch/perspsy/ueber_uns/proyer.php
E-Mail: r.proyer@psychologie.uzh.ch

Prof. Dr. Tuulia M. Ortner
Fachbereich Erziehungswissenschaft und Psychologie
Arbeitsbereich Psychologische Diagnostik
Freie Universität Berlin
Habelschwerdter Allee 45
D-14195 Berlin
Tel.: (030) 838-556 49 Fax: (030) 838-556 47
Homepage: http://www.ewi-psy.fu-berlin.de/diagnostik
E-Mail: tuulia.ortner@fu-berlin.de

Lektorat: Monika Eginger
Herstellung: Daniel Berger
Druckvorstufe: Claudia Wild, Stuttgart
Umschlag: Atelier Mühlberg, Basel
Druck und buchbinderische Verarbeitung: Hubert & Co., Göttingen
Printed in Germany

Bibliografische Information der Deutschen Nationalbibliothek
Die Deutsche Nationalbibliothek verzeichnet diese Publikation in der Deutschen Nationalbibliografie; detaillierte
bibliografische Daten sind im Internet über http://dnb.d-nb.de abrufbar.

Anregungen und Zuschriften bitte an:
Verlag Hans Huber
Hogrefe AG
Länggass-Strasse 76
CH-3000 Bern 9
Tel: 0041 (0)31 300 45 00
Fax: 0041 (0)31 300 45 93

1. Auflage 2010
© 2010 by Verlag Hans Huber, Hogrefe AG, Bern
ISBN 978-3-456-84782-5

Proyer/Ortner
**Praxis der Psychologischen
Gutachtenerstellung**

Aus dem Programm Verlag Hans Huber
Psychologie Lehrtexte

Von den Autoren ist im Verlag Hans Huber ebenfalls erschienen:

Tuulia M. Ortner/René T. Proyer/Klaus D. Kubinger (Hrsg.)
Theorie und Praxis Objektiver Persönlichkeitstests
(ISBN 978-3-456-84307-0)

Im Verlag Hans Huber ist weiterhin erschienen – eine Auswahl:

Sieghard Beller
Empirisch forschen lernen
Konzepte, Methoden, Fallbeispiele, Tipps
(ISBN 978-3-456-84608-8)

Guy Bodenmann/Meinrad Perrez/Marcel Schär/Andrea Trepp
Klassische Lerntheorien
Grundlagen und Anwendungen in Erziehung und Psychotherapie
(ISBN 978-3-456-84073-4)

Ingwer Borg/Thomas Staufenbiel
Theorien und Methoden der Skalierung
Eine Einführung
(ISBN 978-3-456-82881-7)

Volker Gadenne
Philosophie der Psychologie
(ISBN 978-3-456-84123-6)

Rainer Leonhart
Lehrbuch Statistik
Einstieg und Vertiefung
(ISBN 978-3-456-84611-8)

Jürgen Rost
Lehrbuch Testtheorie – Testkonstruktion
(ISBN 978-3-456-83964-6)

Weitere Informationen über unsere Neuerscheinungen finden Sie im Internet unter www.verlag-hanshuber.com

Inhaltsverzeichnis

Abbildungsverzeichnis

Tabellenverzeichnis

Vorwort

Dieses Buch basiert überwiegend auf den Erkenntnissen und Erfahrungen, welche wir während unseres eigenen Studiums sowie später in der Zeit als Lehrende am Lehrstuhl für Psychologische Diagnostik an der Wiener Fakultät für Psychologie gesammelt haben. Die Ausbildung in Psychologischer Diagnostik in Wien basiert auf dem Ausbildungskonzept von Klaus Kubinger. Der Studienplan sieht mehrere Ausbildungsstufen vor und kann hinsichtlich der vermittelten Pflichtinhalte sowie an Möglichkeiten zur fachlichen Spezialisierung im deutschsprachigen Raum als einmalig bezeichnet werden: Die Studierenden der Fakultät für Psychologie in Wien fassen dabei bis zum Studienabschluss sechs vollständige Psychologische Gutachten ab. Je zwei Gutachten werden in den allgemeinen Bereichen Leistungs- bzw. Persönlichkeitsdiagnostik abgefasst. Zwei weitere entstehen auf den darauf erworbenen Kenntnissen aufbauend in Praxisseminaren, in der Regel bei der Bearbeitung von Echtfällen (z. B. Eignungsauswahl, Begutachtungen Arbeitssuchender, Neuropsychologische Patienten, Familiendiagnostik). Das vorgelegte Buch soll die verschiedenen Schritte bei der Abfassung Psychologischer Gutachten beleuchten, konkrete Handlungsmöglichkeiten beschreiben und typische Probleme, die Studierende bei der Erstellung von Gutachten berichtet haben, aufgreifen und Lösungsmöglichkeiten anbieten.

Auf dem Buchmarkt existieren bereits sehr empfehlenswerte Bücher zur Erstellung Psychologischer Gutachten. Das Ziel dieses neuen Buchs ist es nicht, die bestehenden Werke zu diesem Thema zu ersetzen. Wir verstehen dieses Buch als praktische Ergänzung zur bestehenden Literatur. Empfehlen möchten wir als Grundlage für die Abfassung das Buch *Psychologische Gutachten schreiben und beurteilen* von Karl Westhoff und Marie-Luise Kluck (2008). Viele praktische Hinweise zum diagnostischen Prozess und zur Gutachtenerstellung finden sich auch bei Klaus D. Kubinger (*Einführung in die Praxis Psychologischen Diagnostizierens,* 2006). Grundlagen der Gutachtenerstellung im forensischen Bereich, Merkmale diagnostischer Fragestellungen sowie detaillierte Hinweise zur Gliederung aus rechtspsychologischer Sicht werden von Berndt Zuschlag (2002) in *Das Gutachten des Sachverständigen* beschrieben (s. a. Ackerman, 2006). Die Motivation das vorliegende Buch, welches einige Jahre Studierenden der Universität Wien und Zürich als Skriptum zur Verfügung stand, zu veröffentlichen, entstand durch immer wiederkehrende spannende praktische Fragen von Studierenden, die in der bisher bestehenden Literatur nicht oder nur am Rande behandelt werden.

Dieses Buch soll einen praktischen Leitfaden für die Erstellung psychologischer Gutachten darstellen. Neben formalen Hinweisen finden sich zahlreiche Beispiele aus studentischen Gutachten oder aus Gutachten von Psychologinnen und Psychologen aus der diagnostischen Praxis. Ein Ziel ist es, anhand dieser Beispiele eine möglichst anschauliche Darstellung zu erreichen. Darüber hinaus wird auch der Versuch unternommen, allgemeine Schemata zu entwickeln anhand derer die Ergebnisdarstellung von beliebigen, hier in diesem Buch nicht genannten, psychologisch-diagnostischen Verfahren ermöglicht werden soll. Der psychologisch-diagnostische Prozess, der hinter der Erstellung eines Gutachtens steht, wird von der Erstellung des Deckblatts bis zur Ableitung von Maßnahmenvorschlägen demonstriert. Der Aufbau des Buches folgt dabei weitgehend dem eines psychologischen Gutachtens.

Einführend geben wir eine kurze Definition Psychologischer Gutachten und umreißen die üblichen Rahmenbedingungen und die Funktion von Begutachtungen.

Unsere Schwerpunkte setzen wir in folgenden Bereichen: Ausgehend von allgemeinen Grundlagen und Überlegungen zu psychologisch-diagnostischen Fragestellungen wird auf die Gestaltung des Deckblatts (Kap. 3), die Darstellung des bisherigen Sachverhalts (Kap. 4) und auf die Formulierung von Hypothesen und Anforderungen (Kap. 5) eingegangen. Daran schließen Überlegungen zur Auswahl und Hinweise zur Beschreibung der eingesetzten psychologisch-diagnostischen Verfahren im Gutachten (Kap. 6) mit einem Beispiel zur Operationalisierbarkeit gegebener Anforderungen an. Die Darstellung eines diagnostischen Gesprächs (Kap. 7) sowie die Darstellung von Testergebnissen, Fragebogendaten und Ergebnissen aus weiteren Verfahren (Kap. 8) werden anschließend behandelt. In den darauf folgenden Abschnitten werden die Gelegenheitsbeobachtung und ihre Darstellung im Gutachten diskutiert (Kap. 9). Es folgen Ausführungen zur Zusammenfassung der Ergebnisse (Kap. 10), zur Stellungnahme und Entscheidung (Kap. 11), sowie Empfehlungen für die Rückmeldung und Interventions- bzw. Maßnahmenvorschläge (Kap. 12). Informationen zum Zusatz sowie zu Anhängen finden sich in Kapitel 13.

Bei den Vorschlägen, die wir für die konkrete Erstellung Psychologischer Gutachten geben, ist zu betonen, dass der dargestellte Weg sicherlich nicht *der einzige mögliche und fachlich richtige* Weg ist, Gutachten abzufassen. Es gibt eine Vielzahl von Möglichkeiten, Informationen sachlich richtig und nachvollziehbar darzustellen und zu gliedern.

Im vorliegenden Buch werden an verschiedenen Stellen Ausschnitte aus Gutachten wiedergegeben, die von Studierenden erstellt wurden. Selbstverständlich sind dabei alle personenbezogenen Angaben anonymisiert. Wir legen großen Wert auf die Feststellung, dass die Wiedergabe der Zitate ausschließlich aus didaktischen Gründen erfolgt und keinesfalls, um Studierende in irgendeiner Art und Weise «vorzuführen». Im Gegenteil sei an dieser Stelle der große Respekt vor den überwiegend sehr guten Leistungen der Studierenden in verschiedenen Seminaren zum Ausdruck gebracht, im Rahmen derer die Gutachten entstanden sind, aus denen hier zitiert wird. In großer Mehrheit bewältigen die Studierenden die komplexe und anspruchsvolle Aufgabe, ein erstes eigenes Gutachten zu verfassen, mit großem Engagement, Interesse und Erfolg. Dass dabei Fehler passieren ist selbstverständlich und trägt (nach erfolgter Rückmeldung) zum eigenen Lernen und durch Wiedergabe in Lehrveranstaltungen oder Büchern auch zum Lernerfolg anderer bei. Somit sei den Studierenden an dieser Stelle auch ausdrücklich ein Lob ausgesprochen!

Wir bedanken uns bei Frau Mag. Isabella Vormittag und Frau Eva Weißkopf für hilfreiche Hinweise und sorgfältiges Korrekturlesen. Ausserdem danken wir Stephanie Estoppey, Rahel Flisch und Noah Savary für Ihre Unterstützung bei der Fertigstellung des Manuskripts.

Wir freuen uns über Anmerkungen, Kritik und Hinweise, die zur Verbesserung dieses Buches führen.

René Proyer und Tuulia Ortner
(Zürich und Berlin, 2009)

1 Grundlagen

Vor der Abfassung eines Gutachtens ist es sinnvoll, sich die Zielsetzung von Psychologischen Gutachten in Erinnerung zu rufen. Schmidt (1999) schlägt als Definition vor: «Selbstständige (in sich geschlossene) zusammenfassende Darstellung der psychodiagnostischen Vorgehensweise, der Befunde und Schlussfolgerungen in Bezug auf eine hinsichtlich einer konkreten Fragestellung zu begutachtenden Person, Institution oder Situation, basierend auf einem der Fragestellung gemäßen, angemessen komplexen diagnostischen Prozess für einen Gutachtenempfänger (Auftraggeber). Mit Hilfe des Gutachtens soll sein Empfänger Entscheidungen in seinem System (seinem diagnostischen Prozess) fundierter treffen können» (S. 468). In der Literatur finden sich verschiedene weitere Definitionen, die sich im Wesentlichen nur in Details unterscheiden. In den *Richtlinien für die Erstellung Psychologischer Gutachten* von Zuschlag (2006) wird die Bedeutung der *wissenschaftlichen* Auseinandersetzung mit dem Thema hervorgehoben. Das psychologische Gutachten wird dort wie folgt definiert: «Ein psychologisches Gutachten ist eine wissenschaftliche Leistung eines qualifizierten psychologischen Sachverständigen. Diese besteht darin, dass auf der Grundlage von wissenschaftlich anerkannten Untersuchungs- und Beurteilungsmethoden und -kriterien im Hinblick auf die Beantwortung einer vom Auftraggeber vorgegebenen Fragestellung Daten bei Probanden erhoben, sachverständig ausgewertet und beurteilt werden, so dass der Sachverständige die Frage(n) des Auftraggebers aufgrund seines psychologischen Fachwissens, der Berücksichtigung des aktuellen Forschungsstandes und seiner einschlägigen Berufserfahrung beantworten kann» (S. 13). Diese Definition hat eine Reihe wichtiger Implikationen:

- Bei der Abfassung psychologischer Gutachten sind wissenschaftliche Regeln einzuhalten.

- Zu Beginn werden Fragestellungen und Hypothesen gebildet.

- Das Ergebnis der Begutachtung darf nicht bereits zu Beginn feststehen.

- Personen, die diagnostizieren, müssen über Fachwissen verfügen und genau über den aktuellen Forschungsstand informiert sein.

● Psychologische Gutachtenerstellung darf nicht Selbstzweck sein («testen, um zu testen» bzw. testen, um ein Testergebnis zu erhalten), sondern ist auf eine konkrete Fragestellung bezogen.

Im Zentrum des diagnostischen Prozesses steht 1) eine konkrete, beantwortbare *psychologische Fragestellung.* Das Gutachten dient der Klärung dieser Fragestellung.

Ein anderer wesentlicher Aspekt besteht darin, dass es 2) Aufgabe bei der Erstellung eines Gutachtens ist, relevante Informationen zu sammeln und zu bündeln, die der auftraggebenden Person helfen sollen, Entscheidungen zu treffen. Weniger abstrakt formuliert geht es darum, eine Frage eindeutig zu beantworten und konkrete, *hilfreiche* Maßnahmenvorschläge zu erarbeiten.

Daraus lässt sich direkt ableiten, dass ein Gutachten, welches für die Person, die einen Auftrag zur Begutachtung vergibt, *keine* Hilfe ist, eine anstehende Entscheidung fundierter treffen zu können, am eigentlichen Zweck vorbei geht. Ein Beispiel dafür wäre, wenn die Testergebnisse auf Mängel in der Aufmerksamkeits- und Konzentrationsleistung hinweisen und als Intervention empfohlen wird, Aufmerksamkeit und Konzentration zu trainieren, *ohne konkrete* Hinweise zu geben, *wie* das in diesem Fall gemacht werden kann (zur Aufmerksamkeitsdiagnostik s. Heubrock & Petermann, 2001 sowie Büttner & Schmidt-Atzert, 2004; Modelle der Aufmerksamkeit finden sich z. B. bei Moosbrugger & Goldhammer, 2006). Ein konkreter Hinweis kann es dagegen – je nach Diagnose – sein, den Namen eines konkreten Trainingsprogramms zu nennen (und Institutionen oder Namen von Fachpersonen, die solche Trainings anbieten) oder eine Reihe von Einzelvorschlägen zu geben, die insgesamt helfen, die in Frage stehenden Fähigkeiten zu verbessern (in Kap. 12 wird dazu Stellung genommen).

Darüber hinaus ist 3) zu berücksichtigen, dass ein Gutachten stets *für* jemanden, für eine bestimmte Person oder Personengruppe abgefasst wird. Adressaten von Gutachten können sich in der Praxis hinsichtlich ihrer Aus- und Vorbildung beträchtlich unterscheiden. Personen, die den Auftrag zur Begutachtung geben und später das Gutachten lesen, sind oft psychologische Laien bzw. wenn sie selbst über psychologische Expertise verfügen, haben sie häufig nicht die entsprechenden Kenntnisse in Psychologischer Diagnostik im allgemeinen bzw. in Psychologischer Diagnostik im betreffenden Anwendungsfall. Deshalb ist in jedem Falle Verständlichkeit und Nachvollziehbarkeit des gesamten Gutachtens die oberste Maxime! Dies gilt selbstverständlich auch für die verbale Rückmeldung von Ergebnissen.

Smith Harvey (2006) nennt verschiedene Aspekte, welche die Klarheit Psychologischer Gutachten beeinträchtigen: 1) Beispielgutachten, die für Ausbildungszwecke erhältlich sind, sind auf einem Niveau geschrieben, das schwer zu verstehen ist; 2) für viele psychologische Begriffe gibt es keine allgemeingültigen Definitionen; 3) die Zeit, die es braucht, um Gutachten zu schreiben, die klar verständlich sind, ist beträchtlich; 4) es bleibt häufig unklar, wie Gutachten für verschiedene Zielpersonen (mit unterschiedlichem Ausbildungsniveau) abzufassen sind (»psychological reports should be written for multiple audiences with widely ranging education backgrounds: parents, teachers, school administrators, other psychologists, and often the client", S. 13). In seiner einflussreichen Arbeit spricht Thomae (1967) bei psychologischen Gutachten auch vom *Versuch der Kommunikation zwischen Experten und Laien*. Belassen wir es bei der Abfassung von Gutachten nicht bei dem bloßen *Versuch* zu kommunizieren (s. a. Groth-Marnat & Horvath, 2006; Smith Harvey, 2006)!

Die Bedeutung der Nachvollziehbarkeit für Laien beim diagnostischen Arbeiten wird auch an anderen Stellen hervorgehoben. Fisseni (1982; S. 9) nennt beispielsweise als vier Charakteristika von Psychologischen Gutachten

● erstens, dass eine Frage aufgeworfen wird, die sich «aus dem Leben» ergibt (nicht aus rein wissenschaftlicher Auseinandersetzung);

● zweitens, dass die Frage einem Psychologen vorgelegt wird, weil er als kompetent dafür gilt;

● drittens, dass die Untersuchung auf Grundlage eines Instruments durchgeführt wird, das wissenschaftlich anerkannt ist;

● und viertens, dass die Frage in einer Form beantwortet wird, die Laien den Urteilsgang verständlich macht.

Zu beachten ist, dass es für die Bearbeitung bestimmter Fragestellungen relevante Richtlinien bzw. Qualitätsstandards gibt, die bei der Begutachtung zu berücksichtigen sind. Einige werden im Folgenden aufgeführt:

● Für alle Anwendungen Psychologischer Diagnostik sind die breit auf die Berufsausübung sowie auf die Forschung von Psychologinnen und Psychologen Bezug nehmenden *Ethischen Richtlinien der Deutschen Gesellschaft für Psychologie (DGPs) und des Berufsverband Deutscher Psychologinnen und Psychologen (BDP)* heranzuziehen. Explizit in Bezug auf Psychologische Gutachten thematisiert werden hier unter anderem die *Sorgfaltspflicht* (benannt u. a., dass die Erstellung und Verwendung von Gutachten und Untersuchungsberichten größtmögliche sachliche und wissenschaftliche Fundiertheit, Sorgfalt und Gewissenhaftigkeit erfordern) und die *Transparenz* (im Sinne von Nachvollziehbarkeit), die das Recht auf Einsichtnahme und die Bedingungen dafür, die *Unzulässigkeit von Gefälligkeitsgutachten*, sowie *Grundsätze für Stellungnahmen zu Gutachten von Kollegen* thematisiert.

● Für die berufsbezogene Eignungsbeurteilung ist aktuell in den deutschsprachigen Ländern die *DIN 33430* (DIN, 2002) von Bedeutung. In Österreich wurde zusätzlich die *ÖNORM D 4000* verabschiedet, die Anforderungen an Prozesse und Methoden in der Personalauswahl und -entwicklung regelt (Österreichisches Normierungsinstitut, 2005). Die *DIN 33430* regelt Anforderungen an Verfahren und deren Einsatz bei berufsbezogenen Eignungsbeurteilungen. Wie Jäger (2003a) festhält, ist die Norm aber auch für andere Bereiche der Psychologischen Diagnostik von Bedeutung: «Bei allem Unterschied zu anderen angewandten Gebieten der Psychologischen Diagnostik kann aber nicht verkannt werden, dass diese DIN als Richtgröße und zugleich Rechtsfigur für andere Bereiche der Diagnostik herangezogen werden kann» (S. 82). Zur Praxis der *DIN 33430* sei auf das von Westhoff (2006) herausgegebene Buch verwiesen.

● Eine deutsche Übersetzung von Richtlinien und Prinzipien der *European Association of Psychological Assessment* (EAPA) zum gesamten diagnostischen Prozess wurde von Westhoff, Hornke und Westmeyer (2004) veröffentlicht.

● Von der Internationalen Testkommission (ITC) wurden *Internationale Richtlinien für die Testanwendung* verabschiedet, die unter anderem auf ethische Aspekte der Testanwendung, Brauchbarkeit von Tests in einer diagnostischen Situation, Vorgabe, Auswertung und Interpretation sowie Hinweise zur Testung beeinträchtigter Personen und Personen mit Behinderung Bezug nehmen. (http://www.intestcom.org/guidelines/index.php)

● Häcker, Leutner und Amelang (1998) haben Standards für pädagogisches und psychologisches Testen veröffentlicht, die die deutschsprachige Version der *Standards for Educational and Psychological Testing* der American Psychological Association darstellen.

● Im Rahmen der Begutachtung vor Gericht werden hinsichtlich der beteiligten Personen (Sachverständige) und ihrer Fachkompetenzen, der Rahmenbedingungen, der Haftung usw. verschiedene *Standards* und *Rechtsgrundlagen* zugrunde gelegt (vgl. Zuschlag, 2002)

Befund/Stellungnahme/Bericht

Es gibt neben psychologischen Gutachten verschiedene weitere Formen wissenschaftlich-psychologischer Stellungnahmen. Die Verwendung der Begriffe ist dabei nicht immer einheitlich. Gelegentlich sind auch in spezifischen Fachgebieten und Fachkulturen unterschiedliche Bezeichnungen üblich.

Neben der umfassendsten Bearbeitung, dem Psychologischen Gutachten, kann auch ein *Psychologischer Befund*, eine *Gutachtliche Stellungnahme* oder ein *Psychologischer Bericht* in Auftrag gegeben werden. Die Eigenschaften und die Zielsetzung Psychologischer Gutachten wurden bereits dargestellt. Unter den anderen Begriffen wird zumeist Folgendes verstanden:

● Ein Psychologischer *Befund* oder *Bericht* («Testbericht», «Untersuchungsbericht» oder «Befundbericht») wird dann erstellt, wenn im Wesentlichen nur die Darstellung der Ergebnisse in Bezug auf die Fragestellung verlangt ist und keine komplexe psychologische Problemanalyse. Es wird also in diesem Falle davon ausgegangen, dass die ausführliche Interpretation der Ergebnisse in Bezug auf die Fragestellung sowie die Intervention der Adressat bzw. die Adressatin selbst vornehmen kann. Dies ist häufig in klinischen Institutionen der Fall. Ein Beispiel wäre etwa eine Station in einer Psychiatrischen Klinik, wo testpsychologische Befunde auf Zuweisung der Psychiatrie oder psychotherapeutischen Personals hin erstellt werden. Bei der Anforderung von Befunden ist stets kritisch zu prüfen, ob alle Adressaten über das nötige Fachwissen bzw. die Kompetenzen verfügen, um die damit noch fehlenden Schritte im diagnostischen Prozess bis zur Entscheidung selbst fachgerecht zu ergänzen.

In der Regel lässt sich innerhalb der Psychologischen Diagnostik aus Testergebnissen nicht nach *einfachen Regeln* eindeutig und zwingend eine Diagnose stellen bzw. eine Intervention ableiten. Die Zusammenhänge sind typischerweise komplex und gehen in den meisten Fällen über gesetzte Grenzwertüberschreitungen im Sinne einer kriteriumsorientierten Diagnostik hinaus: In jedem Fall ist die Integration von Ergebnissen aus verschiedenen Informationsquellen (z. B. Dokumentenanalyse wie etwa Zeugnisse, Anamnese, Verhaltens- und Gelegenheitsbeobachtung, Testergebnisse) ein zentrales Merkmal psychologisch-diagnostischer Gutachten und trägt wesentlich zur Nachvollziehbarkeit von Entscheidungen bei. Meistens ist daher eine Vielzahl von Einzelergebnissen in Bezug auf die konkrete Fragestellung zu gewichten und mit der Untersuchungssituation, den Merkmalen der Person und der Art der Erhebung in Bezug zu setzen und zu kombinieren. Hierfür ist eine Wissensbasis notwendig, über die Personen ausschließlich nach einem Studium der Psychologie verfügen, in welchem diagnostisches Wissen und Fertigkeiten praxisorientiert vermittelt werden.

Ein Befund liegt also dann vor, wenn lediglich die Ergebnisse aus einem oder mehreren psychologisch-diagnostischen Informationsquellen dargestellt werden, wie Anamnese, Interview oder Exploration, Tests, Persönlichkeitsfragebogen, Projektiven Verfahren, Verhaltensbeobachtung, Biographischem Inventar oder Assessment Center (Kubinger, 2006). Zum vollständigen Gutachten fehlen in der Regel zumindest die Interpretation und das Festsetzen der Intervention bzw. des Maßnahmenvorschlags.

● Von einer «Gutachtlichen Stellungnahme» wird dann gesprochen, wenn es sich lediglich um die Beantwortung eines wenig komplexen Sachverhalts handelt bzw. ergänzende Fragen beantwortet werden sollen. Oftmals liegt hier bereits ein Psychologisches Gutachten vor (siehe Zuschlag, 2006).

Grundsätzlich werden in all jenen Bereichen Psychologische Gutachten angefertigt, in denen die Psychologie Wissen und Methoden entwickelt hat, um Entscheidungen vorzubereiten. Ausgehend davon, dass sich die Psychologische Diagnostik in der Regel mit der Beschreibung, Erklärung, Vorhersage (Prognose) oder Evaluation von Zuständen und Verläufen beschäftigt, müssen also in ausreichendem Ausmaß wissenschaftliche psychologische Theorien über regelhafte Zusammenhänge und Verläufe, die einer empirischen Prüfung standhalten, in jedem Anwendungsgebiet vorliegen, um zufrieden stellende Entscheidungen zu treffen.

In der Praxis werden Psychologische Gutachten in vielen verschiedenen Anwendungsbereichen erstellt. Fallbeispiele aus der Praxis (z. B. Kubinger und Ortner, 2010) illustrieren das. Genannte Bereiche sind:

- *Arbeits-/Organisationspsychologie:* Berufsberatung, Personalauswahl und -entwicklung, Teamentwicklung, Führungskräfteauswahl und -entwicklung, Eignungsbeurteilung, Fragen beruflichen Belastungserlebens, berufliche Rehabilitation;

- *Bildung:* Auswahl von Bewerbenden für Ausbildungsberufe, Schulreifediagnostik, Diagnostik zum Schulübertritt, Diagnostik bei Lern- und Konzentrationsproblemen, Diagnostik bei Lernbehinderungen, Hochbegabungsdiagnostik;

- *Gesundheit:* Diagnostik psychischer Störungen, Entwicklungsdiagnostik; Rehabilitationsdiagnostik, Neuropsychologische Funktionsdiagnostik;

- *Recht:* Begutachtung der Schuldfähigkeit, Gefährlichkeitsprognose von Straftätern und Straftäterinnen, Begutachtung von Opfern von Straftaten, Psychologische Aussagebeurteilung, familienrechtliche Begutachtung (z. B. Sorgerecht, Erziehungsrecht), Begutachtung im Rahmen des Sozialrechts (z. B. Begutachtung der Berufs(un)fähigkeit), Verkehrspsychologische Begutachtung der Fahreignung.

Bei Hartmann und Haubl (1984) finden sich weitere Beschreibungen von Praxisfeldern (s. a. Hartje, 2004; Wittkowski & Seitz, 2004).

An der Gutachtenerstellung beteiligte Personen

Grundsätzlich können im psychologisch-diagnostischen Prozess drei Personen(gruppen) unterschieden werden: *Auftraggeber(in), Auftragnehmer(in)* und *begutachtete Person(en).*

Einen *Auftrag zur Begutachtung vergeben* können eine oder mehrere Personen oder auch eine Institution. Dabei kann es sich um psychologische Laien ohne Ausbildung bzw. Kenntnisse in Psychologie handeln, um Fachkolleginnen und -kollegen der Psychologie mit anderem inhaltlich-fachlichem Schwerpunkt, oder aber auch Vertreterinnen und Vertreter von Nachbardisziplinen (etwa aus der Medizin). In erster Linie ist das Gutachten eine Leistung an die den Auftrag gebende Person. Je nach deren fachlichen Vorkenntnissen und deren Wissen ist das Gutachten entsprechend sprachlich aufzuarbeiten und zu adressieren. Es gilt, dass das Gutachten in einer für die Adressaten verständlichen Form abzufassen ist.

Einen *Auftrag zur Psychologischen Begutachtung annehmen* können in der Regel Personen mit abgeschlossenem Psychologiestudium. Ausnahmen sind berufsbezogene Eignungsbeurteilungen nach DIN 33430 und Begutachtungen durch Sachverständige vor Gericht, wo spezielle zusätzliche Kenntnisse nachzuweisen sind. Im Rahmen berufsbezogener Eignungsbeurteilungen können all jene Personen Aufträge nach DIN 33430 annehmen, die eine entsprechende Lizenzprüfung erfolgreich abgelegt haben (für einen Überblick s. Westhoff et al., 2005). In der Praxis werden originär psychologische Fragstellungen zunehmend auch von Vertreterinnen und Vertretern anderer Fachdisziplinen (z. B. aus den Wirtschaftswissenschaften, Jura, Medizin) bearbeitet. Nach Schätzungen (zitiert nach Hänsgen, 2005; vgl. auch Hänsgen, 2000; Furnham, 2008) werden aktuell überhaupt nur *10 bis maximal 20 %* der Entscheidungen im Rahmen von berufsbezogenen Eignungsbeurteilungen fachgerecht von entsprechend qualifizierten Personen getroffen.

Auch die *begutachtete(n) Person(en)* kann/können variieren: In der Regel handelt es sich um eine Einzelperson (z. B. Diagnostik der Schulreife eines Kindes), Gruppen (z. B. Paardiagnostik im Bereich der Familientherapie, Teamentwicklung einer Abteilung) oder etwas seltener um ganze Organisationen (z. B. Feststellung des Betriebsklimas) und nicht belebte Objekte und Gegebenheiten (z. B. Produkte in der Marktforschung oder eine Wohnumwelt; vgl. Hossiep & Wottawa, 1993).

In der Praxis sind auftraggebende und begutachtete Person oftmals ein und dieselbe Person. Das muss aber nicht immer so sein, wie weiter unten noch ausgeführt werden wird. In der Praxis hat sich eingebürgert vom Auftragnehmer als *Klient bzw. Klientin* oder *Patient* bzw. *Patientin* zu sprechen. Die letztgenannte Bezeichnung wird ausschließlich bei klinischen Fragestellungen verwendet. Das bedeutet, dass auf diese Bezeichnung im Gutachten unbedingt verzichtet werden sollte, wenn es sich nicht um eine eindeutig klinisch-psychologische Fragestellung handelt (patiens = lat. erduldend, leidend). Wichtig ist auch festzuhalten, dass eine begutachtete Person nicht als *Versuchsperson* («Versuchskaninchen») bezeichnet werden soll, weil dabei der Eindruck vermittelt wird, dass keine Anwendung standardisierter Routineverfahren erfolgt, sondern ein «Experiment» durchgeführt wird.

Ethische Probleme (vgl. Michaels, 2006) können insbesondere dann eine Rolle spielen, wenn begutachtete und auftraggebende Person(en) *unterschiedliche Ziele* verfolgen, wie es häufig im rechtspsychologischen Bereich wie auch bei Eignungsbeurteilungen im Wirtschaftsleben der Fall ist. Denkbar wäre, dass sich eine Versicherungsgesellschaft über ein Psychologisches Gutachten eine Entscheidungshilfe darüber verspricht, ob eine Person aufgrund berichteten massiven psychologischen Belastungserlebens im Beruf trotz Simulationsverdacht in Frührente entlassen werden soll.

Grundsätzlich sind der Gutachter bzw. die Gutachterin aus ethischer Sicht beiden Parteien, bei widerstreitenden Interessen allerdings in erster Linie der begutachteten Person verpflichtet. Vor einer Begutachtung müssen die beteiligten und untersuchten Personen über alle wesentlichen Maßnahmen und Behandlungsabläufe unterrichtet werden und ihre Einwilligung nach gegebener Information versichern.

Es ist außerdem Aufgabe, auf Würde und Integrität des Individuums zu achten und sich für die Erhaltung und den Schutz fundamentaler menschlicher Rechte einzusetzen (siehe *Ethische Richtlinien der DGPs und des BDP*). Eine Darstellung und Diskussion ethischer Fragen, die bei der Gutachtenerstellung auftreten können, findet sich bei Michaels (2006).

2 Formaler Aufbau eines Gutachtens

Ein einheitlicher formaler Aufbau des psychologisch-diagnostischen Gutachtens erfüllt verschiedene Funktionen: Er gewährleistet 1), dass nichts Relevantes vergessen wird; 2) erleichtert ein logischer Aufbau die Nachvollziehbarkeit des Gutachtens; und 3) ermöglicht er Leserinnen und Lesern, die sich an einem Standardaufbau orientieren, Informationen rasch und gezielt zu finden. Ein standardisierter Aufbau hilft auch bei der Ergebnisrückmeldung, da diese dann ebenfalls entsprechend strukturiert werden kann. Die Empfehlungen (Entscheidungen, Interventionen, Maßnahmenvorschläge) ergeben sich für die ratsuchende Person dann aus den zuvor berichteten Teilen des psychologisch-diagnostischen Prozesses.

Grundsätzlich ergibt sich der Aufbau logisch aus der hypothesengeleiteten Fallbearbeitung. Als Faustregel gilt, dass die Reihenfolge der Elemente im Gutachten von der Nachvollziehbarkeit bestimmt wird: Aus der Tatsache, dass etwa aus dem Anforderungsprofil Fragen in der Anamnese und in der Exploration resultieren, kann argumentiert werden, dass es bereits vor der Anamnese formuliert werden soll. Die Darstellung der Informationen aus der Anamnese sollte im Gutachten daher auch erst nach der Beschreibung des Anforderungsprofils erfolgen. Es empfiehlt sich in der Regel folgender Aufbau als Gerüst für die Erstellung psychologischer Gutachten (dieser kann aus inhaltlichen Gründen modifiziert werden):

1) Deckblatt (auch: *Titelseite*)

2) (Bisheriger) Sachverhalt (auch: *Vorgeschichte, Anlass*)

3) Anforderungsprofil bzw. psychologische Hypothesen

4) Eingesetzte Verfahren bzw. Informationsquellen

5) Anamnese, Exploration, Interview

6) Ergebnisdarstellung (auch: Untersuchungsbericht, *Befunde*)

7) Gelegenheitsbeobachtung

8) Zusammenfassung der Ergebnisse

9) Stellungnahme («Interpretation») und Entscheidung

10) Empfehlung

11) Unterschrift des Gutachters/der Gutachterin

12) Zusatz und Anhang

Ob dieser Aufbau durch Unterkapitel oder ggf. durch zusätzliche Kapitel *ergänzt* wird, ist von Fall zu Fall zu entscheiden und hängt sowohl von sachlich-inhaltlichen Merkmalen des behandelten Falls, als auch vom persönlichen Stil ab. Dennoch gilt, dass die *genannten Punkte* in jedem Fall *abgedeckt* sein müssen. Hinweise zum Aufbau von Gutachten finden sich (mit Schwerpunkt auf Sachverständigengutachten) bei Zuschlag (2002), außerdem bei Amelang und Schmidt-Atzert (2006), Fisseni (2004), und Boerner (2004).

Neben dem Einhalten formaler Standards hat der Aufbau auch eine inhaltliche Bedeutung, die sich am Schema des psychologisch-diagnostischen Prozesses nach Jäger (2003b; s. a. Jäger, 1978) orientiert. Vereinfacht formuliert geht es darum, nach der Auswahl einer geeigneten (das ist eine psychologische!) Fragestellung, wissenschaftlich fundierte Hypothesen abzuleiten, die einen Beitrag zur Klärung der Fragestellung leisten können. Am Ende des Prozesses steht dann die Rückmeldung von Interventions- und Maßnahmenvorschlägen an die Person, die den Auftrag zur Begutachtung vergeben hatte (vgl. dazu auch ausführlicher Kaminski, 1970).

Schon zu Beginn des psychologisch-diagnostischen Prozesses zeigt sich also die zentrale Bedeutung psychologischen Grundlagenwissens. Als Faustregel gilt: Je mehr Fachwissen Gutachter hinsichtlich eines Fachgebietes besitzen, desto mehr Arbeitshypothesen können sie formulieren und systematisch prüfen. Betrachten wir das anhand eines Beispiels. Ein Vater stellt seinen neunjährigen Sohn bei einer Erziehungsberatungsstelle wegen einer Konzentrationsstörung vor: Nur wenn alle möglichen psychologischen und medizinisch-körperlichen Bedingungsfaktoren für das Auftreten von Konzentrationsstörungen (bei einem neunjährigen Jungen) bekannt sind, können diese als Hypothesen formuliert und bei der Begutachtung gezielt unter Einsatz geeigneter Methoden untersucht werden. Grundsätzlich ist es zunächst möglich, dass die Eltern etwas anderes meinen, wenn sie von Konzentration sprechen, als das, was üblicherweise in der Psychologie unter dem Begriff «Konzentration» verstanden wird. Als Konzentration wird aus psychologischer Sicht die Fähigkeit beschrieben, einer ausgewählten Handlung mit ausreichender (situationsangepasster) Stetigkeit und Präzision nachgehen zu können und andere, dafür irrelevante Dinge außer Acht zu lassen (Wagner-Menghin, 2003).

Folgende Bedingungen könnten beispielhaft für die oben beschriebene Fragestellung als Hypothesen in Betracht gezogen werden: Körperliche Bedingungen, wie eine *zentralnervöse Erkrankung* (z. B. als Folge bakterieller Komplikationen), *Hirnfunktionsstörung* (z. B. durch einen Gehirntumor), *zerebrale Schädigung als Folge eines Unfalls, Schlafmangel* (auch durch situative Bedingungen z. B. verkehrsbezogene Lage des Schlafzimmers; durch physische Erkrankung, z. B. der Schilddrüse), *Bewegungsmangel, Ungleichgewichte im Hormon- oder Mineralstoffhaushalt, Unverträglichkeiten,* oder aber auch *Einschränkungen der Sehkraft* können fehlgedeutet werden.

Situative Bedingungen, wie *zeitlich-situative Bedingungsfaktoren mit Einfluss auf die Arbeitsleistung* (z. B. Bearbeitung von Hausaufgaben am späten Abend), *räumlich-situative Bedingungsfaktoren* (schlechte Lichtverhältnisse, Arbeiten bei laufendem Radio bzw. eingeschaltetem Fernseher) oder *Behinderung konzentrierten Arbeitens durch Geschwister bzw. andere Kinder* (kein eigener Arbeitsplatz zu Hause, Ablenkung und Störung in der Schule).

Psychische Bedingungen im engeren Sinne, die zu einer Einschränkung des Konzentrationsvermögens führen, können sich ergeben durch *familiäre Belastungssituationen* oder ein *psychisches Trauma* (z. B. psychische Erkrankung eines Elternteils oder schwierige Scheidung der Eltern), *schulische Belastungssituation durch Peers oder Lehrende* (z. B. Mobbing), *schulische Belastungssituation durch Leistungsanforderungen* (z. B. Über- oder Unterforderung, Teilleistungsstörung), *sekundärer Krankheitsgewinn* (z. B. Bestrafung der Eltern durch schlechte Noten), *Persönlichkeit* (z. B. Ängstlichkeit) bzw. *Stabilisierung des Verhaltens durch Verstärkung* (z. B. verstärkte Zuwendung durch Lehrpersonal und Eltern bei Schwierigkeiten). Letztlich müsste auch in Betracht gezogen und ausgeschlossen werden, dass eine unterdurchschnittliche Konzentrationsleistung *simuliert* oder *aggraviert* (d. h. verstärkt zur Schau gestellt) wird (z. B. um mehr Zuwendung von den Eltern zu erhalten oder um ansteigende schulische Leistungen zu vermeiden).

Es ist also relevant zu wissen, seit *wann* und bei *welcher Gelegenheit* (beim Hausaufgaben machen? Bei Prüfungen? Im Unterricht?) sich *wie* und *unter welchen Bedingungen* das vom Vater als «Konzentrationsstörung» beschriebene Verhalten zeigt. Wichtig für die Abklärung eines möglichen «Konzentrationsproblems» ist es überdies herauszufinden, um welche Form von Aufmerksamkeit bzw. Konzentration es sich handelt: Ob es um Informationsaufnahme oder Aufrechterhalten des Aktivierungsniveaus geht, um selektive oder geteilte Aufmerksamkeit, Ausblenden oder Aufnahme von Reizen. Ob eine Aufgabe häufiges Reagieren erfordert, die Aufgabe monoton ist und wie lange eine Aufgabe dauert, bei der es Schwierigkeiten gibt. Überdies kann es relevant sein, zu wissen ob es sich um Probleme handelt, die sich im Arbeitstempo niederschlagen, in der Reaktionszeit oder in der Anzahl der Fehler. Alle diese Fragen grenzen die Fragestellung aus psychologischer Sicht weiter ein, geben Auskunft, um welche Art der Aufmerksamkeits- bzw. Konzentrationsstörung es sich handelt, und lassen Hinweise darauf zu, welche Hypothesen als Ursache in Betracht gezogen werden müssen.

Jene Hypothesen, die sich auf körperliche Ursachen beziehen, werden nicht im Rahmen einer psychologischen Begutachtung untersucht. Eine medizinische Abklärung erfolgt in diesem Fall in der Regel *vor* der psychologischen Begutachtung (s. Abschnitt «Bisheriger Sachverhalt», Kap. 4).

Zur Beantwortung der Fragestellung kann jede der beschriebenen Bedingungen möglicherweise einen relevanten Beitrag zur Abklärung leisten. Natürlich treffen nicht in allen Fällen alle Aspekte zu, dennoch ist es unbedingt notwendig, in jede Richtung Hypothesen aufzustellen und diese systematisch zu prüfen. Die skizzierten Hypothesen verdeutlichen: Je weniger Informationen vorab vorliegen, desto mehr Hypothesen müssen geprüft werden. Aufgabe ist es, das Problem möglichst genau zu definieren, um die Anzahl der Hypothesen schrittweise zu reduzieren. Je mehr Informationen vorab zur Verfügung stehen, desto deutlicher lassen sich bestimmte Hypothesen herausbilden.

Ein typischer Fehler bei der systematischen Prüfung von Hypothesen ergibt sich aus folgendem Umstand: In der Regel sind Probleme derart komplex, dass selten ein einzelner, sondern verschiedene Aspekte *zugleich* oder aber auch jede Bedingung *für sich* mit einem Problem im Zusammenhang stehen kann.

Beispiel. Ein Mann kommt mit seinem Dackel zur Tierärztin. Er beschreibt, dass dieser unter Juckreiz leidet und sich seit einigen Tagen ständig an den verschiedensten Körperstellen kratzt. Die Ärztin stellt die Hypothese auf, «*Der Hund hat Flöhe*». Sie untersucht den Hund nach Spuren eines Flohbefalls im Fell und wird dabei eindeutig fündig. Sie verschreibt darauf ein Mittel gegen Flöhe. Wenige Tage später allerdings steht der Hundebesitzer wieder in der Praxis. Das Problem wurde mit der Flohbehandlung nicht gelöst. *Was ist das Problem?* Die Tierärztin hat nicht *verschiedene* Hypothesen systematisch geprüft, sondern hat, nachdem sich die erstmögliche Hypothese als zutreffend herausgestellt hatte, aufgehört, weitere mögliche Ursachen für den Juckreiz zu prüfen. Eine weitere Hypothese (nach Fund der Flöhe) wäre beispielsweise gewesen: «*Der Hund hat Läuse*» bzw. «*Der Hund hat Flöhe und Läuse*».

Ähnlich ist es in der Psychologischen Diagnostik: Alle möglichen Hypothesen sind nach bestem Wissen zu prüfen, und die Intervention ist auf die *Kombination* der damit in Zusammenhang stehenden Bedingungen abzustimmen. Zu bedenken ist also stets: Hunde können Flöhe *und* Läuse zugleich haben! Beide können gemeinsam oder unabhängig voneinander ein Problem auslösen. Eine Ursache für ein Problem zu übersehen, kann gravierende Folgen haben.

Im psychologisch-diagnostischen Prozess werden für jede der Hypothesen geeignete Strategien gesucht, um Informationen zu gewinnen. Diese werden genutzt, um die Hypothesen auf wissenschaftliche Art möglichst gründlich zu prüfen und gegebenenfalls auch wieder zu verwerfen.

Übliche psychologisch-diagnostische Methoden zur Informationsgewinnung sind unter anderem: Leistungstests, Persönlichkeitsfragebogen, Objektive Persönlichkeitstests, semiprojektive Tests, Anamnese, Exploration, Assessment Center, Arbeitsprobe, Gelegenheitsbeobachtung, Systematische Verhaltensbeobachtung, Dokumentenanalyse oder Biographisches Inventar. Darüber hinaus sind auch Projektive Verfahren zu nennen, die allerdings einer getrennten Bewertung bedürfen, wie an späterer Stelle noch genauer ausgeführt wird.

Wenn aus unterschiedlichen Quellen hinreichend Informationen zur Prüfung einer Hypothese gesammelt wurden, werden diese miteinander in Beziehung gebracht und in Bezug auf die Fragestellung beleuchtet. Die Fragestellung wird eindeutig beantwortet und Maßnahmenvorschläge werden rückgemeldet. Psychologische Diagnostik wird als Prozess verstanden, der im Wesentlichen einem festen Ablaufschema folgt: Zu Beginn des Prozesses steht die Festlegung bzw. Vereinbarung einer bestimmten (psychologisch-diagnostischen) Fragestellung. Nach der Auswahl, Anwendung und Auswertung folgt die Interpretation der Ergebnisse der eingesetzten psychologisch-diagnostischen Verfahren in Bezug auf die Fragestellung. Die Gutachtenerstellung schließt neben der Beantwortung der (psychologisch-diagnostischen) Fragestellung das Festsetzen der Intervention (bzw. eines Maßnahmenvorschlags) mit ein.

Anmerkung. Aus fachlicher Sicht ist es durchaus kritisch zu bewerten, wenn ein psychologisch-diagnostischer Prozess in unzureichend aufeinander bezogene Einzelteile «aufgelöst» wird, für den sich verschiedene Personen verantwortlich zeigen. Beispielsweise wenn im Rahmen einer klinischen Testung in einem Krankenhaus Anamnese und Exploration von einer medizinischen Fachkraft angefertigt werden und von Seiten der Psychologischen Diagnostik lediglich ein Befund über die kognitiven Leistungen erwartet wird: Da im diagnostischen Prozess erst das Zusammenspiel und die Integration unterschiedlicher Informationsquellen (multimethodische bzw. multimodale Herangehensweise, siehe auch Kap. 6) zu fachgerecht begründbaren Ergebnissen führt, ist eine zusammenhängende Planung des diagnostischen Prozesses unter diesen Bedingungen nicht möglich. Aus berufsethischer Sicht obliegt allerdings der Psychologin bzw. dem Psychologen die Verantwortung über den (dann unvollständigen) diagnostischen Prozess!

FAZIT: Ein einheitlicher Aufbau garantiert eine schnelle Orientierung im Gutachten. Informationen können schneller gefunden werden. Dies erleichtert letztlich die Kommunikation zwischen den an der Begutachtung beteiligten Personen sowie auch die Ergebnisrückmeldung.

3 Das Deckblatt

Das Gutachten beginnt mit einem Deckblatt. Es ist essentiell, da es auf einen Blick die wichtigsten formalen Angaben in Bezug auf die Fallbehandlung offen legt: Auf dem Deckblatt finden sich zumindest *fünf* Informationen: 1) Name und Adresse des *Auftragnehmers* (also des Psychologen bzw. der Psychologin, der bzw. die das Gutachten erstellt) und 2) des *Auftraggebers*. Der Auftraggeber bzw. die Auftraggeberin ist häufig die ratsuchende Person selbst. Das muss aber nicht zwingend so sein: Bei der Arbeit mit Kindern können beispielsweise die Eltern oder eine Schulbehörde (das Einverständnis der Erziehungsberechtigten vorausgesetzt) Auftraggeber eines Psychologischen Gutachtens sein. Weiter sind Fälle denkbar, wo andere offizielle Stellen, etwa ein Gericht (vgl. dazu Kröber & Steller, 2005; Westhoff, Terlinden-Arzt & Klüber, 2000), als Auftraggeber fungieren. Bei berufsbezogenen Eignungsbeurteilungen (z. B. Auswahlentscheidungen für einen bestimmten Beruf) kann zum Beispiel ein Personalchef, eine Abteilungsleiterin oder eine andere Person mit Entscheidungsgewalt als Auftraggeber fungieren.

Im Betreff wird 3) die Fragestellung kurz und prägnant umrissen. Die Fragestellung steht 4) am Ende des Deckblatts vollständig ausformuliert (Ausnahme sind zu umfangreiche Fragestellungen, die erst vollständig im Gutachten selbst wiedergegeben werden). Weiterhin sind 5) Ort und Datum der Abfassung anzugeben.

Mit dem Deckblatt soll in übersichtlicher Form dargestellt werden, *welche* Fragestellung *wer* (Auftragnehmende Instanz) bei der Untersuchung mit *welcher/n Person(en)* für wen (Auftraggebende Instanz) abgeklärt hat. Der *Betreff* dient der schnellen Zuordenbarkeit in einen größeren fachbezogenen Themenkomplex (z. B. bei Fragestellungen danach, welche Schulform für ein Kind empfohlen werden kann, genügt etwa *Schullaufbahnberatung für <<Name und Geburtsdatum des Klienten bzw. der Klientin einfügen>>* als Hinweis; bei einer Fragestellung zur Personalauswahl wäre etwa *berufsbezogene Eignungsbeurteilung* ein guter Betreff usw.). **Abbildung 1** zeigt eine allgemeine Vorlage für die Gestaltung des Deckblatts eines psychologischen Gutachtens (adaptiert nach einem konkreten Beispiel aus Kubinger, 2006).

Aus der musterhaften Darstellung ist ersichtlich, dass Gutachten nicht nur für Auftraggeber, sondern auch für das *eigene Archiv* abgefasst sein können. Gutachten an das eigene Archiv zu adressieren ist insbesondere dann üblich, wenn die

Name Gutachtensteller/in

Anschrift Gutachtensteller/in   Ort, Datum

Adressat/in
* Auftraggeber/in oder
* das eigene Archiv («An das eigene Archiv»)

Betreff: Psychologische Begutachtung zu «Fragestellung umreißen» für «Name und Geburtsdatum der begutachteten Person einfügen»

Psychologisches Gutachten

Zur Fragestellung: «Fragestellung konkret ausformulieren»

Abbildung 1: Muster zur Gestaltung des Deckblatts eines Psychologischen Gutachtens

Dokumentation des Falls (welche übrigens in grober Form in den meisten Ländern zumindest für den klinischen Bereich gesetzlich vorgeschrieben ist) an die auftraggebende Person nicht in Form eines Gutachtens erfolgt, sondern mündlich oder in Form eines Berichtes weitergegeben wird. Haubl (1984) argumentiert, dass die «gutachterlichen Empfehlungen und Behauptungen» (S. 44) nur dann als einsichtig akzeptiert gelten, wenn der Klient «fähig ist, sie seinerseits mit eigenen Erklärungen und Rechtfertigungen zu verteidigen, die [der/die Gutachtenersteller(in)] als Fortführung der eigenen Argumentation erkennen [kann]» (ebd.). Unter Umständen wird man sich darauf einigen, für Auftraggeber (zusätzlich) einen Testbericht oder Befund abzufassen, der zur Weitergabe an dritte Personen bestimmt ist.

Es sind Fälle denkbar, in denen die Aushändigung eines Gutachtens aus ethischen oder fachlichen Gründen an Auftraggeber *nicht* befürwortet werden kann. Dies mag etwa dann der Fall sein, wenn die Vermutung besteht, dass das Gutachten außer an die ursprünglich auftraggebende Instanz auch an Personen gelangt, die bei der Abfassung beispielsweise hinsichtlich des Detailliertheitsgrades der Ausführungen und des sprachlichen Ausdrucks nicht als Adressaten berücksichtigt wurden (z. B. erfolgt die Aushändigung an einen Lehrer, obwohl das Gutachten für eine Medizinerin abgefasst wurde und bestimmte Fachbegriffe vorausgesetzt werden).

Von einer Aushändigung ist auch abzusehen, wenn ein Gutachten für Zwecke eingesetzt wird, die Auftragnehmer aus ethischen Gründen nicht befürworten können. Dies wäre etwa dann der Fall, wenn eine Person einzelne Ergebnisse aus einer Leistungstestung ihren Bewerbungsunterlagen beilegt, da sie sich daraus persönliche Vorteile verspricht. Neben dem allgemeinen Problem der Angemessenheit der Extraktion von Einzelergebnissen ist dies beispielsweise auch dann kritisch zu sehen, wenn das Ziel der vorhergehenden Begutachtung (z. B. Hilfe bei Konzentrationsproblemen) nicht dem Zweck der Vorlage (z. B. Eignung für eine Stelle) entspricht. Selbst wenn in beiden Fällen Teilbereiche von Intelligenz miterfasst wurden: Weder die spezifische Auswahl diagnostischer Verfahren, noch ihre Interpretation wäre in diesem Falle auf die «neue Fragestellung» übertragbar.

Hinweis. Zu bedenken ist ebenfalls, dass beispielsweise bei der Anwendung eines (speziellen) Intelligenztests jeweils nur ein *Teilbereich* intellektueller Fähigkeiten abgedeckt wird. Dieser ist durch die jeweilige Abgrenzung und Definition des Intelligenzbegriffs durch die Testautoren bestimmt. Aus den Testergebnissen ableitbare Aussagen sind folglich stark *vom eingesetzten Test abhängig.* Es besteht somit auch die Gefahr einer falschen verallgemeinerten Interpretation der Ergebnisse.

Praktisch kann sich nach dem Aushändigen von (Test-)Unterlagen grundsätzlich das Problem ergeben, dass durch nachträgliches genaueres und sorgfältiges Studium eines Gutachtens zusätzliche Fragen entstehen, mit denen sich dann vor allem Laien alleine gelassen fühlen können. Nachträglich entstehende Missverständnisse bzw. Verunsicherungen können oftmals nicht mehr im Gespräch aufgeklärt werden (vor allem dann, wenn Personen sich nach Abschluss nicht mehr melden, um offene Fragen zu klären).

Beispiel. Angenommen, eine Person erfährt, dass sie bei einer Testung bei verschiedenen Leistungsaufgaben unterdurchschnittliche Ergebnisse erzielt hat. Es ist nachvollziehbar, dass es unter bestimmten Umständen schwer fällt, diese Ergebnisse zu verstehen. Andere Personen mögen sich für ihre Ergebnisse schämen. Ein solches Ergebnis kann dazu führen, dass eine Person dem Inhalt des Gesprächs weniger konzentriert folgen kann. Möglicherweise werden die Ergebnisse dabei auf die Fragestellung, auf die Testsituation, auf die eingesetzten Verfahren und andere Aspekte hin relativiert (siehe Kap. 11). Wenn nicht sicher gestellt ist, dass die Interpretation auch der begutachteten Person nachvollziehbar ist, können negative Gefühle weiter bestehen. Insbesondere, wenn ein Gefühl (falscher) Scham auf Seiten der getesteten Person vorherrscht, ist es unwahrscheinlich, dass die Initiative ergriffen wird, um an einem späteren Termin nachzufragen.

Wenn es auch prinzipiell jederzeit möglich sein sollte, dass Klienten bei Unklarheiten Rückfragen bei der das Gutachten erstellenden Person stellen können, mag unter Umständen eine Hemmschwelle bestehen, das auch tatsächlich zu tun. Es empfiehlt sich bei geplanter Aushändigung von Unterlagen bereits beim Erstgespräch diese Fragen anzusprechen und gemeinsam festzulegen, wie mit dem Gutachten umgegangen werden soll. Erfahrungen aus der Praxis, wie etwa Einträge in Internetforen, unterstützen den Verdacht, dass der Umgang mit dem IQ als Normwert in der Psychologischen Diagnostik nicht unproblematisch ist.

Eintrag in ein Internetforum, Maria, 8.03.2009. *Mein Sohn, 5 Jahre, soll laut Ärztin hochbegabt sein. Vor 2 Monaten wurde bei meinem Sohn ein IQ-Test gemacht, weil er sehr schwierig und anstrengend war, aggressiv, Einzelgänger, wollte sich nicht an Regeln halten, war oft launisch. Die Psychologin wollte mir im Gespräch nicht den IQ nennen, aber sie meinte, er ist nicht hochbegabt. Als ich das hörte, war ich irgendwie wütend, weil sie das so komisch sagte und konnte kaum mehr zuhören. Im Bericht, den sie mir mitgegeben hat stehen aber drei Werte: T = 56, T = 65 und T = 64. Wie kann ich den IQ daraus berechnen, und wie erkenne ich, dass er hochbegabt ist? Kennt sich jemand hier in diesem Forum aus?*

In der Regel ist ein ausführliches Abschlussgespräch dem (bloßen) Aushändigen von Unterlagen vorzuziehen: Es steht außer Frage, dass die Ergebnisse sowie der Maßnahmenvorschlag (die Interventionsstrategie) auch dann detailliert und in einer für den Auftraggeber verständlichen Form rückgemeldet werden müssen.

Empfehlung für die Praxis. Wenn eine getestete Person aufgefordert wird, sich während des Abschlussgespräches Notizen zu machen, ist sicher gestellt, dass sie sich das notiert, was ihr subjektiv wichtig erscheint und in einer sprachlichen Form, die auch noch bei späterer Durchsicht für sie verständlich ist. Werden zum Abschluss die Notizen noch einmal gemeinsam besprochen (die getestete Person wird z. B. aufgefordert, die Ergebnisse aus ihrer Sicht zu wiederholen), dann kann sichergestellt werden, dass alle Informationen bei der betreffenden Person so «angekommen» sind wie intendiert. Letztlich ist hier vor allem auch darauf zu achten, dass die Informationen von der Person *vollständig* verstanden und aufgenommen wurden (vgl. Kubinger, 1997).

Sollte es doch dazu kommen, dass Unterlagen (z. B. Testprotokolle) aus der Hand gegeben werden, und die Gefahr besteht, dass bei falscher Interpretation Missverständnisse auftreten, dann ist dafür Sorge zu tragen, dass die getestete Person in ausreichendem Maß über die damit verbundenen Bedenken und Risiken informiert wird. Die Diagnostikkommission des Schweizerischen Verbands für Berufsberatung (SVB) hat dazu einen Mustertext für ein Informationsblatt erstellt, in dem auf mögliche Schwierigkeiten hingewiesen wird[1].

3.1.
Der zentrale Ausgangspunkt: Die Fragestellung

Kern eines Psychologischen Gutachtens ist die Fragestellung. Sie ergibt sich aus dem Anliegen des Auftraggebers bzw. der Auftraggeberin, welches in den meisten Fällen vom Auftragnehmer bzw. der Auftragnehmerin in eine psychologisch-diagnostisch bearbeitbare und beantwortbare Fragestellung *übersetzt* werden muss. Diese «Übersetzungsarbeit» ist meistens nötig, da psychologische Laien in der Regel Fragestellungen formulieren, die mit Methoden der psychologisch-diagnostischen Informationsgewinnung nicht beantwortbar sind.

> Beispiele für *nicht* beantwortbare Fragen wären in der *Klinischen Psychologie* «Wird Herr M seine psychischen Probleme mit einer Psychotherapie erfolgreich lösen können?», bei *berufsbezogenen Eignungsbeurteilungen* «Wird die Bewerberin in 20 Jahren die Konten der Firma veruntreuen?».

Eine geeignete und vertretbare Fragestellung ist vorrangig daran zu erkennen, dass sie anhand der zur *Verfügung stehenden Mittel tatsächlich und vollständig beantwortet* werden kann. Die Fragestellung formuliert ein konkretes, eindeutig definiertes und klar verständliches Problem. Westhoff und Kluck (2008) schlagen einige weitere Kriterien vor, die erfüllt sein müssen: Der Auftragnehmer/Psychologe ist der zuständige Experte bzw. es liegt genügend Fachwissen hinsichtlich des erfragten Themas vor. Wenn ein Psychologe in einem konkreten Fall nicht über das erforderliche Spezialwissen hinsichtlich einer bestimmten ihm zugetragenen Fragestellung verfügt, hat er die Aufgabe, den Auftrag abzulehnen und nach Möglichkeit einen Kollegen mit profundem Fachwissen zum Thema zu empfehlen. Jäger (2006) fasst die erforderlichen *Kompetenzen von Auftragnehmern* in Bezug auf eine Fragestellung in fünf Aspekten zusammen:

- Das *Kompetenzbewusstsein* beschreibt die Fähigkeit zur Selbstreflexion, für bestimmte Fragestellungen eben keine oder nur ungenügende Kompetenz zu besitzen.

- Das *Bedingungswissen* beschreibt eine genaue Kenntnis für inhaltliche Zusammenhänge, etwa welche Einflüsse welches Erleben und Verhalten bedingen können.

---

1 Der Text ist online über die Web-Seite der Diagnostikkommission unentgeltlich verfügbar (http://www.testraum.ch/labels.htm; «Auskunftsrecht für Testergebnisse und Dossier»).

- Das *Änderungswissen* beinhaltet eine genaue Kenntnis über Zusammenhänge der Entwicklung und den Einsatz von Strategien zur Änderung des Erlebens und Verhaltens.

- *Technologisches Wissen* bezeichnet genaue Kenntnisse über am besten geeignete psychologisch-diagnostische Verfahren im Zusammenhang mit einer Fragestellung.

- Das *Vergleichswissen* beschreibt eine genaue Kenntnis darüber, welche Unterschiede zwischen Personen bzw. Gruppen von Personen hinsichtlich des zu prüfenden Sachverhaltes grundsätzlich bestehen.

Weiter kann es Fragestellungen geben, die generell einer Nachbardisziplin zuzuordnen sind. In manchen Fällen kann eine Fragestellung auch deshalb nicht formuliert werden, weil im Voraus nicht genügend Kenntnisse über den Sachverhalt vorliegen. Ist das der Fall, müssen zunächst weitere Informationen eingeholt werden, bevor eine Fragestellung formuliert werden kann. Wichtig können auch ethische Gesichtspunkte sein: Hier sind etwa dem Auftraggeber bzw. der Auftraggeberin mögliche Konsequenzen sowie der mögliche Nutzen für alle Beteiligten, die sich aus einer Fragestellung ergeben, genau zu erläutern und es kann gegebenenfalls eine andere, ethisch unbedenkliche Fragestellung als Alternative erarbeitet werden (vgl. Michaels, 2006).

> *Beispiel für ethisch bedenklichen Fragestellungen.* «Ist Frau T. bereit, für Geld *alles* zu machen?» Erstens wäre die Antwort «ja» eine Aussage, welche die Würde von Frau T. verletzen könnte. Zweitens müsste zur Beantwortung dieser Frage Frau T. unter Umständen in eine Situation gebracht werden, die ethisch nicht vertretbar ist. Fraglich ist darüber hinaus, wie ein *Anforderungsprofil* (s. Kap. 5) aussehen sollte für eine Person, die bereit ist, für Geld alles zu machen.

Problematisch kann es auch sein, in der Fragestellung bereits eine *Diagnose* zu transportieren. Angenommen, es wurde bei Beginn der psychologisch-diagnostischen Arbeit mit einem Kind bei Schulproblemen die Legasthenie in der Fragestellung erwähnt: Kritisch zu hinterfragen ist dann, ob nach Einführen einer (Vor-)Diagnose noch hinreichend alternative Erklärungsmöglichkeiten formuliert und geprüft werden (können). Zumeist kommen Fragestellungen dieser Art zustande, wenn fachfremde Personen, wie Eltern oder Lehrpersonal, bestimmte Beobachtungen und Verhaltensweisen als «Legasthenie» identifizieren. In diesem Fall empfiehlt es sich als ersten Schritt genau abzuklären, für *welche* Auffälligkeiten der Begriff verwendet wird, um sich nicht bereits in frühem Stadium von «Fremdhypothesen» in die falsche Richtung leiten zu lassen.

Beispiel aus einem studentischen Gutachten. In der Anamnese zur Fragestellung, ob bei einem Kind eine Legasthenie vorliegt, ist in der Fremdanamnese Folgendes zu lesen: «Bezüglich der Legasthenie würde sie manchmal Fehler dieser Art machen. Die Lehrerin bezeichnet diese jedoch nicht als dramatisch, sondern eher als ‹tendenziell›.» Reicht also der *tendenzielle Eindruck* der Lehrerin, um ein Kind mit dem Label «Legasthenie» zu versehen? Unter Umständen ist für die beschriebenen Probleme eine Abklärung erforderlich, die weit über eine Diagnostik zu Teilleistungsstörungen hinausgeht oder nur eines Teils davon bedarf und es somit nicht erforderlich macht, das Kind mit einer Diagnose zu «belasten» (mit einem *Label* zu versehen). Eine Anamnese mit einer ausführlichen Problembeschreibung ist hier unumgänglich. Dazu gehört auch eine genaue Beschreibung der, wie es im Zitat heißt, «*Fehler dieser Art*».

Im gegebenen Beispiel wurde hervorgehoben, dass es wichtig ist, sich bei der Gutachtenerstellung nicht von bereits bestehenden Hypothesen anderer (oftmals fachfremder) Personen in eine bestimmte und evtl. falsche Richtung führen zu lassen.

Es ist darauf zu achten, dass eine von außen gerichtete Fragestellung nicht nur einen kleinen *Teilbereich* eines Problems formuliert. Dies würde etwa bedeuten, dass bereits durch die Art der Fragestellung eine Einschränkung in den Hypothesen vorgegeben wird, und zwar oftmals von Personen bzw. Instanzen, die auf dem gegebenen Feld selbst über keine Expertise verfügen. Gutachterinnen und Gutachter sind für den diagnostischen Prozess sowie für die Aussagekraft und die Nützlichkeit der daraus resultierenden Intervention verantwortlich. Ist nun von Anfang an zu erkennen, dass der von den Ratsuchenden ausgewählte Teilbereich der Fragestellung nur in Interventionen resultieren kann, die ein Problem unzureichend zu lösen vermögen, wird die Sinnhaftigkeit der Begutachtung fraglich. Dieser Aspekt ist insbesondere im Kontext einer Zusammenarbeit mit anderen Institutionen zu prüfen.

Als Randbemerkung sei hier noch ergänzt, dass bei Begutachtungen in der Praxis immer wieder (versuchte) Einflussnahmen dritter Personen erfolgen. So ist die (durch d. Verf. selbst erlebte) Praxis an manchen psychiatrischen Einrichtungen, dass von zuweisenden Personen (in der Regel Psychiater/innen) keine konkrete Fragestellung, sondern gleich der vorzugebende Test angegeben wird. Nicht nur, dass es hier mitunter zu interessanten Stilblüten kommt (etwa «HWI erbeten», wenn die Durchführung des HAWIE-R erwünscht ist oder der Rohrschach (sic!) durchgeführt werden soll), so sollte die Auswahl der Messinstrumente zur Beantwortung spezifischer Fragestellungen doch Personen mit entsprechender Expertise überlassen bleiben.

An dieser Stelle soll allerdings auch betont werden, dass Beobachtungen und Hinweise anderer Personen wichtige diagnostische Informationen beinhalten können, auf die keinesfalls verzichtet werden sollte. Dies kann mit Hinweis auf das oben genannte Beispiel (zur *Legasthenie*) untermauert werden. Wenn also eine Lehrerin bemerkt, dass ein Kind beim Lesen, Schreiben oder Rechnen Fehler macht, die als Hinweise auf eine Beeinträchtigung gelten können, und die nicht (allein) durch mangelnden Lernerfolg erklärt werden können, dann ist es wichtig, dies auch systematisch zu prüfen. Die das Gutachten erstellende Person kann von Informationen, die Vertreterinnen und Vertreter aus anderen Disziplinen gewonnen haben (also etwa der Pädagogik, der Medizin oder der Psychiatrie), profitieren; z. B. wenn es darum geht, möglichst viele Hypothesen zusammenzustellen, die mit der eigentlichen Fragestellung in Zusammenhang stehen können. Genauso sind natürlich die Informationen von der ratsuchenden Person selbst relevant, die gewissermaßen als «Expert/innen ihrer selbst» Auskunft geben. Auf diese Quelle zu verzichten würde bedeuten, zentrale Informationen außer Acht zu lassen und viele Fragestellungen wären ohne diese Informationen unbeantwortbar. Allerdings müssen diese Beobachtungen und Hinweise zuerst systematisch und wissenschaftlich fundiert geprüft werden, bevor (etwa schon in der Fragestellung) von beispielsweise *Lese- und Rechtschreibstörung* gesprochen werden kann. Zu bedenken ist hier, dass mit solchen Diagnosen oft Konsequenzen verbunden sind, die einer ratsuchenden Person nicht nur zum Vorteil gereichen. In gängigen Klassifikationssystemen psychischer Störungen, wie etwa dem ICD-10 (der *International classification of diseases* der Weltgesundheitsorganisation; Dilling, Mombour & Schmidt, 2005), wird die *Lese- und Rechtschreibstörung* (F81) etwa unter den Entwicklungsstörungen (F8) klassifiziert. Da (klinische, psychiatrische) Labels für begutachtete Personen eine zusätzliche Belastung darstellen können, ist bei der Formulierung von Fragestellungen und Hypothesen besondere Vorsicht geboten. Weitere Beispiele, die in ähnliche Richtungen gehen, betreffen Ratsuchende, die im Erstgespräch angeben, dass sie eine *Depression* haben oder unter *Burnout* leiden. In beiden Fällen ist, wie oben angegeben, zu prüfen, ob die jeweiligen Leitlinien erfüllt sind, um entsprechende Interventionen abzuleiten oder ob hinter der subjektiv wahrgenommenen Depression oder dem als Burnout bezeichneten Zustand vielleicht etwas anderes steht.

Fragestellungen dürfen darüber hinaus prinzipiell nicht Selbstzweck sein. Im diagnostischen Prozess sollen ausreichende und nützliche Daten gesammelt werden, um eine *konkrete* Fragestellung zu beantworten. Eine nicht zulässige Frage lautet beispielsweise: «*Wie hoch ist der Intelligenzquotient von Herrn A.?*» Der Zweck der Gutachtenerstellung darf also nicht der Einsatz der Methode sein («testen um zu testen»).

Zu diesem Beispiel ist noch zu ergänzen, dass die Bestimmung des Intelligenzquotienten einer Person keineswegs eine triviale Aufgabe ist. Zu diesem Zwecke könnte etwa ein Wortschatztest eingesetzt werden, der wenige Minuten dauert oder eine mehrdimensionale Intelligenztestbatterie deren Bearbeitung einige Stunden in Anspruch nimmt. In beiden Fällen ist das Ergebnis ein *Intelligenzquo-*

tient, die dahinter stehenden Konzepte sind allerdings höchst unterschiedlich – aus obiger «Fragestellung» ist nicht ableitbar, welche diagnostische Strategie (Testauswahl) hier eingesetzt werden müsste.

Darüber hinaus ist zu prüfen, ob die Bearbeitung einer Fragestellung auch aus *juristischer Sicht* vertretbar ist. Beispielsweise ist eine Untersuchung nur in Ausnahmefällen zulässig, wenn die Zustimmung der begutachteten Person *nicht* vorliegt (z. B. Begutachtungen Straftäterinnen und Straftätern im forensischen Bereich) bzw. die Zustimmung der Eltern bei der Beratung Minderjähriger erforderlich ist.

Als problematisch können sich auch Fragestellungen erweisen, die bereits eine Intervention einschließen. Die Intervention bzw. die Lösung des Problems wird dabei unter Umständen bereits in der Fragestellung vorweggenommen und schon vor der Diagnose vorgeschlagen. Auch dies schränkt den diagnostischen Prozess unangemessen ein und widerspricht der Auffassung von Begutachtung als einem wissenschaftlichen Prozess, in dem ein Schritt logisch auf den Erkenntnissen des vorhergehenden aufbaut.

Zusammenfassend geht es also darum zu prüfen, ob eine gegebene Fragestellung aus psychologischer Sicht im Rahmen einer Begutachtung beantwortet werden kann. Sofern dies der Fall ist, muss die gegebene Fragestellung in eine psychologische übersetzt und präzisiert werden. Beispielsweise wird die Frage der Mutter *«Wie kann ich meine hochbegabte Tochter fördern?»* übersetzt in die psychologische Fragestellung: *«Liegt bei Melanie eine Hochbegabung vor?»* oder *«Ist Markus schulreif?»* (Laienhafte Fragestellung) wird übersetzt in: *«Verfügt Markus über die kognitiven, emotional-motivationalen, motorischen sowie sozialen Voraussetzungen, die einen erfolgreichen Besuch der ersten Klasse wahrscheinlich machen?»* (Psychologische Fragestellung; Westhoff & Kluck, 2008).

> **Beispiel.** In einem Gutachten zur Klärung der Fragestellung, ob ein Klient den intellektuellen Anforderungen eines Psychologie-Studiums entspricht, heißt es im bisherigen Sachverhalt, «ob sie den kognitiven Anforderungen entspricht *und eine erfolgreiche Berufsausübung zu erwarten ist.*» Hierbei handelt es sich allerdings um zwei getrennt zu behandelnde Fragestellungen (siehe dazu im vorangegangenen Kapitel). Für eine erfolgreiche Berufsausübung sind weit mehr Faktoren verantwortlich als kognitive Leistungsfähigkeit, so dass dazu aus der Bearbeitung des ersten Teils (intellektuelle Anforderungen des Psychologie-Studiums) der Fragestellung nur bedingt Aussagen aus dem Gutachten zur abgeänderten und erweiterten Fragestellung (also der erfolgreichen Berufsausübung) abgeleitet werden können.

Psychologisch-diagnostische Fragestellungen können nach verschiedenen Merkmalen klassifiziert werden. Eine grundsätzliche Unterscheidungsmöglichkeit liegt im übergeordneten Zweck: Fragestellungen, in welchen ein *Beratungs- bzw. Hilfsaspekt* im Vordergrund steht, werden auch als *förderorientierte Diagnostik* bezeichnet. Eine andere Form von Fragestellungen liegt vor, wenn der Aspekt der Auswahl im Vordergrund steht, also im Sinne einer *selektionsorientierten Diagnostik* gearbeitet wird. Unterschieden werden können außerdem Fragestellungen, welche sich vornehmlich auf Leistungsaspekte beziehen und jene, die Persönlichkeitsaspekte von Menschen untersuchen (selbstverständlich kommen diese beiden Fragestellungen oft in gemischter Form vor). Schließlich können Fragestellungen danach unterschieden werden, ob sie einen Ist-Zustand erheben (Statusdiagnostik) oder eine Veränderung erfassen (Prozessdiagnostik). Prozessdiagnostische Fragestellungen könnten etwa zu zwei Zeitpunkten Testungen vorsehen und so die Veränderung messen, um daraus entsprechende Maßnahmen abzuleiten.

FAZIT: Die wichtigste Aufgabe zu Beginn des psychologisch-diagnostischen Prozesses liegt darin, die zu bearbeitende Fragestellung eindeutig festzulegen und zu formulieren. Sie muss unter anderem fachlich, ethisch und aus rechtlicher Sicht vertretbar sein. Das gesamte Gutachten steht im Dienste dieser Fragestellung, die sich als roter Faden durch das Gutachten zieht. Änderungen der Fragestellung im Verlauf der Begutachtung, beispielsweise im Sinne von Erweiterungen der Fragestellung sind grundsätzlich nicht zulässig. Letztlich kann dadurch der Eindruck entstehen, die Fragestellung sei a posteriori angepasst worden (z. B. an die Testauswahl, weil etwa im Verlauf der Arbeit festgestellt wurde, dass die eingesetzten Tests zur Beantwortung der eigentlichen Fragestellung nicht geeignet sind).

4 Der bisherige Sachverhalt

In diesem Teil wird dargestellt, wie der Auftrag zur psychologischen Gutachten-erstellung zustande gekommen ist. Das heißt, *was genau ist die Fragestellung* bzw. das formulierte Problem und *welche Vorinformation*en liegen zum Zeitpunkt der Aufnahme der Fallbehandlung vor (z. B. relevante medizinische oder psychologi-sche Befunde, relevante Zeugnisse, relevante amtliche Dokumente o. ä.)? *Warum hat die Person um psychologische Hilfe angesucht? Welche professionelle Hilfe hat sie bislang bereits eingeholt?* Im bisherigen Sachverhalt können – wenn es für die Fra-gestellung relevant ist – auch die Eckpunkte des Ausbildungswegs der begutachte-ten Person beschrieben werden, beispielsweise im Falle einer berufsbezogenen Eignungsbeurteilung. Der «Bisherige Sachverhalt» umfasst in der Regel jene Information, welche im Rahmen einer ersten telefonischen oder persönlichen Kontaktaufnahme durch Auftraggeber vermittelt wurde.

Es werden also erste Hintergrundinformationen zur Fragestellung (Sachver-halt) zur groben Orientierung erfragt. Bei manchen Fragestellungen liegen andere (psychologische oder relevante medizinische) Test-/Untersuchungsergebnisse oder wichtige relevante Dokumente (Arbeitszeugnisse o. ä.) vor. Diese Zusatz-informationen können an dieser Stelle eingearbeitet werden. Allerdings in der Regel nicht im Detail, sondern hinsichtlich der wesentlichen und den Fall betref-fenden Hauptaussagen (spezifisch auf die Fragestellung abgestimmt). Der bishe-rige Sachverhalt ist deutlich von der Anamnese zu trennen, in welcher auch per-sönliche Meinungen und Einstellungen der hilfesuchenden Person thematisiert werden. Im Gegensatz zur Anamnese soll im vorangestellten Sachverhalt nur die Information dazu gegeben werden, *warum* der Auftrag zur Gutachtenerstellung gegeben wurde und *welche Informationen* (Testergebnisse, Befunde o. ä.) bereits (von *wem* und *warum*) eingeholt wurden (auch aus *welchen Quellen* diese stam-men und *welches Ziel* mit diesem Gutachten verfolgt werden soll). Bei der Quelle ist beispielsweise anzugeben, ob ein professioneller Vorbefund vorliegt (z. B. eine Schulpsychologin diagnostiziert eine Teilleistungsstörung) oder ob sich die Begutachtung auf Gelegenheitsbeobachtungen wichtiger familiärer Bezugsper-sonen oder Lehrkräfte bezieht. Das formulierte Ziel muss unbedingt mit der Fra-gestellung (siehe Deckblatt) übereinstimmen.

5 Hypothesen und Anforderungen

Im Anschluss an die Erhebung der Informationen des aktuellen Sachverhaltes und die Formulierung einer (bzw. mehrerer) Fragestellungen besteht die nächste Aufgabe im Rahmen der Begutachtung darin, explizite, prüfbare *Hypothesen* zu formulieren. Dies erfüllt den Zweck, die Fragestellung bzw. das Problem sowie das weitere Vorgehen möglichst umfassend zu beleuchten und zu strukturieren. Voreingenommenheiten bzw. einem allzu schnellen Einschießen auf bestimmte Hypothesen kann entgegengewirkt werden, indem zu jeder Hypothese zumindest *eine*, besser *mehrere* Alternativhypothese(n) formuliert werden.

Oft werden zwei Arten von Hypothesen unterschieden: *Erklärungshypothesen* versuchen, Verhalten und Erleben aus psychologischer Sicht zu erklären (z. B. *Wie lässt sich der Erschöpfungszustand von Herrn W. nach der Arbeit erklären*?). Bei *Klassifikationshypothesen* steht die Zuordnung zu einer vorab definierten (z. B. klinischen) Gruppe im Mittelpunkt der Betrachtung. Bei Klassifikationshypothesen geht es also darum, Anforderungen und Bedingungen zu formulieren, die Personen erfüllen müssen bzw. gerade nicht erfüllen *dürfen*, damit sie als «zu einer bestimmten Gruppe zugehörig» klassifiziert werden können. Im Sinne der klinisch-psychologischen Diagnose geht es bei der Untersuchung um Krankheitsmerkmale im Erleben und Verhalten.

> *Beispiel.* Die Fragestellung lautet, ob Melanies Auffälligkeiten in der Schule auf eine kognitive Hochbegabung zurückzuführen sind. Eine Arbeitshypothese in diesem Sinne könnte lauten: «*Bei Melanie liegt eine kognitive Hochbegabung vor.*» Alternativhypothese 1: «*Melanie kann sich für ihr Alter aufgrund des überwiegenden Umgangs mit Erwachsenen sehr gut verbal artikulieren.*» Alternativhypothese 2: «*Melanies Eltern wünschen sich ein hochbegabtes Kind.*» Alternativhypothese 3: «*Melanie vermittelt ihren Lehrern und Eltern in der Schule unterfordert zu sein, um deren Aufmerksamkeit zu gewinnen.*»

Hypothesen wie auch Anforderungen strukturieren und präzisieren die Fragestellung in Bezug auf das weitere Vorgehen im psychologisch-diagnostischen Prozess. Bei berufsbezogenen Eignungsbeurteilungen werden Anforderungen formuliert, die im Falle einer Eignung erfüllt sein müssen. Grundlage dafür ist ein so genanntes Anforderungsprofil, welches nachfolgend ausführlicher dargestellt wird.

5.1.
Das Anforderungsprofil

Nach Westhoff und Kluck (2008) ist eine Anforderung definiert als: «Erforderliche Ausprägung eines Verhaltensmerkmals eines Individuums in einem bestimmten Verhaltensbereich» (S. 18). Demnach werden im Anforderungsprofil die Menge aller Anforderungen zusammengefasst. Es kann grob als eine Art Checkliste beschrieben werden, in welcher diejenigen Voraussetzungen in übersichtlicher Form gesammelt werden, die zur Beantwortung einer gegebenen Fragestellung unabdingbare Informationen darstellen. Das Anforderungsprofil ist Ausgangspunkt für die Auswahl der eingesetzten psychologisch-diagnostischen Verfahren und ist Grundlage für die Interpretation der Ergebnisse und für die Entscheidung. *Die Qualität eines Gutachtens ist also notwendigerweise von der Güte des Anforderungsprofils anhängig!*

Die Erstellung eines Anforderungsprofils kann auch konkret dazu genutzt werden zu überprüfen, ob eine vorgegebene Fragestellung auch angenommen werden kann: *Sind die Anforderungen nicht formulierbar oder nicht mithilfe psychologischer Methoden bei einer Person prüfbar, kommen sie für eine psychologische Untersuchung nicht in Frage.*

Hinweis. Wenn ein bestimmtes Merkmal nicht durch (irgend-)eine psychologisch-diagnostische Strategie erfasst werden kann, dann ist es besser, dieses aus dem Anforderungsprofil zu streichen und gegebenenfalls durch ein anderes zu ersetzen. Enthält ein Anforderungsprofil zu viele nicht prüfbare, aber wesentliche Anforderungen, müsste in letzter Konsequenz der Auftrag zur Gutachtenerstellung abgelehnt werden bzw. ist eine Überarbeitung der Fragestellung erforderlich. *Beispiel aus einem studentischen Gutachten.* «Inwiefern die Kriterien der Lernbereitschaft und des Orientierungssinns erfüllt werden, kann aufgrund der durchgeführten Testverfahren nicht bestimmt werden.» Da sich auch in der Anamnese nichts dazu findet, bleibt die Frage, warum diese Punkte, wenn sie so zentrale Anforderungen darstellen, nicht hinreichend geprüft wurden. Es macht keinen Sinn, ein langes Anforderungsprofil zu entwickeln, wenn dann nicht alle Aspekte anhand psychologischer Strategien (Hypothesen) geprüft werden können.

Die Anforderungen unterscheiden sich zunächst in Bezug auf ihre grundsätzliche *Bedeutsamkeit*: So gibt es Eigenschaften, die beispielsweise zur Erfüllung einer Tätigkeit unabdingbar sind, und andere, die zwar günstig, aber nicht zwingend notwendig sind. Als wesentliche Merkmale von Anforderungen können: die *Kompensierbarkeit* (kompensierbar und nicht-kompensierbar) und die *Stabilität* unterschieden werden (vgl. Westhoff & Kluck, 2008). Diese sind bei der Auswahl von Merkmalen für ein Anforderungsprofil zu bedenken. *Kompensierbar* sind Anforderungen immer dann, wenn ein «weniger» des einen Merkmals durch ein «mehr» eines oder mehrerer anderer Merkmale aufgewogen werden kann.

Beispiel. Eine neue Arbeitskraft soll für den Verkaufsraum eines Schmuckunternehmens eingestellt werden. Unter anderem wird als wichtig erachtet, dass die Person über ein überdurchschnittliches Gedächtnis verfügt, um Stammkundschaft wieder zu erkennen. Ein unterdurchschnittliches Gedächtnis kann durch besondere Freundlichkeit kompensiert werden. (Wenn eine Person besonders freundlich ist, nehmen es die Stammkunden ihr nicht übel, wenn sie keine bevorzugte Behandlung erfahren.) Für das Ziel, den Verkauf, könnte also in diesem speziellen Fall «Gedächtnis» durch «Freundlichkeit» kompensiert werden.

Stabilität bezieht sich auf Merkmale der geforderten Eigenschaft: Unterschieden wird dann, ob es sich um eine Eigenschaft handelt, die eher zeit- und situationsunabhängig ist oder sich im Verlauf des Lebens deutlich wandelt. Bestimmte Fähigkeiten und Persönlichkeitsmerkmale haben sich als stabiler über die Lebensspanne als andere erwiesen. Als weniger stabil haben sich beispielsweise das Selbstwertgefühl und die Lebenszufriedenheit herausgestellt, während die allgemeine Intelligenz sich als relativ stabil erwiesen hat (vgl. Riemann, 2006). Für langfristige Entscheidungen sind stabile Eigenschaften stärker zu gewichten (vgl. Ortner, 2003).

Werden in einem Gutachten keine Angaben über die Gewichtung der Anforderungen gemacht, kann davon ausgegangen werden, dass alle Anforderungen *in gleichem Ausmaß* relevant sind. Findet sich keine empirische, sachliche und nachvollziehbare Begründung für die Bedeutung bzw. Gewichtung einer Anforderung, ist diese gegebenenfalls fallen zu lassen. Für den Vorhersagewert und die Gewichtung von Eigenschaftsausprägungen liegen beispielsweise in Bezug auf die Kriterien Berufs- bzw. Studienerfolg eine Reihe von wissenschaftlichen Analysen und Studien vor, die als Grundlage herangezogen werden können (z. B. Hülsheger & Maier, 2008; Kramer, 2009).

Im Anforderungsprofil werden die erforderlichen Leistungs- und Persönlichkeitseigenschaften sowie Verhaltensmerkmale festgehalten. Sie bilden den Maßstab, anhand dessen die Eignung einer Person beurteilt wird. Nach Reimann (2005; S. 112) gibt es drei methodische Zugänge, um Anforderungen abzuleiten:

1) *Erfahrungsbasierte-intuitive Methode*: Basis ist die erfahrungsgeleitete Beurteilung der Tätigkeit.

2) *Arbeitsanalytisch-empirische Methode*: Basis sind teil- oder vollstandardisierte Fragebogen und Arbeitsanalyseverfahren.

3) *Personenbezogene-empirische Methode*: Basis sind statistische Zusammenhänge zwischen Personenmerkmalen und Tätigkeitsfolgen.

Für den Einsatz der arbeitsanalytisch-empirischen Methode im Rahmen der Begutachtung stehen eine Reihe von *teil- oder vollstandardisierten Fragebogen und Analyseverfahren* zur Arbeits- und Anforderungsanalyse zur Verfügung. Diese verfolgen – zusammengefasst – das Ziel, die Arbeitsschritte und Arbeitsbereiche, die ein bestimmter Beruf oder eine bestimmte Tätigkeit mit sich bringt, zusammenzufassen oder noch einen Schritt weiter: bereits die Merkmale zu erheben, die für eine zufrieden stellende Ausübung der Tätigkeit notwendig sind. Unter anderem sind hier zu nennen das Tätigkeitsbewertungssystem (TBS; Hacker, Fritsche, Richter & Iwanowa; 1995) oder die Analyse psychischer Anforderungen und Belastungen in der Büroarbeit (RHIA/VERA-Büro-Verfahren; Leitner, Lüders, Greiner, Niedermeier, Ducki & Volpert; 1993) bzw. die Analyse psychischer Anforderungen und Belastungen in der Produktion (RHIA/VERA-Produktion; Oesterreich, Leitner & Resch; 2000). Hier geht es also mehrheitlich darum, bestehende Arbeitsplätze dahingehend zu analysieren, welche Anforderungen für die erfolgreiche Aufgabenerfüllung relevant sind. Mit Explojob (Joerin Fux & Stoll, 2006) steht darüber hinaus ein Verfahren zur Verfügung, anhand dessen Berufsanforderungen und Berufstätigkeiten in der standardisierten Klassifikation nach Holland (1997) beschrieben werden können (dies kann auch über den Umwelt-Struktur Test, UST-R von Bergmann und Eder (2005) realisiert werden).

Exkurs. Holland unterscheidet sechs verschiedene Interessensrichtungen, die als grundlegende, mit der Persönlichkeit verbundene Neigungen angesehen werden: die praktisch-technischen (realistic; R), intellektuell-forschenden (investigative; I), künstlerischen (artistic; A), sozialen (social; S), unternehmerischen (enterprising; E) und konventionellen (conventional; C) Interessen. Auf Basis des Interessenprofils einer Person kann die Passung zur beruflichen Umwelt bestimmt werden. Dazu werden Berufscodes herangezogen, in denen (vorab klassifiziert) die drei am höchsten ausgeprägten Holland-Codes zusammengestellt werden (z. B. ACI für Grafik-Designer; CAE für Antiquare; EAC für Antiquitätenhändler; IAC für Kriminalwissenschafter; RAC für Buchbinder oder SAC für Berufsschullehrer (alle dem Berufsregister [Ausgabe für Österreich] des Explorix entnommen; Jörin, Stoll, Bergmann & Eder, 2003). Auf Basis bestimmter Indices (z. B. von Zener-Schnuelle oder Iachanan) kann daraus die Passung zwischen dem Interessenprofil der begutachteten Person und dem Profil des Berufs bestimmt werden (vgl. Bergmann & Eder, 2005). Daraus lassen sich im Beratungsprozess hilfreiche Maßnahmen- und Interventionsvorschläge ableiten.

Falls für eine spezifische Fragestellung im beruflichen Bereich nicht genügend eigene Erfahrungen vorliegen und es nicht ausreichend Literatur zu diesem Thema gibt, empfiehlt es sich, Personen mit entsprechender Expertise zu Rate zu ziehen oder in letzter Konsequenz die Fragestellung abzulehnen. Befragt werden kann zum Beispiel eine Personalchefin, die einen Auftrag vergibt, oder ein Kollege, der denselben oder zumindest einen ähnlichen Job ausübt.

Beispiel für verschiedene Informationsquellen, die einem Anforderungsprofil zugrunde gelegt werden können.

BERUFENET der Bundesagentur für Arbeit. Tätigkeit der Fachkraft für Süßwarentechnik: Fachkräfte für Süßwarentechnik der Fachrichtung «Konfekt» produzieren Pralinen, Marzipan-, Nugat- oder Geleeartikel. Sie bedienen und überwachen industrielle Anlagen, die nach vorgegebenen Rezepten Roh- und Fertigmassen herstellen, und prüfen die Qualität der Produkte. Fachkräfte für Süßwarentechnik der Fachrichtung Konfekt sind überwiegend in Industriebetrieben tätig, die Süßwaren wie Pralinen oder Marzipan produzieren. Darüber hinaus sind sie z. B. bei Herstellern von Marmelade oder Speiseeis tätig. Dem Beruf geht eine dreijährige Ausbildung voraus.

Aus einer Befragung einer Fachkraft für Süßwarentechnik in einem Hamburger Werk zur Herstellung von Schokolade mit zehnjähriger Berufserfahrung: «Ich bin die meiste Zeit im Betriebslabor, im Bereich der Qualitätssicherung oder in der Lagerung beschäftigt. Arbeit mit Kunden oder eng im Team gibt es nur sehr selten. Viel mehr kommt es auf die Kenntnis der Rezepturen und den richtigen Umgang mit technischen Geräten an, sie zu bedienen und zu überwachen. Die Arbeit ist sicher nichts für Personen, die nur wegen der Süßigkeiten kommen und sich das toll vorstellen. Einerseits können viele, die hier arbeiten, die süßen Sachen am Abend nicht mehr sehen, andererseits kann auch der Geruch auf die Nerven gehen. Man muss auch körperlich viel aushalten, ich meine, das Stehen, und sich lange Zeit konzentrieren können. Bei der Lebensmittelproduktion kann man sich keine Fehler erlauben und muss maximal genau arbeiten. Sonst kann mal eine ganze Produktion kaputt gehen, weil eine Maschine nicht richtig arbeitet oder die Temperatur nicht stimmt.»

Tätigkeiten und Kenntnisse von Fachkräften für Süßwarentechnik

● Kenntnisse über Rezepte, Hilfsstoffe und Zusätze

● Organisation und Überwachung von Arbeitsabläufen

● Überwachung und Bedienung von Maschinen und technischen Geräten

● Sichern der Einhaltung von Qualitätsstandards

● Beseitigen von Fehlerquellen

● Beachten von Hygienevorschriften

Beispiel daraus resultierender Psychologischer Anforderungen

● Zuverlässigkeit und Genauigkeit

● Interesse an naturwissenschaftlichen Fächern

- technisches Interesse und technisches Verständnis

- Leistungsmotivation

- Gedächtnisleistung

- Konzentrationsfähigkeit (Daueraufmerksamkeit)

- körperliche Belastbarkeit

Eingesetzt werden kann in diesem Rahmen auch die im berufsbezogenen Bereich bewährte *Critical Incident Technique* (Flanagan, 1954). Dabei werden Expertinnen und Experten für den in Frage stehenden Bereich (z. B. Führungskräfte) befragt. Diese nennen Anforderungen an das Verhalten der auszuwählenden Person, die zum beruflichen Erfolg maßgeblich beitragen. So können letztendlich erfolgreiche von weniger erfolgreichen Personen in einer bestimmten beruflichen Position unterschieden werden. Bei klinischen Fragestellungen sind Diagnoseschemata (vor allem für differenzialdiagnostische Fragestellungen) eine wichtige Informationsquelle.

Beispiel. Stellt sich im Rahmen einer Begutachtung die Frage nach der Eignung zum Besuch einer bestimmten Schulform, z. B. eines Gymnasiums, ist es für den konkreten Fall in der Regel nicht ausreichend, stark *verallgemeinerte* Informationen für eine zufrieden stellende Entscheidung im Einzelfall heranzuziehen. Gymnasien unterscheiden sich wesentlich hinsichtlich ihrer inhaltlichen Schwerpunkte (z. B. naturwissenschaftlich versus altsprachlich) und den damit verbundenen Anforderungen. Darüber hinaus ist auch der Anteil der Personen, die in der betreffenden Region ein Gymnasium besuchen, zu berücksichtigen: Besuchen beispielsweise 60 % aller Personen eines Jahrgangs das Gymnasium bedeutet dies, dass sich die Mindestanforderungen gemessen an der Norm anders darstellen, als wenn nur (die besten) 10 % einer bestimmten Region das Gymnasium besuchen.

Bei der Informationssuche über das Internet ist es mitunter schwer abzuschätzen, ob es sich bei dort präsentierten Anforderungsprofilen um eine seriöse Quelle handelt. Als Faustregel zur Einschätzung mag gelten, dass große Institutionen, die Psychologinnen bzw. Psychologen beschäftigen, wie staatliche Arbeitsvermittlungsagenturen, Institutionen wie Ministerien oder Schulen, den Inhalt ihrer Homepages in den meisten Fällen sorgfältiger prüfen als Privatpersonen. Bestehen Zweifel an der Seriosität einer Quelle, so sollte die dort gefundene Information durch weitere Quellen abgesichert oder ganz auf sie verzichtet werden. Ein Problem stellen sehr allgemein gehaltene Anforderungen im Profil dar, da diese auf viele verschiedene Arten operationalisiert werden können.

Beispiel. Was ist «soziale Kompetenz»? In vielen Anforderungsprofilen werden Merkmale wie soziale Kompetenz, Empathie oder Ähnliches aufgelistet. Auch in Quellen wie Berufslexika oder Arbeitsplatzbeschreibungen finden sich solche und ähnliche Begriffe. Das Problem bei diesen wie auch zahlreichen anderen Quellen ist, dass ihnen keine einheitliche Definition zugrunde liegt. Zusätzlich ist zu bedenken, dass Laien oft eine andere oder ungenaue Vorstellung davon haben, was mit diesen Konzepten eigentlich gemeint ist. Erteilt beispielsweise ein Personalchef im Rahmen einer Eignungsbeurteilung den Auftrag, eine Person zu finden, die «sozial kompetent» ist, dann empfiehlt es sich, genau nachzufragen, was er darunter versteht. Meint er jemanden, der gut im Team arbeiten kann, oder jemanden, der Führungsaufgaben übernehmen kann, oder jemanden, der gute Verkaufsgespräche führen kann, oder jemanden, der gut mit Kindern umgehen kann, oder alles das zusammen und noch mehr? Die Aufgliederung eines so mehrdeutig gebrauchten Begriffes in viele Einzelkomponenten, die sich leichter operationalisieren lassen, ist in der Regel eine gute Hilfe bei der Entwicklung eines Anforderungsprofils. Die Frage, die dabei zu stellen ist, lautet: Welche Fähigkeiten/Eigenschaften benötigt man, um «sozial kompetent» zu sein? Daraus ergibt sich eine Liste von spezifischeren Fähigkeiten/Eigenschaften (dazu könnten Verträglichkeit, Offenheit, allgemeines Interesse etc. zählen), die sich standardisiert erfassen und operationalisieren lassen. Darauf basierend ist schließlich auch in der Anamnese nach bereits gezeigten Verhaltensweisen zu suchen, die für «sozial kompetentes» Verhalten sprechen könnten (z. B. die Mitgliedschaft in Sport-Mannschaften, Vereinen, Organisation von Diskussionsgruppen, großer Freundeskreis etc.). Zusätzlich lassen sich gewiss auch aus der Verhaltensbeobachtung in den einzelnen Phasen des psychologisch-diagnostischen Prozesses wertvolle Informationen dazu sammeln (z. B. Kommunikationsverhalten, Redefluss, Körperhaltung, Blickkontakt etc.). Zur Diagnostik sozialer Kompetenzen siehe Kanning (2003).

Ein Beispiel aus einem studentischen Gutachten soll im Folgenden Wesentliches in der Vorgehensweise verdeutlichen: Ausgangspunkt ist die Frage, ob *Frau M. aufgrund ihrer kognitiven Fähigkeiten (Leistungsfähigkeit), den Anforderungen des Psychologie-Studiums entsprechen kann.* (Die konkrete Fragestellung bezieht sich hier im Beispiel ausschließlich auf Leistungsfähigkeit. In der Praxis werden in der Regel meist *sowohl Leistungs-* als auch *Persönlichkeitsaspekte* in Fragestellungen relevant sein). Wichtig ist es zunächst zwei verschiedene Fragestellungen zu unterscheiden:

- Geht es um die *Ausbildung,* also die *Eignung für das Psychologie-Studium* im eigentlichen Sinn oder um die

- *Berufsausübung,* also die *Eignung für die Ausübung des Berufs «Psychologin»?*

Was auf den ersten Blick identisch anmutet, schließt tatsächlich zum Teil völlig unterschiedliche Merkmalsausprägungen ein. Aus der Spezifikation der Fragestellung ergeben sich wichtige Informationen, die in die Erstellung des Anforderungsprofils einfließen müssen und das weitere Vorgehen im psychologisch-diagnostischen Prozess mitbestimmen. In der oben formulierten Fragestellung scheint zunächst eindeutig, dass sich die Fragestellung auf die Ausbildung, das Studium bezieht. Im studentischen Gutachten wird allerdings das folgende Anforderungsprofil angeschlossen:

«*Psychologie erfordert insbesondere Einfühlungsvermögen sowie die Fähigkeit, Zusammenhänge zu erkennen. Im Bereich der beratenden Tätigkeit sind vor allem Wärme, Empathie und ein hohes Mass an sprachlicher und sozialer Kompetenz erforderlich. Das Studium der Psychologie erfordert zusätzlich ein gewisses Mass an Lernfähigkeit sowie Aufmerksamkeit und Konzentration.*»

Das gegebene Anforderungsprofil kann in unterschiedlicher Hinsicht kritisiert werden; 1) ist aus formaler Sicht eine *Auflistung* der einzelnen Anforderungen einem zusammenhängenden *Text* der Vorzug zu geben, da ersteres deutlich übersichtlicher ist. 2) Es werden Anforderungen genannt, die nicht für ein erfolgreiches Absolvieren des Studiums, sondern für *praktisch tätige* Psychologen, insbesondere im Bereich der Beratungstätigkeit relevant sind. 3) Es werden zum Großteil Aspekte genannt, die *Persönlichkeitsmerkmale* beschreiben, also von der hier zu bearbeitenden Fragestellung nach Leistungskomponenten wegführen. Es ist konkret zu hinterfragen, inwiefern die genannten Aspekte relevant sind, wenn es bei der Begutachtung um die kognitiven Voraussetzungen und um die Ausbildung geht. Grundsätzlich kann die Frage nach der beruflichen Bewährung im Fach Psychologie kaum in allgemeiner Form behandelt werden: Einer Gutachterin vor Gericht mögen andere Eigenschaften zu Gute kommen als einem klinischen Psychologen; ein Arbeitspsychologe, der berufsbezogene Eignungsbeurteilungen durchführt, muss anderen Anforderungen gerecht werden als eine wissenschaftlich tätige Psychologin an einer Universität. Zusammenfassend ist also am Anforderungsprofil zu kritisieren: *Es wird der eigentlichen Fragestellung nicht gerecht.* Auf Basis dieses Anforderungsprofils gewonnene Information wird mit hoher Wahrscheinlichkeit zu unbefriedigenden Entscheidungen führen: Wenn die anhand dieses Gutachtens gegebene Prognose eintrifft, wäre dies ein *zufälliger Treffer*.

Demnach ist zu folgern: Ein gutes Anforderungsprofil ist möglichst genau auf die Fragestellung abgestimmt. Dazu kann die Expertise aus verschiedenen externen Quellen[2] (z. B. Berufslexika, Arbeitsplatzbeschreibungen, Befragungen o. ä.) herangezogen werden.

Geht es um die Frage, ob relevante Leistungsaspekte für ein Psychologiestudium ausreichend erfüllt werden, könnten wichtige Aspekte, die in einem solchen

---

2 Der Arbeitsbereich Psychologische Diagnostik an der Fakultät für Psychologie der Universität Wien hat beispielsweise ein *Qualitätsprofil für PsychologInnen* erstellt, das für die oben beschriebene Fragestellung eine relevante Informationsquelle sein könnte (http://www.univie.ac.at/Psychologie/diagnostik/aktuell/qual.htm).

Profil enthalten sind, folgendermaßen (nach ihrer Relevanz geordnet!) zusammengefasst werden:

● mathematisches Verständnis

● Logisch-schlussfolgerndes Denken

● Lern- und Gedächtnisleistung

● Aufmerksamkeits-/Konzentrationsleistung

● Allgemeinwissen

● Leseverständnis

● …

Anforderungsprofile sind dann besonders nützlich, wenn sie 1) nicht nur die notwendigen Eigenschaften zusammenfassen, sondern 2) auch Kompensierbarkeit und Stabilität berücksichtigen, sowie 3) den notwendigen Ausprägungsgrad hinsichtlich der Anforderungen und in Bezug auf eine Norm zu spezifizieren. Bei normorientiertem Vorgehen ist also beispielsweise anzugeben, ob eine durchschnittliche oder überdurchschnittliche Ausprägung in Bezug auf eine bestimmte Vergleichsstichprobe erforderlich ist. Überdies ist 4) jede Anforderung kurz zu begründen. Es könnte beispielsweise heißen:

● *überdurchschnittliches mathematisches Verständnis* (in Referenz zu einer altersmäßig entsprechenden Stichprobe von Abiturienten): für das Verstehen und Anwenden von statistischen Methoden im Rahmen wissenschaftlicher Studien, sowie zum Absolvieren der Prüfungen in Methodenlehre und Testtheorie

● *überdurchschnittliches logisch-schlussfolgerndes Denken* (in Referenz zu einer altersmäßig entsprechenden Stichprobe von Abiturienten): für das Verständnis komplexer Theorien und für die Erfassung wesentlicher Inhalte und Schussfolgerungen wissenschaftlicher Literatur

● mindestens durchschnittliche Lernfähigkeit (in Referenz zu einer altersmäßig entsprechenden Stichprobe von Erwachsenen): für Speicherung und Abruf relevanter Lern- und Prüfungsinhalte, *kompensierbar* durch *überdurchschnittlich hohe Leistungsmotivation*

usw.

Es ist offensichtlich, dass ein Anforderungsprofil grundsätzlich im diagnostischen Prozess umso nützlicher ist, je präziser die erforderlichen Merkmale beschrieben und eingegrenzt sind. Das bedeutet: Je genauer das Anforderungsprofil ausgearbeitet ist, desto strenger ist der wissenschaftliche Prüfprozess und desto geringer ist die Wahrscheinlichkeit bzw. die Gefahr Ergebnisse *post hoc* in eine bestimmte Richtung zu interpretieren.

In der Literatur findet sich mitunter der Ratschlag, Anforderungen nach Kriterien wie «wichtig – unwichtig» oder «sehr wichtig – wichtig – weniger wichtig – unwichtig» oder ähnlichen einzuteilen (vgl. Reimann, 2005). Wird diesem Ansatz gefolgt, so muss die Frage thematisiert werden, unter welchen Bedingungen (im Vergleich zu den anderen) «unwichtige» Anforderungen ins Profil aufgenommen werden sollen oder können. Das ist unter anderem unter dem Aspekt der für den psychologisch-diagnostischen Prozess einzufordernden *ökonomischen* Vorgehensweise zu diskutieren. Eine andere Möglichkeit ist es, Anforderungen nach *Muss-*, *Kann-* oder *Soll*-Bedingungen oder nach *Muss-* und *Wunsch-Anforderungen* zu unterscheiden.

6 Auswahl und Beschreibung der eingesetzten psychologisch-diagnostischen Verfahren

Die hypothesen- bzw. anforderungsgeleitete Auswahl psychologisch-diagnostischer Verfahren erfordert profunde Kenntnisse in der Psychologischen Diagnostik. Das Studium aktueller Fachzeitschriften sowie ein laufender Überblick über Test-Neuerscheinungen, Rezensionen und Überarbeitungen sind ein wesentliches Element der gewissenhaften Berufsausübung. Die Auswahl der psychologisch-diagnostischen Instrumente ist demgemäß Personen vorbehalten, die sowohl über die entsprechende Ausbildung verfügen, als auch einen umfassenden Einblick in aktuelle Entwicklungen haben. Letztlich geht es darum, in einem *ersten* Schritt jene methodischen Vorgehensweisen auszuwählen, die den größtmöglichen Informationsgewinn zur Beantwortung einer Frage versprechen, und dann in einem *zweiten* Schritt spezifische Instrumente zur Begutachtung zu bestimmen. Zu den psychologisch-diagnostischen Methoden zählen neben Leistungstests und Fragebogen unter anderem auch

- Anamnese und Exploration (auch bezeichnet als *Diagnostisches Gespräch* oder *Interview*),
- Dokumentenanalyse (z. B. Lebenslauf, Zeugnisse),
- (Systematische) Verhaltensbeobachtung/Gelegenheitsbeobachtung,
- Projektive/Semiprojektive Verfahren,
- Objektive Persönlichkeitstests,
- Biographische Inventare,
- Computersimulationen,
- Assessment Center.

Zu entscheiden ist, *welche* und vor allem *wie viele* Verfahren zur Beantwortung der Fragestellung erforderlich sind: Grundsätzlich gilt bei Auswahl und Einsatz das Prinzip der Multimodalität: Im diagnostischen Prozess sollen Informationen aus unterschiedlichen Informationsquellen gewonnen werden, die anschließend quantitativ und qualitativ aggregiert werden, um die Gültigkeit der Aussagen zu steigern. Es ist bekannt, dass verschiedene Methoden zur Informationsgewinnung zumindest zum Teil unterschiedliche Merkmalsbereiche erfassen (vgl. Schuler & Höft, 2006). Keine der Informationen aus einer Methodengruppe sollte daher isoliert und für sich betrachtet werden. Der psychologisch-diagnostische Prozess umfasst in jedem Falle mehr Informationsquellen als ausschließlich standardisierte psychologische Tests und Fragebogen.

Beispiel. Bei Kindern mit Teilleistungsstörungen kann typischerweise eine phasenweise immer weitergehende Verschlechterung der Schulleistungen beobachtet werden, da es für betroffene Kinder mit zunehmender Klassenstufe und entsprechend komplexeren Anforderungen immer schwerer wird, (einzelne) Schwächen zu kompensieren. Das heißt, ein möglicher Indikator für das Vorliegen einer Teilleistungsstörung ist ein Abfall in den Schulleistungen. Die *Strategie* zur Überprüfung dieser Hypothese kann ein Gespräch mit Lehrkräften des Kindes sein («Fremdanamnese zur Schulentwicklung») oder aber die Prüfung von Hausaufgaben- oder Schularbeitsheften sowie der Schulnoten («Dokumentenanalyse»). Ein anderes Beispiel für eine Hypothesenprüfung ohne psychologische Tests könnte, je nach Fragestellung, eine *systematische Verhaltensbeobachtung* des Spielverhaltens eines Kindes oder der Eltern-Kind-Kommunikation in einer Hausaufgabensituation sein. In der Literatur gibt es zahlreiche Verfahren, die zur Verhaltensbeobachtung entwickelt wurden und die zumindest als Anker für eigene Beobachtungen/Fragestellungen herangezogen werden können. Für Kinder und Jugendliche findet sich z. B. eine Übersicht bei Döpfner et al. (2000). Beispiele für die Operationalisierung von Hypothesen im Rahmen einer schulpsychologischen Fragestellung sind bei Hany (2000) dargestellt.

Zur Begutachtung sollen nur Verfahren eingesetzt werden, die auch tatsächlich einen Beitrag zur Klärung der Fragestellung liefern können. Das heißt, dass empirische Studien und theoretische Hinweise vorliegen müssen, die eine Beziehung zwischen dem spezifischen, einem Verfahren zugrunde liegenden Konstrukt und seiner Operationalisierung und der Beantwortung der Fragestellung nahe legen und somit einen Informationsgewinn erwarten lassen. Dennoch ist zugleich das Sparsamkeitsprinzip zu beachten: Es sollten also so viele Tests wie *nötig*, aber so wenige wie *möglich* eingesetzt werden. Demgemäß ist die Definition des Gütekriteriums *Zumutbarkeit* (z. B. bei Kubinger, 2006) in Bezug auf den gesamten Prozess zu reflektieren: Es ist zu beachten, dass eine Person durch die Vorgabe eines weiteren Tests bzw. die Durchführung einer weiteren Informationserhebung physisch und psychisch, energetisch-motivational und emotional in möglichst geringem Ausmaß beansprucht wird. Dies ist hinsichtlich der Relation zum erwarteten Nutzen zu beurteilen.

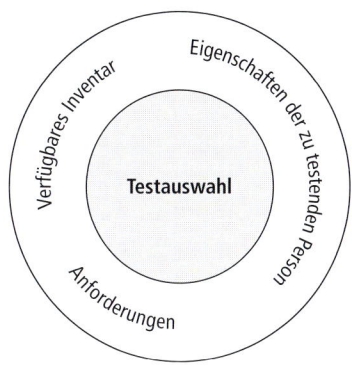

Abbildung 2: Grobmodell der zu berücksichtigenden Aspekte bei der Auswahl psychologisch-diagnostischer Verfahren.

Im Folgenden wird ausschliesslich auf die Testauswahl eingegangen, wenngleich einige der Ausführungen auch auf die Auswahl anderer Verfahrensgruppen berücksichtigt werden können. Zusammengefasst spielen für die Testauswahl *drei* zentrale Aspekte eine Rolle, veranschaulicht werden diese in **Abbildung 2**.

1) Es müssen die Anforderungen als Grundlage für die Testauswahl herangezogen werden, die zuvor formuliert wurden. Von zentraler Bedeutung ist dabei, dass jedes im Anforderungsprofil spezifizierte Konstrukt bzw. die relevante Facette eines Konstrukts anhand eines Verfahrens auch tatsächlich erfasst wird. Informationen zum erfassten Konstrukt sind dem Testmanual zu entnehmen.

Beispiel. Die Komplexität der Testauswahl lässt sich gut anhand des Konstrukts «Konzentration» demonstrieren: Dieser Begriff wird in der Psychologie mit unterschiedlicher Bedeutung verwendet bzw. ist unscharf definiert. Mit dem Begriff werden oft völlig unterschiedliche Phänomene bezeichnet, wie *fokussierte, einfache* und/oder *komplexe* Konzentrationsfähigkeit, aber oft auch Aufmerksamkeitsphänomene wie *Alertness, Daueraufmerksamkeit, geteilte Aufmerksamkeit* oder *Vigilanz.* Zu den unterschiedlichen Bereichen stehen aktuell im deutschsprachigen Raum 76 verschiedene Tests zur Verfügung («Verzeichnis Testverfahren» des Zentrums für Psychologische Information und Dokumentation, ZPID; Stand Januar 2009[3]). Es geht nun darum, diejenige Operationalisierung des Konstrukts auszuwählen, die für die konkret vorliegende Fragestellung den größtmöglichen Informationsgewinn verspricht.

Neben der konstruktorientierten Auswahl spielen für die Wahl des Instruments die Hauptgütekriterien (siehe Lienert & Raatz, 1998) Objektivität, Reliabilität und Validität die tragende Rolle. Darüber hinaus werden die so genannten Nebengütekriterien relevant: Ökonomie, Zumutbarkeit, Akzeptanz, Skalierung,

---

3 Kapitel 4.3 (Konzentrations-, Aufmerksamkeits- und Vigilanztests);
   http://www.zpid.de/pub/tests/verz_teil1.pdf

Unverfälschbarkeit, Fairness und die bereits angesprochene Normierung (siehe Näheres dazu z. B. bei Kubinger, 2006; Testkuratorium, 2006).

Je nach Anlass und Situation einer psychologischen Begutachtung mögen in manchen Fällen bestimmte Gütekriterien höher zu gewichten sein als andere (z. B. bei einer berufsbezogenen Eignungsauswahl die *Unverfälschbarkeit*). Unabhängig von der Gewichtung ist allerdings festzuhalten, dass Verfahren, welche die beschriebenen Gütekriterien nicht in einem Mindestmaß erfüllen, auch nicht zur Begutachtung eingesetzt werden dürfen. Ein Test etwa, dessen Validität nicht oder unzulänglich geprüft ist, wird nur bedingt interpretierbare Ergebnisse liefern und (zumindest für Personen mit entsprechender Expertise, die dies erkennen können) unter Umständen mehr Fragen eröffnen als beantworten. Es bleibt in diesem Fall unklar, ob durch das unzulänglich geprüfte Instrument überhaupt eine Messung des Konstrukts erfolgt bzw. wie fehlerbehaftet diese ist. Hinweise zur Erfüllung der Gütekriterien finden sich im jeweiligen Testhandbuch und in der einschlägigen Fachliteratur[4]. Insbesondere Testrezensionen in Fachzeitschriften sind als wissenschaftliche Bewertungen aktuell auf dem Markt verfügbarer Verfahren wertvoll.

2) Es ist von Bedeutung, welches *psychologisch-diagnostische Inventar* zu einem bestimmten Zeitpunkt *verfügbar ist.* Gemeint ist hier allerdings nicht, das in einer konkreten Praxis oder einer Beratungsstelle zu einem Zeitpunkt *faktisch* verfügbare Inventar. Es leitet sich aus den Berufspflichten für Psychologinnen und Psychologen ab, dass die Berufsausübung jederzeit auf dem letzten Stand der Wissenschaft zu erfolgen hat. Es ist daher bei der Bearbeitung einer Fragestellung das gesamte Inventar zu berücksichtigen, welches nach dem letzten Stand der Wissenschaft vorliegt. Daher wäre es beispielsweise nicht zu rechtfertigen, Personen mit einem veralteten Instrument zu testen, wenn neuere Methoden bekannt und theoretisch verfügbar sind. In diesem Fall muss eine nicht zeitgemäß ausgestattete Beratungsstelle eine Begutachtung ablehnen.

Zu berücksichtigen sind 3) allerdings auch *Besonderheiten auf Seiten der zu testenden Person(en).* Bei der Testauswahl geht es auch darum, Vorinformationen über die zu testende Person einzubeziehen. Die Begutachtung soll für die begutachteten Personen so gestaltet werden, dass diese in größtmöglichem Maße *geschont* werden (siehe Zumutbarkeit; Kubinger, 2006). Darüber hinaus ist sicher zu stellen, dass das Gütekriterium der Akzeptanz erfüllt ist. Dadurch wird die Bereitschaft zur Teilnahme und zur instruktionsgemäßen Bearbeitung der Verfahren erhöht. Merkmale der zu testenden Personen sind bei der Verfahrensauswahl insbesondere in Bezug auf vier Aspekte zu berücksichtigen: Niveau der Aufgabenschwierigkeit, Aufgabenformat, Antwortformat und Vorgabemodus.

---

4 Über das *Zentrum für Psychologische Information und Dokumentation (ZPID)* sind (gebührenfreie) Downloads zu verschiedenen Tests und Referenzen zu Testkritiken verfügbar (http://www.zpid.de).

Beispiel: Angenommen, es wird eine Person mit sehr gutem Abitur[5] hinsichtlich ihrer Eignung für ein bestimmtes Studium begutachtet. Es liegen keine Informationen vor, die der anzunehmenden hohen kognitiven Leistungsfähigkeit widersprechen. Würde nun eine Intelligenztestbatterie auf vergleichsweise geringerer Schwierigkeitsstufe vorgegeben (z. B. der HAWIE-R; Tewes, 1991), kann dies aus verschiedenen Gründen problematisch sein: Unter Berücksichtigung, dass diese Person mit Fragen wie «Wie viele Monate hat ein Jahr?» konfrontiert wird, ist offensichtlich, dass die Person an der Seriosität der Begutachtung zweifeln oder sich zumindest nicht ernst genommen fühlen könnte. Davon abhängig mag die Akzeptanz sinken: die Testperson wird demotiviert, was sich letztendlich auch auf die Gültigkeit der so gewonnenen Ergebnisse niederschlagen kann. Umgekehrt kann ein zu schwieriges Verfahren eine Person, die grundsätzlich an ihren Fähigkeiten zweifelt, erst recht verunsichern!

Komplexe Item- und Antwortformate mögen ebenso für bestimmte Personengruppen ungeeignet sein. Auch ob eine Person beispielsweise mit Papier-Bleistift-Tests oder am Computer getestet werden soll, hängt unter anderem von Merkmalen der begutachteten Person ab (wie z. B. Computererfahrung). Es obliegt der begutachtenden Person, im Zweifelsfall die genannten Aspekte in Bezug auf die bestmögliche Beantwortung der Fragestellung abzuwiegen.

Einige grundsätzliche Überlegungen zur Testauswahl

● Computertests und -fragebogen haben eine höhere Objektivität in Durchführung und Auswertung, und sollten daher im Normalfall in sonstiger Hinsicht vergleichbaren Papier-Bleistift-Verfahren vorgezogen werden. Zu bedenken ist aber, dass diese z. T. mit hohen Anschaffungskosten verbunden sind. Kritisch zu sehen ist darüber hinaus das unreflektierte Übernehmen von computerisiert erstellten fertigen Interpretationsvorschlägen (zur Computerdiagnostik s. Kubinger, 1993, 2009). Bezogen auf die Normen ist auch auf Besonderheiten beim Einsatz von *Computertests* hinzuweisen. Hier ist anzumerken, dass *ohne vorhergehende Äquivalenzprüfung* die Anwendung der Normen von Papier-Bleistift-Tests auf Computertests bzw. der Vergleich von Datenerhebungen im Internet und Papier-Bleistift-Tests (vgl. z. B. Bressani & Downs, 2002; MacCann, 2006) *nicht zulässig* ist[6]. Hier ist die Passung der vorgeschlagenen Interpretation mit der Fragestellung und Biographie der begutachteten Person sowie den speziellen Umständen der Testung zu prüfen (für eine Übersicht s. Lichtenberger, 2006).

---

5 Entspricht der österreichischen/schweizerischen Matura

6 Die obligatorische Äquivalenzprüfung empfiehlt sich, da sich in der Literatur ein uneinheitliches Bild findet, was die Ergebnisse für Leistungstests (vgl. z. B. Mead & Drasgow, 1993) und Persönlichkeitsfragebogen betrifft (vgl. z. B. Bader, Hofmann & Kubinger, 1993; Franke, 1997; Klinck, 2002; Kubinger & Farkas, 1991; Lumsden, Sampson, Reardon, Lenz & Peterson, 2004; Merten & Ruch, 1996; Merten & Siebert, 1997; Vansickle & Kapes, 1993).

- Die Testmodalität (z. B. Interview vs. Fragebogen, Computer vs. Papier-Bleistift) sollte so ausgewählt werden, dass die getestete Person möglichst geschont wird. Sie sollte es ihr ermöglichen, die fraglichen Fähigkeiten in bestmöglichem Ausmaß zu zeigen bzw. diese in einer Form prüfen, die einer späteren Tätigkeit realistisch entspricht (dies betrifft evtl. Personen ohne Computererfahrung).

- Adaptive Tests sind nicht adaptiven Tests vorzuziehen, weil hier die Aufgabenauswahl während der Bearbeitung speziell auf das Fähigkeitsniveau der Testpersonen zugeschnitten wird und dadurch unter anderem genauere Messungen resultieren. Allerdings sind Adaptive Tests (zumindest was das tailored-testing betrifft) an eine computergestützte Testvorgabe gebunden. Die bislang in der Literatur beschriebenen Annahmen gesteigerter Motivation zur Testbearbeitung werden allerdings aktuell kritisch diskutiert (vgl. z. B. Frey, Hartig & Moosbrugger, 2009).

- Tests und Fragebogen, die nach dem Rasch Modell konstruiert wurden, erfüllen das Gütekriterium der Skalierung (Verrechnung) und der Reliabilität aufgrund ihrer Eigenschaften nachweisbar und sind daher Tests vorzuziehen, die nach der Klassischen Testtheorie konstruiert wurden. Nichtsdestotrotz sind die meisten psychologisch-diagnostischen Verfahren nach der Klassischen Testtheorie konstruiert. Unabhängig von der Testtheorie, auf der der Test/Fragebogen beruht, ist bei der Testauswahl das Studium von Testkritiken und Rezensionen zur Qualität der Instrumente ratsam.

- Fragebogen sind verfälschbar und sollten in diesbezüglich kritischen Situationen (z. B. Eignungsauswahl) entsprechend ihrer Möglichkeiten und Grenzen interpretiert werden, mit Informationen aus anderen Quellen gemeinsam dargestellt werden (z. B. Anamnese/Eignungsinterview) bzw. gegebenenfalls zugunsten anderer Ansätze (Verhaltensbeobachtung, Objektive Persönlichkeitstests, Dokumentenanalyse, Interview) vermieden werden.

Ist die vorgesehene Testbatterie umfangreich oder befindet sich die zu begutachtende Person in einem beeinträchtigten Allgemeinzustand (hier ist v. a. an Fragestellungen aus der Klinischen Psychologie zu denken), wird es sinnvoll sein, die Testung in einigen Fällen auf mehrere Testzeitpunkte (Tage) aufzuteilen. Die Testzeitpunkte (Datum, gegebenenfalls Uhrzeit) sind im Gutachten zu vermerken. Wird die Testung von einer anderen Person durchgeführt, wie etwa durch eine psychologisch geschulte Hilfskraft oder durch einen anderen Psychologen bzw. eine andere Psychologin, so ist diese Person namentlich zu erwähnen.

Stehen für einen Test sowohl eine *Papier-Bleistift* als auch eine *Computerfassung* zur Verfügung, so ist im Gutachten an dieser Stelle zu spezifizieren, welche Version eingesetzt wurde. Eine weiterführende Begründung, warum die Papier-Bleistift bzw. die Computerversion eingesetzt wurde, ist im Gutachten nicht erforderlich.

Hinweis. In vielen studentischen Gutachten finden sich Hinweise darauf, dass sich die Testauswahl mehr auf die Namen der psychologischen Tests (und offensichtlich dadurch ausgelöste freie Assoziationen) als auf die tatsächlichen Inhalte (Konstrukte), die durch sie erfasst werden, beziehen. Ein geradezu klassisches Beispiel ist der Einsatz des Verbalen Lerntests (VLT; Sturm & Willmes, 2004) der fälschlicherweise zur Erfassung von wahlweise der verbalen Intelligenz, der Fähigkeit, Vokabeln lernen zu können, der Fähigkeit, lange Texte auswendig lernen zu können, des verbal-analytischen Denkens usw. eingesetzt wird. Im Manual des VLT heißt es, bezogen auf das Anwendungsgebiet: «Prüfung der sprachgebundenen Lernfähigkeit mittels Neologismen, die wiedererkannt werden sollen» (S. 3) und später: «der VLT kann sowohl bei Gesunden als auch zur Erfassung von spezifischen Gedächtnisstörungen bei hirngeschädigten Patienten eingesetzt werden. Bei Patienten eignet er sich in Kombination mit seinem nichtsprachlichen Äquivalent, dem NVLT, zur Erfassung materialspezifischer Lernstörungen in der Amnesiediagnostik» (ebd.). Anmerken muss man an dieser Stelle, dass obwohl in der Anwendung die «Lernfähigkeit» angesprochen war, es sich hier nicht um einen *Lerntest* im eigentlichen Sinne handelt, wie sie beispielsweise von Guthke und Wiedl (1996) oder Beckmann (2003) vorgestellt werden. Aus einer nicht nachvollziehbaren Testauswahl ist bei der späteren Beurteilung von fertigen Gutachten leicht zu erkennen, dass (zu) wenig Zeit für die Testauswahl veranschlagt wurde und diese eher wenig überlegt getroffen wurde. Grundsätzlich gilt, dass sich die Testauswahl selbstverständlich an den zu erfassenden Anforderungen orientieren muss und nicht an den Namen der Tests.

Weiter gilt es einige Besonderheiten bei der Auswahl von Persönlichkeitsfragebogen zu beachten: Wie unter anderem Fisseni (2004) festhält, ist stets zu berücksichtigen, ob die Testperson über eine ausreichende Kompetenz zur Selbstbeschreibung, das heißt über eine entsprechende Selbstkenntnis verfügt (was manche Autorinnen und Autoren zumindest in bestimmten Bereichen grundsätzlich anzweifeln, wie etwa Nisbett & Wilson, 1977). Typische Probleme können sich durch implizite interindividuell unterschiedliche «Persönlichkeitstheorien», Streben nach Konsistenz und Über- und Unterbewertungen verschiedener Eigenschaften, etwa durch das (subjektive) Heranziehen ungeeigneter Vergleichsstichproben, aber auch durch situative Determinanten und zeitliche Bedingungen ergeben (vgl. Bem & Allen, 1974).

Zur Veranschaulichung. Durch jede Frage in einem Fragebogen wird ein «semantischer Raum» mit spezifischen Assoziationen aktiviert. Gewöhnlich ist es bei der Testkonstruktion daher von zentraler Bedeutung, Items zu formulieren, die von Personen möglichst auf ähnliche Art und Weise verstanden werden, um die Validität zu erhöhen. Dies ist nicht einfach. Schon die Frage: «Warum haben Sie die Stelle gekündigt?» kann unterschiedlich verstanden werden, beispielsweise als

(a) Was war die *Motivation*?

(b) Warum haben *Sie* und nicht jemand anders gekündigt?

(c) Warum gerade *diese Stelle*?

(d) Warum haben Sie *gekündigt* und sich nicht beurlauben lassen?

Auch beim Einsatz von Persönlichkeitsfragebogen können kognitive Voraussetzungen eine Rolle spielen: Es kann oftmals *nicht* ohne vorhergehende Prüfung davon ausgegangen werden, dass alle Personen über eine ausreichende sprachliche Kompetenz verfügen, um den oft hohen Anforderungen, die (mangelhaft konstruierte) Fragebogen stellen (doppelte Verneinungen, Schachtelsätze, Fremdworte o. ä.), nachzukommen. Aufgabe ist es also bei der Auswahl eines Instruments, die intellektuellen Bedingungen einer Person zu berücksichtigen und die Auswahl eines Fragebogens abzuwägen bzw. die Auswahl darauf aufbauend vorzunehmen.

Mindestens genau so wichtig wie eine Grundkompetenz beim Einsatz von Fragebogen zur Selbstbeschreibung ist es, die *Bereitschaft* zur Selbstbeschreibung zu hinterfragen. Hier sind bewusste Verfälschungen im Sinne sozial erwünschter Antworten zu nennen. Letztlich ist bei der Vorgabe von Fragebogen grundsätzlich der Zusammenhang zwischen Selbstbeschreibung und tatsächlichem Verhalten zu hinterfragen: Im Sinne eines multimethodischen Vorgehens ist also hier besonders wichtig, Informationen, die aus unterschiedlichen Quellen gewonnen wurden, miteinander in Beziehung zu setzen. Es ist grundsätzlich als kritisch zu bewerten, wenn von einer Selbstbeschreibung *ohne weitere Zusatzinformationen* auf reales Verhalten geschlossen wird; wenn also unreflektiert auf Grundlage von Fragebogendaten Verhaltensprognosen getroffen werden.

Um das Ausmaß sozialer Erwünschtheit abzuschätzen besteht eine häufig eingesetzte Strategie in der Vorgabe so genannter *Lügenskalen*. Darüber hinaus stehen verschiedene eigenständige Skalen zur Erfassung der sozialen Erwünschtheit zur Verfügung. In der Forschung findet beispielsweise die *Skala zur Messung sozialer Wünschbarkeit* (SDS-E und SDS-CM; Lück & Timaeus; 1969; s. a. Stöber, 1999) häufigen Einsatz.

Beispiele für Items zur sozialen Erwünschtheit
(aus der SDS-CM; Lück & Timaeus, 1969).

● Ich zögere niemals, jemandem, der in Schwierigkeiten ist, zu helfen, auch wenn ich dadurch mitten in meiner Arbeit aufhören muss.

● Ich bin immer gewillt, einen Fehler, den ich mache, auch zuzugeben.

- Ich bin immer höflich, auch zu unangenehmen Leuten.

- Ich bin niemals ärgerlich gewesen, wenn andere Leute Absichten äußerten, die von meinen sehr abwichen.

Die Idee hinter diesen Skalen ist es, Items zu finden, die so formuliert sind, dass es kaum möglich ist, sich *immer* auf die beschriebene Art und Weise zu verhalten (z. B. *immer* höflich zu sein). Angenommen wird, dass eine Person, die bei diesen *sozial erwünschten* Fragen nicht instruktionskonform antwortet, es auch in den anderen Skalen nicht tun wird; meist geht es darum, eigene (übliche) Schwächen und Fehler einzugestehen. Wird dies anhand der gegebenen Antworten nicht deutlich, wird davon ausgegangen, dass Personen sich auch bei den übrigen Antworten in einer sozial erwünschten Art dargestellt haben. Allerdings: Ausgeschlossen werden kann eine instruktionswidrige Bearbeitung durch solche Skalen nicht, denn natürlich sind auch diese Items (insbesondere von intelligenten Personen) durchschaubar und somit ebenso prinzipiell verfälschbar wie die übrigen Fragen. Und nicht nur das: Erfahrungsgemäß gibt es Personen, die *tatsächlich* einigen beschriebenen, zwar unwahrscheinlichen, aber nicht unmöglichen Aussagen zustimmen und dies auch dem tatsächlichen Verhalten entspricht. Diese Personen werden durch die Anwendung der Lügenskalen ungerechtfertigt diskriminiert. Cattell (1978) vergleicht das Vorgehen beim Einsatz von solchen *Kontrollskalen* in Fragebogen damit, «die Stalltür erst [zu] verriegeln, nachdem das Pferd bereits gestohlen wurde» (S. 99), denn man erfährt nur, wann man den Ergebnissen nicht trauen darf. Auch Fahrenberg (2002) betont, dass unter der Annahme, dass eine Testperson einen Fragebogen nicht aufrichtig bearbeitet, ein «Persönlichkeitsfragebogen wie das FPI-R [*Freiburger Persönlichkeitsinventar*; Fahrenberg, Hampel & Selg, 2001] unangebracht [ist]. Die Offenheits-Skala des FPI-R kann höchstens bei Extremwerten einen Hinweis auf ein auffälliges Antwortverhalten liefern» (S. 252).

Neben den beschriebenen Lügenskalen beinhalten verschiedene Fragebogen Berechnungen bzw. Skalen, die darauf abzielen, bestimmte Antwortmuster (auffällig häufige Extrem- oder Mitteantworten, also neutrale Antworten) oder Antwortstile (Ja- oder Nein-Sage-Tendenz) zu entdecken. Grundsätzlich ist aber durch die Gutachten erstellende Person (ggf. durch Testleiter/in) die Motivation einer Person zur Testbearbeitung schon bei der Testdurchführung zu berücksichtigen. Im Falle besonderer Situationen (etwa wenn bei der Erfassung von Persönlichkeitseigenschaften die Interessen von auftraggebender Instanz und Testperson divergieren), ist auf eine eingeschränkte Interpretierbarkeit von Daten aus Persönlichkeitsfragebogen zu achten und je nach Verfügbarkeit eine alternative Erhebungsmethode ins Auge zu fassen.

Hinweis. Auch wenn bei bestimmten (*oft* berufsbezogenen) Persönlichkeitsfragebogen Hinweise im Manual zu finden sind, dass sich das Instrument auch zur Beantwortung von Fragestellungen im Selektionskontext eignet, ist dies auf

Grundlage der vorhergehenden Ausführungen kritisch zu sehen. Jedenfalls ist hier bei der Interpretation der Ergebnisse darauf zu achten, die Aussagegrenzen des Verfahrens nicht zu verletzen. Wenn beispielsweise ein Fragbogen zu Zwecken der Eignungsbeurteilung eingesetzt werden soll und Daten zur Kriteriumsvalidität vorliegen, dann ist im Handbuch genau zu prüfen, ob die herangezogenen Referenzdaten auch in Situationen der Eignungsbeurteilung gewonnen wurden und nicht etwa im Rahmen einer Studie mit freiwilliger Teilnahme. Die jeweiligen Möglichkeiten und Grenzen in der Interpretation sind zu beachten!

Neben der Auswahl von falschen, bzw. von zu vielen oder zu wenigen Tests besteht auch die Gefahr einer *falschen Anwendung*. Ein psychologisch-diagnostisches Verfahren darf im praktischen Gebrauch nur in dem im Testhandbuch angegebenen Anwendungsbereich eingesetzt werden. Im Manual finden sich empirische Studien, welche die Gültigkeit, den Geltungsbereich und die Aussagekraft des Verfahrens für einen bestimmten Bereich belegen.

Beispiel. Angenommen, ein Auftrag schließt die Begutachtung eines Kindes mit Verdacht auf Teilleistungsstörungen ein. Eltern und Pädagogen sei aufgefallen, dass das Kind manchmal Zahlen und Buchstaben miteinander vertausche. Es wird vorgeschlagen, daher den *Aufmerksamkeits-Belastungstest Test d2* (Brickenkamp, 2002) einzusetzen: Hier ist es gerade Aufgabe der Testperson in einer Reihe von *d*s und *p*s, die mit einem, zwei, drei, oder vier Strichen (bis zu drei oben oder unten) versehen sind, jedes *d* zu markieren (durchstreichen), das mit zwei Strichen versehen ist (unabhängig davon, ob zwei oben oder zwei unten oder einer oben und einer unten). Die Idee bei dieser Vorgehensweise wäre, dass das genau die Problemsituation darstellen soll, die Personen erleben, die Buchstaben miteinander vertauschen. *Eine gute Idee?* Der d2 wurde entwickelt, um kurzfristige Aufmerksamkeits- und Belastungsfunktionen zu erfassen. Er wurde *nicht* entwickelt, um Teilleistungsstörungen zu diagnostizieren. Spätestens bei der Interpretation der Ergebnisse kommt es zu Problemen: Ist etwa die Leistung unterdurchschnittlich, weil eine Teilleistungsstörung vorliegt; *oder* weil die kurzfristige Aufmerksamkeit und Belastbarkeit unterdurchschnittlich ausgeprägt ist und keine Teilleistungsstörung vorliegt; *oder* weil eine Teilleistungsstörung vorliegt *und* die kurzfristige Konzentrationsleistung unterdurchschnittlich ausgeprägt ist? Anhand dieser Strategie ist also keine Information gewonnen.

Kritisch ist ein Verfahren dann zu sehen, wenn der Anwendungsbereich ohne Hinweise auf entsprechende Studien sehr breit gefasst wird, wenn zu einem postulierten Einsatzbereich gar keine empirischen Studien präsentiert werden oder wenn erst gar keine spezifischen Anwendungsbereiche genannt werden.

In der Praxis findet sich mitunter die Tendenz, ein bestimmtes Verfahren gewissermassen als «eierlegende Wollmilchsau» für sich entdeckt zu haben und für nahezu jede Fragestellung einzusetzen (möglicherweise ungeachtet des Einsatzbereichs, der im Handbuch definiert ist). Auch das ist mit Bezug auf die vorangegangenen Ausführungen als überaus kritisch zu bewerten.

Der Einsatz psychologischer Tests und Fragebogen ist *eine* mögliche Strategie, um die Erfüllung von Anforderungen bzw. Hypothesen im Gutachten zu prüfen. Es muss in jedem Falle eindeutig dargestellt sein, auf Basis *welcher* Verfahren *welche* Informationen gewonnen werden sollen. Das bedeutet, dass jedes Verfahren genannt (Abkürzung sowie vollständiger Name) und eine Referenz angegeben werden muss, wie es auch Standard in einer wissenschaftlichen Arbeit ist (Deutsche Gesellschaft für Psychologie, 2007). Es genügt keinesfalls anzugeben, dass *ein* Intelligenztest oder *ein* Persönlichkeitsfragebogen vorgegeben wurde. Ohne das genaue Zitat sind die Ergebnisse für Dritte *nicht nachvollziehbar*. Geprüft werden kann anhand dieser Angaben, ob mit den aktuellsten Versionen eines Verfahrens gearbeitet wurde. Es macht zum Beispiel einen großen Unterschied, ob in einem Gutachten die Intelligenztestbatterie I-S-T 2000 oder die revidierte Version, der I-S-T 2000 R, verwendet wurde, die gerade hinsichtlich der Normierung über die Aktualisierung hinaus wesentliche Verbesserungen enthält.

> *Hinweis.* Bei Begutachtungen im Rahmen berufsbezogener Eignungsbeurteilungen ist beispielsweise in der DIN 33430 (Deutsches Institut für Normierung, 2002) festgelegt, dass keine Verfahren eingesetzt werden dürfen, deren Normwerte älter als acht Jahre sind bzw. deren Geltung in diesem Zeitrahmen nicht geprüft wurde (vgl. dazu Westhoff et al., 2005).

Im Gutachten muss die Testauswahl nicht eigens begründet werden. Eine ausführliche Begründung für eine bestimmte Testauswahl wirkt manchmal eher wie eine *Rechtfertigung*, denn als Untermauerung der diagnostischen Strategie. Das ist allerdings im Einzelfall auch von der den Auftrag gebenden Person abhängig zu machen.

> *Beispiel (zur nicht erforderlichem) Begründung der Testauswahl.* «Der FKK (Fragebogen zu Kompetenz und Kontrollüberzeugungen; Krampen, 1991) wurde ausgewählt, um vor allem einen Einblick in die subjektiv vorhandenen Handlungsmöglichkeiten von Herrn A. zu bekommen. Es geht darum, herauszufinden, ob er sich in dieser schwierigen Situation als handlungsfähig erlebt und glaubt, sein Problem selbst angehen zu können. Weiters wurde der FKK eingesetzt, um Aufschluss über seine Kognitionen zu bekommen und auch darüber, wie sehr sich Herr A. als von anderen Menschen abhängig erlebt.» Diese Informationen und die diagnostische Strategie, die dahinter steckt, müssen aus dem Anforderungsprofil und der Testauswahl selbst ableitbar sein. Eine Begründung ist nicht erforderlich und sollte außerdem die Aussagegrenzen des Verfahrens nicht verletzen, wie in diesem Fall.

In manchen Fällen mag die oft leichte Verfügbarkeit von Computertests zu einer im Vergleich zur Arbeit mit Papier-Bleistift Tests zu hohen Anzahl eingesetzter Verfahren verführen, da ihre Vorgabe für Testleiterinnen und Testleiter meist mit geringem Aufwand (*zumindest*: geringerem Aufwand gegenüber einem Papier-Bleistift-Test) verbunden sind (vgl. Kubinger, 2009). Es besteht dann die Gefahr, dass unter Umständen Tests vorgegeben werden, die gar nicht zur Beantwortung der eigentlichen Fragestellung erforderlich sind.

Bei der Darstellung der Auswahl diagnostischer Verfahren im Gutachten sind folgende Grundsätze zu beachten:

- Sämtliche eingesetzte Verfahren beziehen sich auf das Anforderungsprofil und dienen der Beantwortung der Fragestellung.

- Die eingesetzten Verfahren werden kurz und in verständlicher Form in Bezug auf den intendierten Informationsgewinn beschrieben.

- Die eingesetzten Verfahren sind eindeutig bezeichnet (Name, Abkürzung, Autor(innen), Erscheinungsjahr, Version).

- Bei Auswahl der Verfahren wird das Prinzip des multimethodischen Vorgehens berücksichtigt.

- Die Verfahren werden in der jeweils verfügbaren aktuellsten Auflage eingesetzt.

Hinweis. Neben den genannten Aspekten sind vor Testbeginn auch mögliche störende Einflüsse, wie etwa fehlerhaftes oder unvollständiges Testmaterial, auszuschließen. Vielfach werden in der Praxis fehlende Testmaterialien nicht durch Originalteile, sondern durch selbst erstellte Materialien ergänzt. Dies ist aufgrund der anfallenden Kosten bei der Nachbestellung von Testmaterialien nachvollziehbar, unter anderem aber aus Sicht der Gültigkeit der Normen und der Fairness (alle Testpersonen sollten die Möglichkeit haben, unter exakt *gleichen* Bedingungen arbeiten zu können) zu vermeiden.

FAZIT: Die Auswahl und Beschreibung der eingesetzten diagnostischen Verfahren und Strategien muss eindeutig und vollständig erfolgen. Als Maßstab für die Güte der Darstellung kann geprüft werden, ob anhand der gegebenen Informationen eine Untersuchung exakt repliziert werden kann.

6.1.
Beispiel zur Operationalisierbarkeit gegebener Anforderungen

Angenommen, ein Auftraggeber stellt die Aufgabe, einen geeigneten Bewerber oder eine geeignete Bewerberin für einen Beruf im Bereich Bautechnik auszuwählen. In Berufslexika (z. B. von Arbeitsvermittlungsagenturen in Deutschland oder dem Arbeitsmarktservice in Österreich) finden sich Anforderungen wie die im Folgenden zusammengestellten:

- technische Begabung,

- logisch-analytisches Denkvermögen,

- mathematisches Denkvermögen,

- räumliches Denkvermögen,

- Selbstständigkeit,

- unternehmerische Orientierung,

- Organisationsvermögen,

- Fähigkeit, in juristischen Kategorien zu denken,

- ästhetisch-kreative Fähigkeiten

- Verhandlungs-, Kommunikations- und Durchsetzungsvermögen (Umgang mit verschiedenen Interessentengruppen).

In einem ersten Schritt ist nun zu überlegen, was 1) davon *psychologische* Anforderungen sind, 2) welche der Anforderungen noch genauer auszudifferenzieren sind, 3) welche (psychologische) Eigenschaft in einem konkreten Fall tatsächlich gefordert ist. Darüber hinaus ist die Frage der *Stabilität* und der *Gewichtung* der Anforderungen zu klären (siehe Kap. 5.1). Jede der zuvor genannten Dimensionen wird im Folgenden einzeln kurz beispielhaft im Hinblick auf ihre psychologische Operationalisierbarkeit kommentiert. Es wird dabei allerdings lediglich eine *Auswahl möglicher diagnostischer Strategien* dargestellt, die nicht für jede Fragestellung zutreffend sein muss und nicht ohne Prüfung für den Einzelfall übernommen werden kann. Wohl aber ist für jede Fragestellung ein Schema anwendbar, das sich aus dem hier vorgestellten Beispiel ableiten lässt. Darüber hinaus ist nochmals anzumerken, dass erst die *Kombination* von Informationen aus verschiedenen Informationsquellen (etwa Anamnese und psychologischen Tests) eine sinnvolle Interpretation zulässt.

Dem Anspruch folgend, hier anhand eines Beispiels eine möglichst breite Palette von allgemeinen Vorgehensweisen zu demonstrieren, werden im Text nicht nur psychologische Tests (Strategien zur Operationalisierung der Anforderungen) für Erwachsene genannt, sondern in einigen Fällen auch Verfahren, die für Kinder und Jugendliche geeignet sind oder für spezielle Berufsgruppen entwickelt wurden. Dadurch soll ein möglichst breites Spektrum an Umsetzungsmöglichkeiten für die einzelnen Anforderungen demonstriert werden, unabhängig von der hier vorangestellten Fragestellung.

a) *Technische Begabung*
Zunächst ist abzuklären, wie *günstige* Fragen für Anamnese und Exploration formuliert werden können, um Hinweise auf eine technische Begabung zu identifizie-

ren. Es ergibt sich häufig das Phänomen, dass sich Neigungen und Begabungen schon früh in der Biographie in Form eines besonderen Interesses zeigen, dass etwa bestimmte Tätigkeiten gegenüber anderen bevorzugt werden. Beispiele können hier also (frühere und gegenwärtige) Hobbys, handwerklich-technische Interessen, Vorlieben in der Schule (z. B. Lieblingsfächer mit technischer Ausrichtung), Beschäftigung mit einschlägiger (Jugend-)Literatur oder bestimmte Aspekte aus der Bildungsanamnese (z. B. Wahl eines Schulzweigs mit technischer Ausrichtung, Berufserfahrung mit Tätigkeiten, wo technische Begabung gefordert ist) sein. Zur Auswahl der Fragen können neben der verfügbaren Literatur beispielsweise auch tätigkeitsbeschreibende Berichte herangezogen werden. Die ausgewählten Themenbereiche werden dann in einem Gesprächsleitfaden umgesetzt.

Neben diesen Indikatoren für Interesse ist die Frage zu stellen, über welche *Leistungsmerkmale* eine Person mit technischer Begabung verfügt? Diese können anhand verschiedener psychologischer Tests geprüft werden. Einige Beispiele:

- Mannheimer Test zur Erfassung des physikalisch-technischen Problemlösens (MTP; Conrad, Baumann & Mohr, 1980),

- Mechanisch-technisches Auffassungsvermögen (MTA; Liedl, 1997).

Neben direkten Leistungsmerkmalen können auch bestimmte Persönlichkeitseigenschaften eine wichtige Rolle spielen. Also ist die Frage zu stellen: Über welche Persönlichkeitseigenschaften verfügt eine Person mit *technischer Begabung*? Auch hier ist neben der Informationsgewinnung aus der Anamnese (siehe oben) der Einsatz von psychologischen Tests bzw. Fragebogen möglich. Ein Ansatzpunkt wäre, die Interessenstruktur von Bewerberinnen und Bewerbern zu beschreiben. Wie in Kapitel 5.1 beschrieben, unterscheidet beispielsweise die Berufsinteressentheorie von Holland (1997) praktisch-technische, intellektuell-forschende, künstlerische, soziale, unternehmerische und konventionelle Interessen. Anhand eines Interessenfragebogens, der auf dieser Theorie basiert, können zusätzlich zu Anamnese und Exploration Informationen über aktuell bestehendes technisches Interesse (welches als ein Hinweis auf technische Begabung verstanden werden kann) gewonnen werden. Beispiele für Fragebogen und nonverbale Tests, die zur Erfassung beruflicher Interessen nach der Theorie Hollands zur Verfügung stehen sind:

- Allgemeiner Interessenstruktur-/Umweltstuktur-Test (AIST-R/UST-R; Bergmann & Eder, 2005),

- Explorix® (Jörin, Stoll, Bergmann & Eder, 2003) und Explojob (Joerin Fux & Stoll, 2006),

- Foto Interessentest Serie 2006 (FIT 2006; Stoll, Jungo & Toggweiler, 2006; s. a. Toggweiler, Jungo & Stoll, 2004),

- Multimethodische Objektive Interessentestbatterie (MOI; Proyer & Häusler, 2008).

Einen Überblick über verfügbare Verfahren zur Diagnostik beruflicher Interessen, die auf Hollands Theorie aufbauen, geben Joerin Fux (2006) oder Proyer (2006, 2007), ein allgemeiner Überblick über die Diagnostik beruflicher Interessen findet sich bei Bergmann (2003) sowie Proyer (2008).

Anhand dieses Beispiels lässt sich demonstrieren, wie Informationen aus drei verschiedenen Quellen im Gutachten miteinander verknüpft werden. Die Anamnese (erste Informationsquelle) stellt die Aspekte technische Begabung und Interessen heraus, die dann in der Interpretation gemeinsam mit den Informationen aus den ausgewählten psychologischen Tests (zweite Informationsquelle) und Fragebogen (dritte Informationsquelle) diskutiert werden.

b) *Logisch-analytisches Denkvermögen*
Analog zum zuvor beschriebenen Vorgehen können zunächst Überlegungen nach *günstigen* Fragen in der Anamnese und Exploration gestellt werden (denkbar wären hier Freude und Ausmaß der Beschäftigungen mit anspruchsvollen Denksportaufgaben wie Sudoku, Rubik's Würfel usw.). Auf Seiten der Leistungsmerkmale erfreuen sich in der Psychologischen Diagnostik *Matrizentests* besonderer Beliebtheit, da sie es ermöglichen, ökonomisch und weitgehend unabhängig von sprachlichen Fähigkeiten *Reasoning* zu erfassen. Eine Auswahl (unter anderem mit Unterschieden in der Schwierigkeit sowie in Details der Item- und Antwortformate):

- Adaptiver Matrizentest (AMT; Hornke, Etzel & Rettig, 2004),
- Advanced Progressive Matrices (APM; Bullheller & Häcker, 2000),
- Coloured Progressive Matrices (CPM; Bullheller & Häcker, 2002),
- Standard Progressive Matrices (SPM; Bullheller & Häcker, 2009),
- Wiener Matrizen Test (WMT; Formann & Piswanger, 1979).

Darüber hinaus stehen aber auch eine Reihe weiterer computergestützter Verfahren zur Verfügung, die sich auf eine andere Aufgabenmodalität stützen:

- Erkennen von Metaregeln (META; Gatternig & Kubinger, 1994),
- Syllogismen (Srp, 1994).

Auch in diesem Fall kann die Auswahl durch die Untersuchung korrespondierender Persönlichkeitsmerkmale ergänzt werden.

c) *Mathematisches Denkvermögen*
Günstige Fragen in der Anamnese könnten sich hier beispielsweise auf Schulnoten beziehen, ob und in welcher Form mathematisches Denken bislang in der Ausbildung oder im Berufsleben eine Rolle gespielt hat oder auch Fragen nach Alltagssituationen, wie dem Mitrechnen bei Einkäufen im Supermarkt oder dem Nachrechnen von Rechnungen im Restaurant als Indikatoren für Freude und Interesse an mathematischen Operationen. Hinsichtlich standardisierter psychologischer

Leistungstests zum mathematisch-rechnerischen Denken beinhalten zunächst verschiedene Intelligenztestbatterien Untertests oder Skalen zu diesem Bereich. Einige Beispiele für Testbatterien mit entsprechenden Skalen sind:

- Adaptives Intelligenz Diagnostikum 2 (AID 2; Kubinger, 2009),

- Hamburg-Wechsler-Intelligenztest für Kinder-IV (HAWIK-IV; Petermann & Petermann, 2008),

- Intelligenz-Struktur-Test 2000 R (I-S-T 2000 R; Liepmann, Beauducel, Brocke & Amthauer, 2007),

- Wilde Intelligenztest 2 (WIT-2; Kersting, Althoff & Jäger, 2008).

Daneben stehen spezielle Leistungstests zur Verfügung, zum Beispiel:

- Mathematik in der Praxis (MIP; Bratfisch & Hagman, 2003),

- Rechentest 9+ (RT 9+; Bremm & Kühn, 1992).

Die Frage, ob der Einsatz eines speziellen Leistungstests sinnvoller ist als der Einsatz größerer Intelligenztestbatterien kann nicht allgemein beantwortet werden. Für die Entscheidung sind sämtliche in Kapitel 6 dargestellten Kriterien für die Auswahl relevant.

Dürfen aus (unterschiedlichen) Testbatterien (Leistungs- oder Persönlichkeitsfragebogenbatterien) einzelne Skalen bzw. Untertests entnommen und/oder zu neuen Instrumenten zusammengesetzt werden? Grundsätzlich nicht, wenn dies im Handbuch nicht explizit als zulässig beschrieben ist bzw. keine eigenen Normwerte für diese Einzeldarbietungen vorliegen. *Warum ist das so?* Eine Leistungstestbatterie kann beispielsweise als eigener «Testkontext» verstanden werden, ein standardisierter Ablauf, in dem ein zeitlicher Kontext, aber auch ein für alle Personen identischer semantischer Kontext pro Aufgabengruppe geschaffen wird. Offensichtlich ist, dass ein Untertest etwa am Ende einer einstündigen Batterie nicht vergleichbar ist mit den Leistungen der Referenzstichprobe zu Beginn. Denkbar sind hier also unter anderem Konzentrationseffekte und Lerneffekte. Die psychometrischen Eigenschaften einer selbst zusammengesetzten Skalenkombination sind also in den meisten Fällen äußerst fraglich. Bei Fragebogenbatterien sieht dies nicht sehr viel anders aus, vielfach zeigen Studien, dass Reihenfolgenveränderungen und Blockungen Auswirkungen auf psychometrische Eigenschaften haben (vgl. Krampen, 1993; Krampen, Hense & Schneider, 1992; Ortner, 2004).

Bei Vorgabe einzelner Skalen aus einer Testbatterie ist also zu prüfen, ob dieses Vorgehen theoretisch im Testkonzept vorgesehen und auf Grundlage von vorhandenen Normwerten auch praktisch möglich ist. Informationen hierzu finden sich im Testmanual. Bestimmte Testkonzepte sehen beispielsweise vor, dass Interpretationen ausschließlich auf aggregierter Ebene unter Berücksichtigung und Einbezug mehrerer Skalen zu einem Merkmalsbereich vorgesehen sind (z. B. IST 2000-R). Im WIT-2 wurden dagegen verschiedene Kurzmodule mit eigenen Normwerten entwickelt.

d) *Räumliches Denkvermögen*

In Anamnese bzw. Exploration kann in Bezug auf das räumliche Denkvermögen berücksichtigt werden, dass Personen mit hoher Raumvorstellungsfähigkeit sich häufig und gerne mit Aktivitäten beschäftigen, für die eine solche Fähigkeit günstig ist, wie z. B. neue Wege zu finden oder mit Blick aus dem Flugzeugfenster den Standort zu bestimmen (Glück, 2004): Zu denken wäre hier unter anderem an alltagsnahe Situationen, wie das Kartenlesen beim Autofahren oder die Orientierung in einer fremden Stadt. Weiter ist hier auch an Freizeitbeschäftigungen zu denken, die ein gewisses Maß an Raumvorstellungsvermögen bedürfen, etwa das Navigieren beim Segeln oder die Orientierung beim Wandern oder Bergsteigen.

Analog zum vorangegangenen Beispiel stehen auch zur Erfassung von Komponenten des Raumvorstellungsvermögens neben Untertests (Skalen) aus Intelligenztestbatterien spezielle Leistungstests zur Verfügung. Wichtig ist es auch hier zu berücksichtigen, dass verschiedene Tests verschiedene Aspekte des Konstrukts erfassen und unter Umständen zur Lösungsfindung unterschiedliche Teilkomponenten der Raumvorstellung eingesetzt werden müssen. Eine Beurteilung der Zweckmäßigkeit eines Aufgabenmodus zur Informationsgewinnung in Bezug auf eine gegebene Fragestellung ist auf Basis der Informationen im jeweiligen Testhandbuch abzuschätzen.

Einige Beispiele sind:

● Adaptiver Dreidimensionaler Würfeltest (A3DW; Gittler, 2004),

● Dreidimensionaler Würfeltest (3DW; Gittler, 1990),

● IST 2000 R (I-S-T 2000 R; Liepmann et al., 2007; Untertest: Würfelaufgaben),

● Pilot's Spatial Test (PST; Grössenbrunner, 2003),

● Schlauchfiguren (Stumpf & Fay, 1983).

Abzuwiegen ist, ob bei einem Einsatz mehrerer Tests der Informationsgewinn dem größeren Aufwand gerecht wird.

e) *Selbstständigkeit*

Während die zuvor genannten (Leistungs-)Eigenschaften relativ eindeutig psychologische Konstrukte dargestellt haben, so handelt es sich bei der Selbstständigkeit um ein weniger klar und einheitlich definiertes Konstrukt. Streng genommen kann «Selbstständigkeit» im Sinne einer psychischen Eigenständigkeit als psychologische Variable verstanden werden, sie kann aber genau genommen auch einen beruflichen Status bezeichnen. Wahrscheinlicher scheint ersteres, doch ist auch dies mit der Auftrag gebenden Instanz zu klären. Woran zeigt sich eine hohe Selbstständigkeit im konkreten Fall (*selbstständig wovon? Von der Meinung anderer unbeeinflusst sein, alleine ohne Team arbeiten zu können?*)? Vereinfacht gesagt ist die Frage zu klären, *welche Eigenschaft(en) eine selbstständige Person im Sinne der Fragestellung kennzeichnen?* Es ist also genau zu klären, wie Selbstständigkeit definiert ist und vor allem, welche bzw. ob überhaupt psychologische Konstrukte hinter dem Begriff stecken. Erst auf Grundlage dieser Spezifikation können mögliche Operationalisierungen abgeleitet werden.

In Anamnese und Exploration kann basierend auf der Explikation des Konstrukts auf ähnliche oder vergleichbare Situationen in der Vergangenheit und Gegenwart eingegangen werden, in denen sich hohe oder niedrige Selbstständigkeit zeigen kann. Beispielsweise kann hier mithilfe so genannter situativer Fragen vorgegangen werden. Im Folgenden ist eine Auswahl möglicher unterschiedlicher Eigenschaften dargestellt, die mit diesem Konstrukt assoziiert sein können. Weiter werden Hinweise gegeben, wie diese getestet werden können (wiederum handelt es sich um eine Auswahl, die nicht für jede Fragestellung zutreffend sein muss. Sie muss in Abhängigkeit von der konkreten Fragestellung sowie der individuellen Lebens- und Lerngeschichte angepasst werden):

- Planungsfähigkeit
  - ILICA (Möseneder & Ebenhöh, 1996).

- Verträglichkeit
  - Big Five Plus One Persönlichkeitsinventar (B5PO; Holocher-Ertl, Kubinger & Menghin, 2003),
  - NEO-Persönlichkeitsinventar nach Costa und McCrae, Revidierte Fassung (NEO PI-R; Ostendorf & Angleitner, 2004).

- Gewissenhaftigkeit
  - Big Five Plus One Persönlichkeitsinventar (B5PO; Holocher-Ertl, Kubinger & Menghin, 2003),
  - NEO-Persönlichkeitsinventar nach Costa und McCrae, Revidierte Fassung (NEO PI-R; Ostendorf & Angleitner, 2004).

- Selbstkonzept eigener Fähigkeiten
  - Fragebogen zu Kompetenz- und Kontrollüberzeugungen (FKK; Krampen, 1991).

f) unternehmerische Orientierung
Nach Klärung der exakten Bedeutung der Anforderung ist wiederum zusammenzustellen, was *günstige* Fragen in Anamnese und Exploration sein können. Zu denken ist hier beispielsweise an Ferienjobs, Praktika und bisherige Berufserfahrungen, die in diese Richtung gehen und Vorstellungen bzw. Gedanken dazu. Auch alltagsnahe Fragen können diesen Themenkreis sinnvoll beleuchten. Zum Beispiel Fragen danach, ob eine Person einen eigenen Finanzplan aufgestellt hat (wobei für solches Verhalten auch andere Persönlichkeitseigenschaften relevant

sein könnten) oder Fragen nach der aktuellen Wirtschaftssituation als Indikator für das Interesse. Eine Strategie wäre es also hier *nicht*, schulisches Wissen abzufragen, sondern Themen anzusprechen, über die aktuell in den Medien berichtet wird und von denen anzunehmen ist, dass diese von Personen mit ausgeprägtem wirtschaftlichen Interesse aufmerksam verfolgt werden.

Daneben können auch (erfahrungsgeleitet bzw. auf Grundlage einschlägiger Literatur) Hypothesen aufgestellt werden, welche Persönlichkeitseigenschaften Personen mit unternehmerischer Orientierung auszeichnen. Eine Auswahl dazu, die wiederum fragestellungspezifisch und an die Lebens- und Lerngeschichte der begutachteten Person angepasst werden muss:

- *Gestaltungs- und Führungsmotivation*
  - Bochumer Inventar zur berufsbezogenen Persönlichkeitsbeschreibung (BIP; Hossiep, Paschen & Mühlhaus; 2003).

- *Teamorientierung und Durchsetzungsstärke*
  - Bochumer Inventar zur berufsbezogenen Persönlichkeitsbeschreibung (BIP; Hossiep, Paschen & Mühlhaus; 2003).

- *Unternehmerische Interessen in der Berufsinteressentheorie Hollands*
  - Allgemeiner Interessenstruktur-/Umweltstruktur-Test (AIST-R/UST-R; Bergmann & Eder, 2005),
  - Explorix® (Jörin, Stoll, Bergmann & Eder, 2003) und Explojob (Joerin Fux & Stoll, 2006),
  - Foto Interessentest Serie 2006 (FIT 2006; Stoll, Jungo & Toggweiler, 2006),
  - Multimethodische Objektive Interessentestbatterie (MOI; Proyer & Häusler, 2008).

- *Leistungsmotivation (dazu im weiteren Sinne zu rechnen)*
  - Arbeitshaltungen (AHA; Kubinger & Ebenhöh, 2007),
  - Bochumer Inventar zur berufsbezogenen Persönlichkeitsbeschreibung (BIP; Hossiep, Paschen & Mühlhaus; 2003),
  - Leistungsmotivationsinventar (LMI; Schuler, Prochaska & Fintrup; 2001),
  - Multi-Motiv-Gitter (MMG; Schmalt, Sokolowski & Langens, 2000),
  - Objektiver Leistungsmotivationstest (OLMT; Schmidt-Atzert, 2007).

Darüber hinaus kann bei Vorgabe eines Leistungstests «Wirtschaftswissen» geprüft werden:

- Modul 7 des WIT-2: Wissen Wirtschaft (Kersting, Althoff & Jäger, 2008).

Sämtliche Ergebnisse sind wiederum im Rahmen der Interpretation zu integrieren.

g) *Organisationsvermögen*
Hier gilt Ähnliches wie zuvor bei der Selbstständigkeit beschrieben. Es müssen Hypothesen gebildet werden und unter Umständen muss mit der den Auftrag gebenden Person bzw. externer Expertise der Frage nachgegangen werden, wie

Organisationsvermögen im Zusammenhang mit der konkreten Fragestellung zu definieren ist. Darauf aufbauend sind psychologische Konstrukte zu identifizieren, die hinter diesen Anforderungen stehen. Die zu klärende Frage dabei lautet also: *Welche Eigenschaften kennzeichnen eine Person mit Organisationsvermögen (im Sinne der Fragestellung)?* Wiederum ohne Anspruch auf Vollständigkeit werden einige Eigenschaften samt Möglichkeiten zur Operationalisierung anhand psychologischer Tests angeführt:

- *Planungsfähigkeit*
  - Bonner Postkorb-Module (BPM; Musch, Rahn & Lieberei, 2001),
  - ILICA (Möseneder & Ebenhöh, 1996).

- *Ausdauer*
  - Deutsche Personality Research Form (PRF; Stumpf, Angleitner, Wieck, Jackson & Beloch-Till, 1985).

- *Belastbarkeit*
  - Belastbarkeits-Assessment: computerisierte Objektive Persönlichkeits-Testbatterie – Deutsch (BAcO-D; Ortner, Kubinger, Schrott, Radinger & Litzenberger, 2006).

- *Stressverarbeitungsstrategien*
  - Differentielles Stress Inventar (DSI; Lefèvre & Kubinger, 2004),
  - Stressverarbeitungsfragebogen (SVF 120, SVF 78; Erdmann & Janke, 2008).

- *Ordnungsstreben*
  - Deutsche Personality Research Form (PRF; Stumpf, Angleitner, Wieck, Jackson & Beloch-Till, 1985).

- *Regelbewusstsein*
  - 16-Persönlichkeits-Faktoren-Test Revidierte Fassung (16 PF-R; Schneewind & Graf, 1998).

Auch hier gilt es dann wieder, günstige Fragen für die Anamnese zusammenzustellen und in den Gesprächsleitfaden zu integrieren. Beispiele sind Fragen nach bisherigen Erfahrungen und persönlichem Vorgehen (z. B. bei der Organisation von beruflichen und/oder privaten Anlässen [Firmenfeiern, Familienfeste] bzw. auf die genannten Eigenschaften spezifisch abgestimmte Fragen).

h) *In juristischen Kategorien denken können*
Zunächst ist zu klären, ob es sich bei *In juristischen Kategorien denken zu können* um eine Fähigkeit handelt, die im Sinne eines Leistungstests geprüft werden kann oder ob dies eher als Persönlichkeitseigenschaft aufgefasst werden kann. Dann gilt es zu klären, welche Eigenschaften eine Person auszeichnen, die in juristischen Kategorien denken kann.

Auch hier kann von bestimmten beruflichen Interessen ausgegangen werden. Im Berufsregister des Explorix® wird der Beruf Jurist/in mit CES (also: konventionelles, unternehmerisches und soziales Interesse) kodiert. Schreibt sich eine Person also in einem Interessenfragebogen, der sich auf das Modell Hollands bezieht, ein hohes konventionelles Interesse zu, dann ist das als ein Hinweis darauf zu interpretieren, dass die (selbst eingeschätzte) Interessenstruktur mit solchen Berufen kongruent ist, wo es erforderlich ist, in juristischen Kategorien zu denken. Die Umsetzung kann wieder über die bereits genannten diagnostischen Verfahren erfolgen (s. o.). Darüber hinaus sind Hypothesen abzuleiten, über welche Eigenschaften eine Person verfügt, die in juristischen Kategorien denken kann – dies wird hier nicht im Detail vorgestellt. Zu bedenken ist allerdings, dass das «Denken in juristischen Kategorien» möglicherweise die Kenntnis (also Vorwissen) juristischer Kategorien voraussetzt. Auch ist hier unter Umständen eine Art des schlussfolgernden Denkens gemeint, welches von juristischen Kategorien ausgeht, also mag auch Reasoning eine Rolle spielen. Günstige Fragen für die Anamnese werden wiederum in einem Gesprächsleitfaden zusammengestellt.

i) *ästhetisch-kreative Fähigkeiten*
In einem ersten Schritt ist hier zu definieren, ob zur Klärung der Fragestellungen zwischen *ästhetischen*, *kreativen* oder *ästhetisch-kreativen* Fähigkeiten getrennt werden muss. Dementsprechend müssen dann unter Umständen getrennte Anforderungen formuliert werden oder sie können gemeinsam betrachtet werden. Zu klären ist also wodurch sich im Sinne der Fragestellung eine ästhetisch-kreative bzw. eine ästhetische und/oder eine kreative Person auszeichnet. Kontrovers wird in der Fachliteratur diskutiert, wie Kreativität definiert ist, was Kreativität auszeichnet und ob sie überhaupt eine Personeneigenschaft ist (Feldhusen & Goh, 1995; Urban, 2003). Ein weiterer, neuerer Ansatz ist, Kreativität als *Charakterstärke* zu interpretieren, die der Tugend *Weisheit* zugeordnet ist (Peterson & Seligman, 2004).

In Anamnese und Exploration kann in diesem Bereich auf Vorlieben und Interessen für Tätigkeiten eingegangen werden, die das kreative und gestalterische Interesse im spezifizierten Sinn ansprechen.

Im Sinne von standardisierten diagnostischen Verfahren werden Operationalisierungen im Folgenden nur sehr allgemein gehalten. Es folgen Beispiele, wie ästhetische und kreative Eigenschaften operationalisiert werden können (*Über welche Eigenschaften verfügt eine Person, die über ästhetische und kreative Eigenschaften verfügt?*):

- *Künstlerische Interessen*
  - Interessenfragebogen und nonverbale Tests s. o.

- *Offenheit*
  - Big Five Plus One Persönlichkeitsinventar (B5PO; Holocher-Ertl, Kubinger & Menghin, 2003),
  - NEO-Persönlichkeitsinventar nach Costa und McCrae, Revidierte Fassung (NEO PI-R; Ostendorf & Angleitner, 2004).

- *Kreativität (quantitative Komponente; «Flüssigkeit des Denkens»)*
  - Kreativitätstest für Vorschul- und Schulkinder (KVS-P; Krampen, Freilinger & Willems, 1996),

- Test zum Divergenten Denken (TDK 4–6; Mainberger, 1977),
- Verbaler Kreativitäts-Test (VKT; Schoppe, 1975).

● *Kreativität (qualitative Komponenten)*
- Test zum Schöpferischen Denken – Zeichnerisch (TSD-Z; Urban & Jellen, 1995).

● *Tests zum konvergenten Denken*
- Wird üblicherweise über Intelligenztests erfasst (Beispiele für einsetzbare Verfahren wurden weiter oben gegeben).

Wiederum sind günstige Fragen für Anamnese und Exploration abzuleiten und in den Gesprächsleitfaden einzubauen. Sämtliche Informationen sind in die Interpretation einzubeziehen

j) *Verhandlungs-, Kommunikations- und Durchsetzungsvermögen*
Analog zur zuvor beschriebenen Vorgehensweise ist zunächst zu entscheiden, ob Verhandlungs-, Kommunikations- und Durchsetzungsvermögen als getrennte Eigenschaften zu behandeln sind oder ob darunter synonyme Eigenschaften verstanden werden. Wie bei den bereits beschriebenen Anforderungen ist auch hier zu ermitteln, welche psychologischen Konstrukte hinter den Anforderungen stehen. Daraus sollen dann die dazugehörigen Eigenschaften abgeleitet werden und die Operationalisierung, wie in den obigen Beispielen beschrieben, festgelegt werden.

Anhand des obigen Beispiels sollte demonstriert werden, wie aus einzelnen Anforderungen in einem umfangreichen Anforderungsprofil psychologisch-diagnostische Hypothesen und Strategien abgeleitet werden können. Als besonders hilfreich bei der Erstellung von Anforderungsprofilen haben sich etwa Berufslexika, Expertenbefragungen, Sammlungen von Fallbeispielen (vgl. z. B. Kubinger & Ortner, 2010; Petermann, 2008) oder Fallbeispiele aus der Praxis (vgl. z. B. Hartje, 2004; Holocher-Ertl, Kubinger & Frebort, 2006; Ortner & Janous, 2006) erwiesen. Bei klinischen Fragestellungen geben zusätzlich Klassifikationssysteme (etwa das ICD-10; Dilling, Mombour & Schmidt, 1993) entscheidende Hilfestellungen (s. a. Röhrle, Caspar & Schlottke, 2008).

Würden alle im Beispiel genannten Anforderungen umgesetzt, so wäre der daraus resultierende psychologisch-diagnostische Prozess sehr umfangreich, die Belastung der begutachteten Person wäre zu groß, der Prozess wäre unökonomisch. Wie bereits beschrieben, wird in der Praxis daher häufig (z. B. aufgrund beschränkter zeitlicher Ressourcen) eine Auswahl der Anforderungen nach Relevanz und Kompensierbarkeit getroffen.

FAZIT: Die eingesetzten psychologisch-diagnostischen Verfahren müssen so ausgewählt werden, dass sie die bestmöglichen auf die Fragestellung bezogenen Informationen liefern können. Das bedeutet, dass auf die genaue Passung mit den jeweiligen Anforderungen zu achten ist und darüber hinaus auch Rahmenbedingungen des psychologisch-diagnostischen Prozesses (z. B. Testdauer, Schonung der Testperson, usw.) zu berücksichtigen sind.

7 Das diagnostische Gespräch und seine Darstellung

Das diagnostische Gespräch ist das am häufigsten eingesetzte psychologisch-diagnostische Verfahren und nimmt daher einen besonderen Stellenwert ein. Schmidt und Keßler (1976) verstehen unter der Anamnese, die «Sammlung, Systematisierung und diagnostische Verarbeitung von Informationen zum biographischen Hintergrund («harte Fakten»), zu gegenwärtigen und früheren körperlichen Zuständen sowie Verhaltensweisen und Erlebnissen eines Individuums in seinem sozialen Umfeld (unter Berücksichtigung der gestörten und nicht gestörten Komponenten), zu den verursachenden, auslösenden, aufrechterhaltenden und beitragenden Bedingungen, zu prognostischen Entscheidungen mit oder ohne nachfolgende Maßnahmen» (S. 13). Weiter weisen sie darauf hin, dass die Beschreibung der aktuellen Situation des Individuums im Vordergrund steht. Andere Autoren (Kubinger & Deegener, 2001) sprechen anstelle von Anamnese von der *Sammlung der typischerweise mit dem gegebenen Sachverhalt in Verbindung stehenden Informationen*. Dadurch soll zum Ausdruck kommen, dass alle für die Klärung der Fragestellung relevanten Informationen systematisch erfragt und dokumentiert werden sollen.

Bei Fragestellungen zu berufsbezogenen Eignungsbeurteilungen ist es unüblich, von *Anamnese* zu sprechen. Hier findet sich häufiger die Verwendung des Begriffs *Interview*. Das Eignungsinterview wird definiert als: «Ein Gespräch zwischen mindestens einem Interviewer und einem zu Beurteilenden zur Erhebung arbeitsrelevanter Informationen bei Fragen zur beruflichen Entwicklung oder der Personalauswahl» (Westhoff & Strobel, 2005, S. 93). Hier ist weitgehend das gleiche gemeint wie im zuvor beschriebenen Absatz mit dem Begriff Anamnese. Zur Vereinheitlichung des Sprachgebrauchs kann empfohlen werden, bei Fragestellungen zu berufsbezogenen Eignungsbeurteilungen den Begriff *Eignungsinterview* anstelle von Anamnese zu verwenden. Die weiteren Ausführungen gelten aber gleichermaßen auch für das Eignungsinterview.

Es hat sich gezeigt, dass sich eine höhere Strukturierung positiv auf die psychometrische Güte von Gesprächen auswirkt. Verschiedene diagnostische Gespräche können hinsichtlich ihrer Form unterschieden werden: Bei einem *freien Gespräch* wird ohne Struktur oder Vorgaben ein Gespräch zu einem Thema geführt. Bei einem *teilstrukturierten* Gespräch liegen die Fragen, die zu stellen sind, vor; im *strukturierten* Gespräch ist auch deren Reihenfolge festgelegt. Im *standardisierten* Gespräch sind nicht nur die Fragen, sondern auch die Antwortmöglichkeiten bereits festgelegt.

Nachdrücklich empfohlen wird zumindest die Erstellung eines Gesprächsleitfadens, der jedem Anamnesegespräch/Eignungsinterview zugrunde liegen sollte. Im Vergleich zur Informationsgewinnung über andere Methoden (z. B. dem Einsatz eines Fragebogens) weist das Gespräch spezifische Besonderheiten auf (z. B. Interaktion und freies Antwortformat; vgl. Fisseni, 1987), die bei der Interpretation und Integration der Ergebnisse zu berücksichtigen sind. Der Leitfaden ermöglicht ein wissenschaftliches Vorgehen unter Berücksichtigung der Tatsache, dass die gesprächsführende Person neben der Kontaktaufnahme, dem Einsatz von Fragetechniken, einer Selbst- und einer Fremdbeobachtung auch die Informationssammlung und Dokumentation leisten muss.

Hinweis. Immer wieder findet sich in der Praxis die Meinung, Gesprächsleitfäden seien lediglich etwas «für Berufsanfänger». Ein wissenschaftlich fundierter und flexibler Gesprächsleitfaden ist allerdings keineswegs eine Last sondern vielmehr ein Wegweiser, der hilft, bei der umfassenden Sammlung aller relevanter Information nichts Wichtiges zu vergessen! Die diagnostische Praxis birgt zahlreiche Gefahren vom rechten Weg der Informationsgewinnung abzukommen. Dazu zählen beispielsweise nicht nur eine routinemäßige *Blindheit,* Erinnerungseffekte oder zu rasches Hypothetisieren in eine bestimmte Richtung, etwa aufgrund auffälliger Information, sondern auch Ablenkbarkeit, Müdigkeit (Tagesverfassung) oder Merkmale des Gegenübers (z. B. ausschweifender Rededrang oder Wortkargheit). Nur mit Hilfe eines fundierten und flexiblen Gesprächsleitfadens ist für die diagnostische Situation sichergestellt, dass unter jeder Bedingung sämtliche relevante Information berücksichtigt wird (s. a. Wiesflecker, 2003; Wiesflecker & Kubinger, 2005).

Ein Gesprächsleitfaden ist ein Instrument zur möglichst unverfälschten, objektiven und vollständigen Erfassung von Informationen, die mit dem untersuchten Sachverhalt in Verbindung stehen können. Gesprächsleitfäden unterscheiden sich im Grad ihrer *Strukturiertheit* (unstandardisiert, teilstandardisiert und vollstandardisiert). Der Unterschied liegt im Ausmaß, wie sehr Fragen oder Übergänge ausformuliert niedergeschrieben werden. Je nach Erfahrung und persönlichem Stil ziehen manche Personen eher eine lose Strukturierung mit der Nennung der wichtigsten Bereiche oder vollständig ausformulierte Fragen mit Ein- und Überleitungssätzen vor.

Der Leitfaden verleiht dem Gespräch eine sinnvolle Struktur und entlastet alle Beteiligten (vgl. Westhoff & Kluck, 2008). Ein Leitfaden macht die Beurteilung im günstigen Falle weniger anfällig für Urteilsfehler und weniger von situationalen Gegebenheiten beeinflussbar. Es besteht im Leitfaden zusätzlich die Möglichkeit, vorab notwendige Erklärungen kurz und verständlich zu formulieren und Fragen nach konkretem, individuellem Verhalten in den Vordergrund zu stellen. Darüber hinaus kann verhindert werden, dass es während der Anamneseerhebung zu stillen, peinlichen Pausen kommt, in denen die interviewende Person nach einer neuen Frage sucht und sich häufig durch eine unter Umständen wenig überlegte Verlegenheitsfrage «retten» muss. Eine ratsuchende Person hat das Recht auf eine professionelle Begutachtung: Dazu gehört, dass der Gutachter bzw. die Gutachterin sorgfältig auf das Gespräch vorbereitet ist, die Gedanken nicht erst im Gesprächsverlauf ordnet und sich die diagnostische Strategie nicht erst bei dieser Gelegenheit zusammenstellt. In einem guten Leitfaden sind über die beschriebenen Aspekte hinaus Überleitungen zwischen Themen und Formulierungen zu Beginn und Abschluss enthalten, die zu einer größtmöglichen Professionalisierung des Ablaufs führen. In der Literatur finden sich weitere Hinweise zur Gestaltung des Gesprächs (z. B. Kubinger & Deegner, 2001; Schmidt & Keßler, 1976; Schraml, 1971). Vor allem ist hier auf die *entscheidungsorientierte Gesprächsführung* zu verweisen, die bei Westhoff und Kluck (2008) ausführlich beschrieben wird (s. a. Westhoff, 2008; Westhoff, Hagemeister & Strobel, 2007).

Viele Praktikerinnen und Praktiker haben aufgrund wissenschaftlicher Befunde und eigener Erfahrungen je nach Fragestellung bzw. Themenbereich eigene Leitfäden formuliert. So kann sichergestellt werden, dass auch bei «selteneren Fällen» außerhalb der diagnostischen Routine wichtige Fakten nicht vergessen werden. Gesprächsleitfäden sind keine Fragebogen, sondern flexible Instrumente, die je nach Fall (Fragestellung) angepasst werden können bzw. müssen.

Für allgemeine Anamnesen im Kinder- und Jugendbereich stehen mehrere standardisierte Instrumente zur Eigen- bzw. Fremdanamnese zur Verfügung. Zu nennen ist hier etwa der *Diagnostische Elternfragebogen* von Deegener (1995) oder das *Systemisch orientierte Erhebungsinventar* von Kubinger (s. Kubinger & Deegener, 2001). Anamneseschemata für Erwachsene stellen u. a. Schmidt und Keßler (1976) vor (s. a. Jäger & Kaiser, 1987).

Im Folgenden werden einige Themen genannt, die unabhängig von der konkreten Fragestellung immer wieder relevant sind. Typische Themen der Anamnese sind nach Boerner (2004):

- Formaler Rahmen der Entwicklung und Lebensumstände,

- Verhältnis zu Eltern und Geschwistern,

- Entwicklungsauffälligkeiten und einschneidende Lebensereignisse,

- Sozialkontakte (seit der Kindergartenzeit),

- Schule, Ausbildung und Beruf,

- Interessen und Hobbys,

- Zukunftserwartungen,

- Augenblicklicher Vorstellungsgrund bzw. Entwicklung des Problemverhaltens,

- Weitere Beschwerden, Störungen/Erkrankungen,

- Familiäre Situation und sozioökonomisches Umfeld,

- Schwangerschaft, Geburt und frühkindliche Entwicklung,

- Erziehungsstil der Eltern,

- Kontakt- und Freizeitbereich,

- Leistungs- und Schulbereich (Kindergarten und Beruf),

- Psychosexueller Bereich.

Die Bereiche sind hier lediglich beispielhaft angeführt und sind selbstverständlich im Einzelfall entsprechend der Fragestellung auf Grundlage der entsprechenden Fachliteratur anzupassen bzw. zu erweitern. Auch bei Westhoff und Kluck (2008) finden sich Hinweise auf allgemein relevante Inhalte. Für klinische Fragestellungen stehen auch psychiatrische Interviews zur Verfügung (z. B. Döpfner, Görtz-Dorten & Lehmkuhl, 2008).

Angenommen, bei einer Fragestellung spielt die *Aufmerksamkeitsleistung* eine besondere Rolle, dann können in Eigen- und Fremdanamnese beispielsweise Informationen zu folgenden Verhaltensbereichen gesammelt werden (modifiziert aus Fallbeispielen bei Heubrock und Petermann, 2001):

- erhöhte Ablenkbarkeit,

- Neigung zu Tagträumen («verträumt»),

- verlangsamtes Arbeitstempo,

- Tätigkeiten zu Ende führen oder vorzeitiges Abbrechen,

- Gewissenhafte Erledigung von Aufträgen,

- für Schüler: Ist in der Schule der «Klassenkasper»,

- Bewegungsunruhe,

- für Schüler: häufiges Stören des Unterrichts,

- Einhaltung von Grenzen/Spielregeln,

- für Schüler: Warten können bis man aufgerufen wird,

- häufiges Dazwischenreden,

- häufig in Auseinandersetzungen verstrickt sein (i. S. von Impulsivität),

- längere Zeit stillsitzen können,

- hohe Reagibilität auf äußere Reize,

- Sorgfalt und Genauigkeit bei verschiedenen Tätigkeiten,

- häufig Hilfestellungen in Anspruch nehmen müssen,

- …

Diese Liste der zu behandelnden Themen ist jeweils an die Lebens- und Lerngeschichte der ratsuchenden Person sowie an die aktuelle Fragestellung anzupassen. In einem Gesprächsleitfaden sollten bei Verzicht auf einen vollstrukturierten Leitfaden zumindest die Überleitungen zum nächsten Themenbereich sowie Einstiegsfragen formuliert sein. Beispiele, wie Fragen im Gespräch speziell für Kinder und Jugendliche gestaltet sein sollten, finden sich bei Döpfner und Petermann (2008). Darüber hinaus finden sich dort auch relevante Aspekte, welche in die Gelegenheitsbeobachtung mit einfließen können (s. Kap. 9).

In der Literatur zur Anamneseerhebung werden typische Fehler bei der Gesprächsführung beschrieben. Bauschert (1983; zitiert nach Deegener, 1995; Kubinger & Deegener, 2001) hat für den Unterricht in der Krankenpflege einen «*Lasterkatalog*» zusammengestellt, der auch Hinweise auf Fehler bei diagnostischen Gesprächen gibt. Im Detail handelt es sich dabei um:

- Monologisieren (ausschweifend reden),

- Dirigieren (Ratschläge, Mahnungen),

- Dogmatisieren (Lehrsätze vermitteln),

- Distanzieren (Fachsprache benutzen),

- Moralisieren (sittliche Grundsätze vorhalten),

- Etikettieren (Eigenschaften zuschreiben),

- Generalisieren (unzulässig verallgemeinern),

- Debattieren (Streitgespräche führen),

- Umfunktionieren (vom Thema ablenken),

- Fixieren (unangemessenes Beharren am Thema),

- Involvieren (sich selbst miteinbringen),

- Bewerten (für gut oder schlecht befinden),

- Bagatellisieren (Problemschwere missachten),

- Intellektualisieren (Emotionen ignorieren),

- Abschalten (nicht zuhören) und

- Identifizieren (Distanz aufgeben).

Gesprächsleitfäden helfen unter anderem auch dabei, Fehler dieser Art zu vermeiden bzw. das eigene Vorgehen auf Mängel hin zu prüfen. Das diagnostische Gespräch dient dazu, Informationen zu sammeln, die direkt mit der Fragestellung zusammenhängen. Diese Funktion darf nicht verändert werden. Es ist also zum Beispiel nicht vorgesehen, dass bereits im Gespräch Interventionen angestrebt oder durchgeführt werden.

> *Beispiel.* In der Anamnese eines studentischen Gutachtens berichtet der Klient, dass er demnächst ein Vorstellungsgespräch haben werde und sich nicht sicher sei, wie er dort abschneiden werde. Weiter heißt es, dass *daher ein Interview- Training* durchgeführt wurde und der Klient dabei einen «kompetenten und selbstsicheren» Eindruck gemacht habe. Hier bleibt die zeitliche Abfolge unklar: Wurde dieses Training bereits während des Anamnesegesprächs durchgeführt? War das bereits eine Intervention? Auf welcher Basis wurde diese abgeleitet? Ist die Gutachtenerstellerin Expert auf diesem Gebiet und kann feststellen, ob die Person auf dem entsprechenden Gebiet (fachlich) *kompetent* ist? Hierbei handelt es sich also um ein Beispiel, wo die Funktion der Anamnese (Informationssammlung) möglicherweise nicht eingehalten und erweitert wurde. Der diagnostische Nutzen ist bei dieser Vorgehensweise fraglich.

Inhalte der Anamnese sind im Gutachten grundsätzlich im Konjunktiv wiederzugeben, da die meisten der Informationen nicht *objektiv* geprüft werden können. Angaben, die objektiv prüfbar sind (Name, Wohnort, Alter, o. ä.) können aber im Indikativ geschrieben werden. Der Konjunktiv ist erforderlich, da im Gutachten ausschließlich Aussagen der befragten Person wiedergegeben werden (bzw. bei Fremdanamnesen die Aussagen relevanter Bezugspersonen, wie Eltern, Vorgesetzten oder Lebenspartnern). *Was ist damit genau gemeint?* Ein Beispiel aus einem studentischen Gutachten: «Der Klient gab an, dass ihm seine Halbschwester *leid tue, da diese doch unter den gegebenen ungünstigen Umständen leide*» (Hervorhebung durch d. Verf.). Auch wenn man keinen Grund hat, an den Angaben des Klienten zu zweifeln, kann doch im Regelfall nicht objektiv festgestellt werden, ob ihm die Halbschwester tatsächlich leid tut, er könnte dies z. B. auch nur berichten, um sich als empathisch darzustellen oder etwa weil er für eine solche Darstellung von seinen Eltern regelmäßig belohnt worden ist. Ebenso wenig ist tatsächlich bekannt, ob die Halbschwester wirklich unter den gegebenen Umständen leidet oder nicht. Dazu wäre es notwendig, auch sie zu befragen. Aus der Anamnese ist die Familiensituation auch nur aus der Sicht des Klienten bekannt, die *subjektiv* ist. Deswegen wäre es ein Fehlschluss, zu schreiben, dass die Halbschwester unter den Umständen *leidet*. Richtig ist es daher, zu schreiben, dass der Klient angibt, dass sie unter den Umständen *leide und dass er angibt, dass ihm das leid tue.* Es gibt genügend Umstände, die zu einer verzerrten Wahrnehmung führen können. In der Anamnese geht es darum, Informationen über den Klienten zu sammeln. Er beschreibt im Gespräch *seine persönliche Sichtweise* und daher sind die Angaben im Konjunktiv wieder zu geben.

Hinweis. Fragen nach konkretem Verhalten enthalten viele wertvolle Informationen. Allerdings muss bei der Wiedergabe im Gutachten besonders darauf geachtet werden, dass die Aussagen und ihr Kontext nachvollziehbar sind und interpretiert werden können. So sind für viele Fragestellungen beispielsweise Informationen zur Arbeitszeit einer Person hilfreich. Wenn die Anamnese nur die Information enthält, wann eine Person am Morgen die Wohnung verlässt und am Abend wieder nach Hause kommt, ohne Informationen über die Wegzeit zur Arbeit zur Verfügung zu stellen, entsteht kein vollständiges Bild von der Arbeitszeit. Man denke hier beispielsweise an Pendler, die lange Fahrtzeiten haben oder an das Gegenteil: an Personen in einem kleinen Dorf leben und arbeiten, wo der Arbeitsplatz innerhalb weniger Minuten zu erreichen ist. Auch die Information, dass eine Person «erst spät abends» von der Arbeit kommt, ist ohne Information über die Beginnzeit der Arbeit wenig hilfreich.

Allgemein gilt, dass wörtlich wiedergegebene Aussagen als solche zu kennzeichnen, also in Anführungszeichen zu setzen sind. Anders als im zuvor beschriebenen Fall müssen diese dann aber *nicht* in den Konjunktiv übertragen werden, da klar hervorgeht, dass ein Satz im Wortlaut der befragten Person wiedergegeben wird, also *seine* bzw. *ihre* Sicht der Dinge mit einem wörtlichen Zitat berichtet wird. Unbedingt zu berücksichtigen ist, dass alle Inhalte und Aussagen im Gutachten eindeutig zugeordnet werden können. Im schlimmsten Falle können später einzelne Aussagen nicht mehr den am Gespräch beteiligten Personen zugeordnet werden. Wichtig ist es also, dass die *Quelle einer jeden Aussage* klar ist.

Eine Minimalanforderung lautet daher, dass Eigen- und Fremdanamnesen voneinander getrennt dargestellt werden müssen. Nicht in allen Fällen ist es sinnvoll oder erforderlich, auch andere Personen zur Fragestellung zu befragen (Fremdanamnese). Für jede Fragestellung ist abzuwägen, ob und vor allem *welche* Informationen von anderen Personen zur Beantwortung der Fragestellung beitragen mögen. Bei der Arbeit mit Kindern und Jugendlichen ist es allerdings in der Regel notwendig, Zusatzinformationen von relevanten Bezugspersonen (z. B. Eltern, Großeltern, usw.) bzw. Lehrpersonal einzubeziehen, um den genauen Sachverhalt zu analysieren. Speziell für die Arbeit mit Kindern oder Jugendlichen stehen für die Fremdanamnese verschiedene Elternfragebogen zur Verfügung (s. Kubinger & Deegener, 2001). Diese können von Eltern üblicherweise entweder vor dem Anamnesegespräch mit dem Kind oder währenddessen (während der Psychologe oder die Psychologin mit dem Kind spricht) ausgefüllt werden.

Weiterhin ist es im Gespräch wie auch in der Darstellung im Gutachten erforderlich, zur besseren Verständlichkeit konkrete Beispiele für Ereignisse oder Verhaltensweisen anzuführen und den Kontext zu benennen, in dem eine Information gegeben wurde.

Beispiel aus einem studentischen Gutachten. «Prinzipiell sei sie von den Eltern *sehr gut gefördert* worden und selber auch *sehr ehrgeizig*», heißt es über eine Klientin. Eine Reihe von Fragen ergeben sich daraus: Wie äußert sich die Förderung durch die Eltern? In Form von Nachhilfeunterricht? In Form eines hohen Maßes an Aufmerksamkeit? In Form von Belohnungen für gute Leistungen? Die Aussage reduziert sich auf die subjektive Bewertung, wenn keine Informationen darüber vorliegen, was die Klientin als sehr gute Förderung bezeichnet. Ähnlich verhält es sich damit, dass die Klientin sich als *sehr ehrgeizig* beschreibt. Bedeutet das, dass sie für jede schulische Arbeit die beste Note bekommen möchte? Dass sie den Ehrgeiz hat, mit möglichst wenig Zeitaufwand die Schule zu bestehen, um noch ausreichend Zeit für andere Projekte zu haben? Beschränkt sich der Ehrgeiz auf (bestimmte) schulische Aufgaben oder ist das eine Eigenschaft, die sich auch in anderen Situationen zeigt? Viele Fragen bleiben bei diesen Formulierungen offen und müssen im Gutachten konkretisiert werden (Nachfragen durch die Person, die das Gutachten erstellt).

Zur Erhöhung der Nachvollziehbarkeit wird konkret gefordert, dass für jede Aussage (zumindest) ein oder besser mehrere konkrete(s) Beispiel(e), die als Indikatoren herangezogen wurden, angeführt werden.

Hinweis. Die Verwendung von (psychologischen) Fachbegriffen im Anamnesegespräch ist genau zu hinterfragen. Wenn ein Klient etwa angibt, er «sei seit einem Jahr depressiv», so ist zu ergründen, was er genau darunter versteht. Geht das auf eine Diagnose durch eine Fachperson zurück? Wie äußert sich die «Depression» beim Klienten konkret? Sind die Kriterien einer klinischen Diagnose erfüllt? Gab es eine differenzialdiagnostische Abklärung? Benutzt der Klient den Begriff «depressiv» im alltagssprachlichen Sinn? Jedenfalls ist genau nachzufragen, was er darunter versteht. Schließlich ist auch das bereits eine wichtige Information, die in die Ableitung möglicher Maßnahmenvorschläge mit einbezogen werden kann.

Ziel ist es, das Gespräch ausschließlich auf Details zu beziehen, die mit der formulierten Frage in Zusammenhang stehen. Das Gespräch (und das Gutachten insgesamt) ist so zu führen und wiederzugeben, dass der Klient bzw. die Klientin als Individuum charakterisiert wird (Fisseni, 1982). In der Regel wird aber im Gesprächsverlauf mehr Information erhoben, als für die Beantwortung einer Frage relevant ist. Wie wird mit *Zusatzinformationen* umgegangen, wenn sie *nichts* mit der konkreten Fragestellung zu tun haben? Beispiele können Informationen über chronische Erkrankungen oder sexuelle Neigungen sein.

Beispiel. Bei der Besetzung einer beruflichen Position sind Flexibilität hinsichtlich des Wohnortes und Reisebereitschaft als Voraussetzungen formuliert. Ist es allerdings Aufgabe des Psychologischen Gutachtens, ausschließlich *kognitive* Leistungsvoraussetzungen zu prüfen, dann liegt es in der Verantwortung der Person, die das Gutachten erstellt, sich in der psychologischen Begutachtung auch ausschließlich auf die Erfüllung des Auftrages zu beschränken. Auch dann, wenn etwa beiläufig in der Anamnese die Information gewonnen wird, dass ein Bewerber gerade ein Haus baut und die nächsten Jahre dort verbringen möchte. Hier hat die Zusatzinformation nichts mit der formulierten Fragestellung zu tun und wäre folglich auch nicht ins Gutachten aufzunehmen.

Als allgemeine Regel kann gelten, dass in ein Gutachten nur solche Informationen aufgenommen werden, die zur *Beantwortung der konkreten Fragestellung hilfreich und notwendig* sind. Jedenfalls ist darauf zu achten, dass im Text keine Redundanzen auftreten bzw. keine kaum nachvollziehbaren Verallgemeinerungen enthalten sind. Wenn in Gutachten beispielsweise zu lesen ist, dass der Klient eine «normale Kindheit» gehabt habe, so ist das nicht allgemein nachvollziehbar. Zu unterschiedlich sind die vorstellbaren Interpretationen, die Menschen hinsichtlich «normaler Kindheiten» haben. Die Umschreibung ist also mehrdeutig und muss durch Nachfragen konkretisiert werden.

Sämtliche Angaben werden an dieser Stelle im Psychologischen Gutachten, wo es um die Sammlung relevanter Informationen geht, noch *nicht* kommentiert, interpretiert oder gewichtet. Wenn Beobachtungsgrundlage und Interpretation vermischt werden, dann ist eine grundlegende Regel wissenschaftlichen Arbeitens verletzt! Erst in der Stellungnahme (s. Kap. 11), wo alle gesammelten Informationen aus verschiedenen Quellen integriert und gemeinsam interpretiert werden, ist dafür Platz! Abschließend noch ein Beispiel dazu.

Beispiel aus einem studentischen Gutachten für die Vermischung von Darstellung und Interpretation: «Außerdem, so sagt sie, fühle sie sich vom Pech verfolgt: ‹Alles was ich anfange wird nichts! In allem habe ich nur Pech!›, was auf externale Kontrollüberzeugungen schließen lässt.»

FAZIT: Bei der Darstellung des diagnostischen Gesprächs im Gutachten ist darauf zu achten, dass *sämtliche* auf die Fragestellung bezogenen Informationen möglichst exakt und mit Bezugnahme auf den Kontext der Wiedergabe angeführt werden. Dabei werden Informationen nur dargestellt, nicht interpretiert oder zusammengefasst. Die Struktur der Darstellung der Inhalte lässt sich aus der (anforderungsbezogenen) Gliederung im Gesprächsleitfaden ableiten. Besonders ist darauf zu achten, dass sämtliche Aussagen *eindeutig* den Personen zugeordnet werden können, von denen sie stammen.

8 Darstellung von Testergebnissen

Im Rahmen dieses Buches kann nicht auf die Testvorgabe und -situation selbst eingegangen werden. Anweisungen und Verfahrenshinweise aus den entsprechenden Handbüchern sind stets *genau* einzuhalten. Angaben im Manual legen nicht nur fest, wie die Auswertung der Testergebnisse erfolgt, sondern geben wichtige Informationen zur exakten Instruktion und ob bzw. in welcher Form individuelle Hilfestellungen bei der Testbearbeitung (z. B. bei Nachfragen) zulässig sind.

Beispiel. Die Vorgabe eines Leistungstests wurde in einer Weiterbildungsveranstaltung für *Klinische und Gesundheitspsychologen* von einer Person abgehalten, die sich selbst als «erfahrener Praktiker» vorstellte. Dabei kam es zu einer Demonstration zeitgebundener Untertests anhand einer dazu eingeladenen Testperson durch den Veranstaltungsleiter. Im Anschluss an die Testung durften die Teilnehmenden Fragen stellen. Eine Teilnehmerin merkt an, dass ihr aufgefallen sei, dass der Praktiker zur Feststellung der noch verbleibenden Zeit pro Untertest keine Uhr verwendet hat und wollte wissen, auf welche Weise die Zeit erfasst wurde. Die Antwort lautete: «Junge Kollegin, nach 20 Jahren Praxiserfahrung werden auch Sie keine Uhr mehr brauchen, um zu wissen, wann eine Minute vorbei ist.» Grundsätzlich ist festzuhalten, dass die Zeiterfassung bei Speed-Tests alters- und erfahrungsunabhängig immer durch Uhren mit hinreichender Messgenauigkeit erfolgen muss.

Eine Quelle für Probleme im Einsatz von Tests ist die in der Praxis weit verbreitete Vorgehensweise, das Testmaterial an länderspezifische Gegebenheiten anzupassen und dies unabhängig davon, ob länderspezifische Normwerte verfügbar sind oder nicht.

Beispiel. Häufig wird beim Hamburg-Wechsler-Intelligenztest für Erwachsene Revision 1991 (HAWIE-R; Tewes, 1991) von schweizerischen und österreichischen Anwendern die Frage: *In welche Himmelsrichtung fährt man, wenn man von Hamburg nach München fährt?* umgewandelt in: *In welche Himmelsrichtung fährt man, wenn man von Zürich nach Lugano fährt* bzw. *In welche Himmelsrichtung fährt man, wenn man von Wien nach Salzburg fährt?*

Auch bei Fragen, wie jener nach der Wahl des Bundeskanzlers (wird in der Schweiz häufig auf den Bundespräsidenten geändert) wird die Antwort entsprechend angepasst. Hinsichtlich der Auswertung und Interpretation ist dieses Vorgehen äußerst kritisch zu sehen. Ist für eine Person aus der Schweiz die Strecke Zürich – Lugano bzw. für eine Person aus Österreich die Strecke Wien – Salzburg gleichbedeutend wie die Strecke Hamburg – München für eine Person aus Deutschland? Ergeben sich nicht allein aus der unterschiedlichen Größe der Staaten bzw. der Mehrsprachigkeit der Schweiz Hinweise darauf, dass die genannten Städte nicht automatisch als gleichwertig angesehen werden können?

Dazu ist festzuhalten, dass die selbstständige Abänderung von Testinhalten nach lokalen Gegebenheiten *ohne vorhergehende Prüfung* der Äquivalenz des Testmaterials und der Normen grundsätzlich nicht zulässig ist. Die Interpretierbarkeit der Ergebnisse ist in Frage zu stellen. Das Argument, dass es im Gegenzug unfair ist, Schweizern oder Österreichern Fragen zum deutschen Wahlrecht zu stellen, trifft natürlich zu. Allerdings ist hier eher die Frage zu stellen, ob das Verfahren unter den gegebenen Voraussetzungen tatsächlich dazu geeignet ist, in anderen deutschsprachigen Staaten eingesetzt werden zu können, als in jenen, für die länderspezifische Normen verfügbar sind. Durch die Einführung des Euros ist zumindest für Deutschland und Österreich das Problem der Verwendung unterschiedlicher Währungen bei Rechenaufgaben, wie sie häufig in Intelligenztests zum Einsatz kommen, gelöst. Das Problem ist aber nur hinsichtlich formaler Kriterien gelöst, offen ist weiterhin die Frage, ob einheitliche Normen bei Staaten mit gleicher Währung einsetzbar sind. *Also gilt:* Auch wenn das Testmaterial auf diese Weise in verschiedenen Ländern eingesetzt werden kann, so ist die Erhebung von länderspezifischen Normwerten unbedingt erforderlich! Dies gilt natürlich für jede Änderung am Testmaterial, unabhängig davon, ob es sich um eine länderspezifische Anpassung handelt oder um eine beliebige andere Änderung – auch hier ist die Äquivalenz der Normen empirisch nachzuweisen.

Unerlässlich ist es, dass sich die Testleiterin bzw. der Testleiter jedenfalls vor der Durchführung sorgfältig mit dem Testmanual und dem Testmaterial vertraut macht. Das ist einerseits erforderlich, um während der Testung auftretende Fragen zu beantworten, sowie andererseits, um die korrekte Testvorgabe, -durchführung und -auswertung im bestmöglichen Sinne zu garantieren. Dabei sind Besonderheiten spezifischer Tests zu beachten.

Beispiel. Einen Test vorzugeben ist nicht immer einfacher als getestet zu werden: Im *Adaptiven Intelligenz Diagnostikum* (AID 2; Kubinger, 2009) muss die den Test leitende Person, in Abhängigkeit von den gegebenen Antworten der Testperson, auf Basis eines Verzweigungsschemas während der Testung Fragen auswählen. Dazu ist ein geübter Umgang mit Manual und Testmaterial unumgänglich. Dies gilt insbesondere auch für die Zusatztests im AID 2. Beispielsweise müssen im Untertest *Unmittelbares Reproduzieren abstrakt* bei der Vorgabe Formen auf einer Tafel in einer bestimmten Reihenfolge und einem gleichmäßigen Tempo nacheinander kurz angetippt werden, bevor die Testperson dies in derselben Reihenfolge zu wiederholen hat.

Im Folgenden wird ausschließlich auf bereits vorliegende Ergebnisse eingegangen: Zu *Beginn* der Ergebnisdarstellung im Gutachten wird das eingesetzte Verfahren in zwei bis drei Sätzen in allgemein verständlichen Worten dargestellt. Ziel ist es, dass auch Außenstehende einen Eindruck vom Verfahren und der erfassten Eigenschaft (Leistung oder Persönlichkeit) gewinnen können. In der Regel findet sich im Testhandbuch auf den ersten Seiten eine Kurzbeschreibung, die man dafür heranziehen kann. Gelegentlich findet man auch in Katalogen oder auf der Homepage des Verlags, der den Test vertreibt, Anregungen oder Formulierungen, die verwendet werden können, sofern diese nicht zu sehr «Werbecharakter» haben. Werden Formulierungen gewählt, die nicht direkt dem Manual entnommen sind, so ist genau zu prüfen, ob sie inhaltlich den Definitionen aus dem Manual entsprechen. Sollen Ergebnisse eines globalen Intelligenztests oder eines Persönlichkeitsfragebogens mit mehreren Skalen beschrieben werden, ist eine Aufzählung der Untertests an dieser Stelle nicht nötig. Es gilt allerdings: *Jedes Untertest- bzw. Skalenergebnis muss im Gutachten berichtet werden*! Eine Aufzählung der Untertests/Skalen an dieser Stelle (also vor der eigentlichen Ergebnisdarstellung) ist redundant. Eine Ausnahme liegt dann vor, wenn nicht alle bei der Testkonstruktion vorgesehenen Untertests, sondern nur eine Auswahl vorgegeben wird. Einen Spezialfall bilden somit erprobte (und im Manual beschriebene) Kurzversionen.

Beispiel aus einem Gutachten eines Praktikers. Hier wird die Flimmerfrequenzanalyse (FLIM; Neuwirth & Eberhardt, 2004) als *Untersuchung der Hirnleistungsfähigkeit* beschrieben. Tatsächlich wird damit laut Manual die «zentralnervöse Aktivierung (arousal) mit Hilfe der Schwellenwerte [erfasst], wenn hochfrequentes Licht als Gleichlicht erkannt wird oder wieder zu flimmern beginnt» (S. 3). Weiters wird aus den (nicht zahlenmässig angeführten) Resultaten abgeleitet, dass «*nach einer gewissen Aufwärmphase eine Leistungssteigerung zu erwarten ist.*» Die Darstellung kann als eine Verletzung der Aussagegrenzen des Verfahrens angesehen werden.

Zusammengefasst geht es im ersten Abschnitt der Ergebnisdarstellung darum, für jedes Instrument in kurzer Form nachvollziehbar zu machen, welche Leistungsoder Persönlichkeitsmerkmale damit erfasst werden. Bei Tests, die aus mehreren Modulen bestehen (wie etwa dem I-S-T 2000 R: Grundmodul, Erweiterungsmodul), die nicht in jedem Fall gemeinsam vorgegeben werden müssen, ist die Nennung der Module, die tatsächlich zum Einsatz gekommen sind, erforderlich.

Vor der eigentlichen Ergebnisdarstellung im Gutachten sind zwei weitere Informationen relevant. Beim normorientierten diagnostischen Ansatz (im Vergleich zum kriteriumsorientierten) ist folgende Information wesentlich:

(1) Zum einen muss die *Norm-/Referenzstichprobe,* mit der eine begutachtete Person verglichen wird, angegeben werden. *Ein Beispiel*: Dass jemand im Handlungsteil des HAWIE-R (Tewes, 1991) einen *IQ*-Wert von 120 erreicht, ist alleine noch *keine ausreichend genaue Darstellung.* Es ist unbedingt nötig, den dazugehörigen Bezugsrahmen darstellen. Es ist zu formulieren: «Im Vergleich zu(r) ... << Normstichprobe von allen Männern/Frauen zwischen 18 und 24 >> ... << zu allen Männern/Frauen >> ... << zu Personen mit einem abgeschlossenen Hochschulstudium >> ... << Patienten mit hirnorganischen Beeinträchtigungen >> erzielte Frau E. im Handlungsteil des HAWIE-R einen *IQ*-Wert von 120.»

(2) Es muss der *Durchschnitts-/Normbereich* für den eingesetzten Normwert eindeutig definiert werden. Eine Angabe dazu, aus wie vielen Personen sich die Referenzstichprobe laut Manual zusammensetzt, ist hingegen nicht erforderlich. Sie ist an dieser Stelle auch kaum informativ. Es kann grundsätzlich davon ausgegangen werden, dass im Rahmen einer seriösen Begutachtung nur Verfahren eingesetzt werden, bei denen das Kriterium Normierung (in Bezug auf die Fragestellung) erfüllt ist.

> *Hinweis.* Selbst wenn sich im Gutachten die Angabe findet, dass sich die Normstichprobe aus 10 000 Personen zusammensetzt, klingt das zwar nach einer beeindruckend großen Zahl (und ist es auch!), die aber für sich allein genommen wenig aussagekräftig ist. Wenn beispielsweise eine 64-jährige Akademikerin begutachtet wird, wäre eine Normstichprobe, die sich aus 9.500 Psychologie-Studierenden und 500 Lehrlingen zusammensetzt, schlichtweg ungeeignet. Daran ändert auch die große Zahl an Personen in der Normstichprobe nichts.

Wie bereits bei den Hinweisen zur Testauswahl beschrieben, ist darauf zu achten, dass ausschließlich Normen herangezogen werden, die aktuell und für die zu begutachtende Person passend sind. Die Wahl der richtigen Referenzstichprobe kann nach inhaltlichen und nach pragmatischen Kriterien erfolgen, wobei die inhaltlichen Überlegungen selbstverständlich von ungleich größerer Bedeutung sind.

1) *Inhaltliche Kriterien.* Innerhalb welchen Bezugsrahmens ist eine diagnostische Information relevant?

2) *Pragmatische Überlegungen.* In den Testhandbüchern sind die verfügbaren Referenzstichproben angeführt. Nicht in allen Fällen sind alle gewünschten Vergleichsstichproben tabelliert. Es ist daher immer die Entscheidung zu treffen, ob erforderliche Informationen auch anhand einer im Einzelfall vielleicht suboptimalen Referenzstichprobe eingeholt werden können, oder ob auf den

Einsatz eines bestimmten Verfahrens gänzlich zu *verzichten* ist, weil keine relevante Vergleichsstichprobe zur Verfügung steht. Wenn eine spezielle Eichstichprobe angeführt ist, ist noch zu entscheiden, ob die Stichprobe groß/repräsentativ/aktuell genug ist.

Beispiel. Wenn Autofahrerinnen oder Autofahrer verkehrsauffällig werden (z. B. Führerscheinentzug nach Alkoholmissbrauch im Straßenverkehr), müssen sie sich einer verkehrspsychologischen Untersuchung unterziehen. Hierbei werden sie bei vielen Standardtestbatterien einem Reaktionstest unterzogen. Als Vergleich wird hier die Gesamtstichprobe Erwachsener relevant, da diese Personen die Population bilden, die mit dem Auto unterwegs ist. Ist der Klient ein Pensionär, so ist relevant, ob er im Vergleich zur Gesamtstichprobe Erwachsener (!) überdurchschnittliche (zumindest durchschnittliche) Leistungen erbringt und nicht im Vergleich zu allen anderen (männlichen) Pensionisten, da nicht nur Pensionisten mit dem Auto unterwegs sind. Genauso wenig macht der Vergleich mit Formel 1-Piloten Sinn (falls es so eine Stichprobe geben sollte), da eben im regulären Straßenverkehr Verkehrsteilnehmer unterschiedlichen Alters, Geschlechts, beruflichen Hintergrunds usw. unterwegs sind.

Weiter muss neben der Referenzstichprobe bei jedem Test auch angegeben werden, anhand welcher *Normwerte* die Testergebnisse dargestellt werden (also in *IQ*-Werten, *T*-Werten, Stanine-Werten usw.; s. u.). Nicht alle psychologischen Tests stützen sich auf dieselben Normwerte. Hier gibt es zudem Unterschiede in den internationalen Gepflogenheiten. In manchen Testhandbüchern werden auch mehrere Normwerte angeboten. Für die Ergebnisdarstellung genügt es, die Ergebnisse mit *einem* Normwert und dem dazugehörigen Prozentrang (ausführlicher weiter unten in diesem Kapitel) darzustellen. In studentischen Gutachten findet sich mitunter bei der Ergebnisdarstellung zu einem Test die Angabe mehrerer Normwerte. Das passiert vermutlich unter dem Eindruck, dass die Angaben dann «genauer» werden. Dass das nicht der Fall ist, da die Normwerte durch Lineartransformationen leicht in einander übergeführt werden können, wird im Verlauf dieses Kapitels noch ausführlicher gezeigt. Die Angabe *eines* Normwerts ist vollkommen ausreichend. Für Adressaten eines Gutachtens ist es einfacher, wenn für alle darzustellenden Ergebnisse immer ein und derselbe Normwert verwendet wird.

Zusammenfassend: Nach der Kurzbeschreibung des/der eingesetzten Verfahren(s) wird zu Beginn der Ergebnisdarstellung der Normwert, auf den im Gutachten Bezug genommen wird, genannt (also z. B. «Die Ergebnisse werden in *T*-Werten dargestellt») und weiter wird der Normbereich («Durchschnittsbereich») angeführt; also z. B. «Der Normbereich bei *T*-Werten liegt zwischen 40 und 60.» Das ist bei *T*-Werten jener Bereich, der innerhalb einer Standardabweichung liegt. In diesem Bereich liegen die Werte von 68.2 % aller Personen aus der Population. Häufig werden Werte innerhalb einer Standardabweichung oder die mittleren 50 % der

Personen aus der Population als Durchschnittsbereich gewählt (das entspricht plus, minus ⅔ einer Standardabweichung). Die Wahl des als Durchschnittsbereich definierten Wertebereichs ist eine Konvention und könnte auch anders festgelegt werden. Innerhalb eines Bereichs von zwei Standardabweichungen bewegen sich ca. 95 % der Personen aus der Population (das entspricht einem *T*-Wert-Bereich von 30–70). Für praktische Zwecke ist dieses Intervall als Vergleichswert aber ungeeignet, da es zu breit ist. In der Praxis haben sich die genannten Bereiche durchgesetzt.

Bezogen auf den Normbereich ist also vorab festzulegen, ob Ergebnisse, die innerhalb plus/minus einer Standardabweichung liegen (wie hier in diesem Beispiel) oder die mittleren 50 % als Normbereich definiert werden. Im ersten Fall werden die Leistungen von 68.2 % und im zweiten Fall die Leistungen (bei Persönlichkeitsfragebogen: die Angaben) von 50 % der Personen aus der Population als *durchschnittlich* interpretiert. Welcher Wert als Maßstab herangezogen wird, bleibt grundsätzlich der begutachtenden Person überlassen und hängt auch von der Fragestellung ab. Allerdings ist es empfehlenswert, im Sinne der Einheitlichkeit der Ergebnisdarstellung bei allen durchgeführten Tests denselben Referenzrahmen heranzuziehen.

Tabelle 1 zeigt eine Übersicht über die Berechnung gebräuchlicher Normwerte, die auf der Normalverteilung beruhen; die Tabelle wurde von Kubinger (2006) übernommen, wo auch der Wertebereich von plus/minus drei Standardabweichungen angegeben ist. Alle Werte beruhen auf der linearen Transformation der Rohwerte und können daher ineinander überführt werden. Dazu sind die in Tabelle 1 zusammengestellten Formeln heranzuziehen. Es werden sprachlich *Grob- und Feinnormen* unterschieden. Erstere zeichnen sich durch geringere numerische Abstufungsmöglichkeiten in der Beschreibung der Ausprägung aus. Dazu zählen

Tabelle 1: Transformation von Normwerten (n. Kubinger, 2006; S. 68 f.).

Normwert	Formel	+/– 3 SD
z-Werte	$z = \dfrac{x - \bar{x}}{SD}$	$-3 \leq z \leq +3$
Wertpunkte	$W = z \times 3 + 10$	$1 \leq W \leq 19$
Intelligenzquotient	$IQ = z \times 15 + 100$	$55 \leq IQ \leq 145$
Z-Werte (Standardwerte)	$SW = z \times 10 + 100$	$70 \leq Z \leq 130$
Centil-Werte	$C = z \times 2 + 5$	$-1 \leq C \leq 11$
Stanine-Werte	$S = C$ $S = 1$ für $C \leq 1$ und $S = 9$ für $C \geq 9$	$1 \leq S \leq 9$
Sten-Werte	$St = z \times 2 + 5.5$	$1 \leq St \leq 10$
T-Werte	$T = z \times 10 + 50$	$20 \leq T \leq 80$

Anmerkung: SD = Standardabweichung; Stanine = standard-nine; Sten = standard-ten.

Centil-Werte, Stanine-Werte und Sten-Werte. Feinnormen (wie der Intelligenzquotient, *T*-Werte) lassen dagegen größere Differenzierungen in der Beschreibung eines Ergebnisses zu. Erstere werden oftmals zur Beschreibung von Ergebnissen aus psychologisch-diagnostischen Verfahren empfohlen, die nur eine geringe Reliabilität aufweisen. Argumentiert wird, dass die feinnumerische Abstufung in der Beschreibung eines Ergebnisses eine Genauigkeit suggeriert, die faktisch nicht gegeben ist.

Der Bereich von plus/minus drei Standardabweichungen ist in Tabelle 1 angegeben, da dieser den Bereich abdeckt, der realistischerweise in der Praxis zu beobachten ist. Abgesehen davon, dass herkömmliche Verfahren in diesen Extrembereichen Leistungen kaum messgenau und ausreichend differenziert erfassen können, ist das Auftreten von Werten kleiner oder grösser drei Standardabweichungen vom Mittelwert sehr selten (2.7 Promille!).

Anhand der Angaben aus Tabelle 1 können einfache Transformationen eines beliebigen Normwerts in einen anderen vorgenommen werden. In einem *Beispiel* werden zunächst die Grundlagen dazu vermittelt: Angenommen Herr K. bearbeitet acht verschiedene Leistungstests. Dabei erzielt er folgende Ergebnisse: Bei …

… Test A 12 Wertpunkte (*W*),

… Test B einen Intelligenquotient von 101 (*IQ*),

… Test C einen Standardwert von 95 (*Z*),

… Test D einen Centil-Wert von 3 (*C*),

… Test E einen Stanine Wert von 5 (*S*),

… Test F einen Sten-Wert von 7 (*St*),

… Test G einen *T*-Wert von 61 (*T*) und

… Test H, der sich noch in der Entwicklung befindet, einen Rohwert von 40.

Personen aus der vorläufigen Evaluierungsstichprobe haben bei Test H einen Mittelwert von $\bar{x} = 37.56$ bei einer Standardabweichung von $SD = 4.89$ erzielt. Jedes dieser Testergebnisse ist in unterschiedlichen Normwerten dargestellt, die so nicht direkt vergleichbar sind. Es stellt sich nun die Frage: *Bei welchem dieser Leistungstests erzielt er den höchsten Wert?*

Zur Klärung dieser Frage und der Interpretation der Ergebnisse müssen nun alle Normwerte auf ein gemeinsames Niveau gebracht werden. Dann können die einzelnen Werte miteinander verglichen werden. Anhand der Formeln aus Tabelle 1 kann für jeden Normwert der *z-Wert* («klein *z*-Wert») bestimmt werden.

Test A) Aus Tabelle 1 kann man ablesen, dass für die Wertpunkte gilt:
$W = z \times 3 + 10$. Herr K. erzielt in Test A 12 Wertpunkte. Dieser Wert wird nun in die Formel eingesetzt: $12 = z \times 3 + 10$. Die Gleichung wird schrittweise umgeformt und aufgelöst:

$$12 = z \times 3 + 10 \quad | -10$$
$$2 = z \times 3 \qquad\quad | :3$$
$$0.67 = z$$

Analog wie in diesem Beispiel werden alle Normwerte umgeformt; das wird nun nicht mehr detailliert ausgeführt. Es ergeben sich folgende z-Werte:

Test B) $z = 0.07$

Test C) $z = -0.50$

Test D) $z = -1.00$

Test E) $z = 0.00$

Test F) $z = 0.75$

Test G) $z = 1.10$

Test H) $z = 0.50$ (Anmerkung: $z = \dfrac{x - \bar{x}}{SD}$)

Hohe positive z-Werte sprechen für eine hohe Leistungsfähigkeit. Herr K. erreicht seine numerisch höchste Leistung in *Test G*, hier ist der z-Wert am größten. Die Rangreihe der Testleistungen lautet somit:

G > F > A > H > B > E > C > D.

Über den Umweg dieses Beispiels wurde ausführlich gezeigt, wie die z-Werte errechnet werden können. Anhand dieser Werte kann nun mit den Formeln aus Tabelle 1 jede beliebige Transformation durchgeführt werden. Angenommen, es ist *jedes Testergebnis in T-Werten* darzustellen, gelingt dies durch einfaches Einsetzen in die entsprechenden Formeln:

Test A)   Es gilt jeweils: $T = z \times 10 + 50$. Also: $T = 0.67 \times 10 + 50$. Es ergibt sich ein T-Wert von: 56.7. Durch analoges Vorgehen werden auch die entsprechenden T-Werte für die anderen Tests berechnet.

Test B) $T = 50.7$

Test C) $T = 45$

Test D) $T = 40$

Test E) $T = 50$

Test F) $T = 57.5$

Test G) $T = 61$

Test H) $T = 55$

Da es sich um eine einfache Transformation der Werte handelt, ist selbstverständlich auch hier bei Test G der T-Wert am höchsten und die Rangreihe der

Testleistungen bleibt identisch: G > F > A > H > B > E > C > D. Auf genau die gleiche Art und Weise können nun andere Normwerte ineinander übergeführt werden. Das wird aus Platzgründen nicht demonstriert. Das Prinzip ist stets dasselbe.

Ein Spezialfall: Der Intelligenzquotient (IQ)

Da unter dem Begriff des Intelligenzquotienten auch unter psychologisch geschulten Personen zwei unterschiedliche Dinge verstanden werden, ist eine Transformation von Daten in die Intelligenzquotienten-Skala kritisch zu sehen: Zumeist wird unter dem Intelligenzquotienten ein genügend in der Literatur kritisierter (vgl. Kubinger, 2006), globaler Wert für das quantitative Ausmaß der Intelligenz verstanden, zum anderen ein Normwert wie andere auch mit besonderen, oben ausgeführten Eigenschaften (hier ist zusätzlich die irreführende Verwendung des Begriffes «Quotient» kritisch). Der IQ ist wohl der auch unter Laien bekannteste Normwert, der durch Fernsehsendungen wie zum Beispiel der «IQ-Show»[7] noch größere Bekanntheit erreichte. Bei der Rückmeldung individueller IQ-Werte müssen sich Psychologinnen und Psychologen darüber hinaus im Klaren sein, dass die in den Medien im Zusammenhang mit Prominenten vermittelten IQ-Werte oftmals sehr hoch sind. Das führt einerseits dazu, dass Personen falsche Annahmen über die Streuung haben, andererseits nicht einschätzen können, dass ab einer bestimmten IQ-Höhe gewöhnlich wenige seriöse Verfahren zur Erfassung zur Verfügung stehen. Oft stehen für den fraglichen Bereich hoher Ausprägung so wenige Aufgaben zur Verfügung, dass von einer höchst ungenauen Messung ausgegangen werden muss. Bei der Rückmeldung von IQ-Werten besteht zusätzlich die Gefahr, dass insbesondere die anhand unterschiedlicher Methoden gewonnenen IQ-Werte untereinander verglichen und die dabei ad hoc ermittelten Unterschiede in unzulässiger Weise interpretiert werden.

Ein globaler IQ-Wert hat für die Praxis in den meisten Fällen geringe Aussagekraft. Wichtiger ist es sowohl in Bezug auf spezifische Anforderungen, als auch im Sinne einer förderorientierten Diagnostik, individuelle Stärken und Schwächen zu kennen. So mag eine Person mit durchschnittlichem Gesamt-IQ in verschiedenen Merkmalen durchschnittliche Fähigkeiten haben, wogegen eine andere Person mit demselben Gesamt-IQ-Wert unterdurchschnittliche Fähigkeiten in bestimmten Bereichen, in anderen dagegen Hinweise auf eine spezifische Hochbegabung zeigt (überdurchschnittliche Ergebnisse). Dass dies für beide Personen in Ausbildungs- und Berufseignungsfragen völlig unterschiedliche Implikationen hat, ist offensichtlich. Um Verwirrungen und uneindeutige Aussagen zu vermeiden, ist es besser von der Überführung von Werten in die IQ-Skala abzusehen. Grundsätzlich ist eine Rückmeldung auf Basis des Ergebnisprofils (*Profilinterpretation*) einer (bloßen) Rückmeldung des Global-IQ-Wertes vorzuziehen.

---

7 Siehe dazu http://www.univie.ac.at/Psychologie/diagnostik/Besucher/medien/rtliq.htm

Zuletzt eine Anmerkung: Wenn Normwerte auch problemlos ineinander überführt werden können, so ist dies nicht in allen Fällen sinnvoll. Angenommen, es wurden Ergebnisse eines Persönlichkeitsfragebogens und eines Leistungstests ermittelt, dann macht es keinen Sinn, die Werte aus dem Persönlichkeitsfragebogen in *IQ*-Werte umzurechnen. Da *IQ*-Werte mit kognitiven Leistungstests assoziiert werden, würde dies nur zu Verwirrung führen und wäre weder inhaltlich noch sprachlich sinnvoll.

Der Prozentrang

Wie bereits erwähnt, ist es empfehlenswert, in der Ergebnisdarstellung einen Normwert sowie den dazugehörigen Prozentrang (PR) anzugeben. Prozentränge erlauben es, Ergebnisse besonders eindeutig darzustellen, da die Werte ohne weitere Kenntnisse und Umrechnungen unmittelbar in Bezug gesetzt werden können. Ein Prozentrang gibt den relativen Anteil von Personen aus der Referenzstichprobe an, die denselben oder einen niedrigeren Testwert erreicht haben.

Beispiel zur Bedeutung des Prozentrangs. Ein Prozentrang (PR) = 77 in einem Leistungstest bedeutet, dass 77 % der Personen aus der Vergleichsstichprobe gleich hohe oder niedrigere Werte bzw., dass 23 % höhere Werte erzielt haben. Bei einem Persönlichkeitsfragebogen würde das Ergebnis bedeuten, dass sich 77 % der Personen aus der Vergleichsstichprobe mit einer gleich großen oder niedrigeren Ausprägung in dieser Persönlichkeitseigenschaft beschrieben haben und 23 % mit einer höheren Ausprägung.

Während alle Normwerte in Tabelle 1 einer *linearen Transformation* entstammen, trifft das auf den Prozentrang *nicht* zu. Bei nicht-normalverteilten Testwerten wird der Prozentrang aus der Häufigkeitsfunktion der Normierungsstichprobe empirisch bestimmt. Praktisch wird dabei so vorgegangen, dass für jeden Rohwert *X* die mittleren Prozentränge $PR(x)$ gebildet werden. Die entsprechende Formel bei Lienert und Raatz (1998) lautet:

$$PR_{(x)} = 100 \times \frac{cumf_x - \frac{f_x}{2}}{N}$$

Hier entspricht *cum fx* der Anzahl der Personen, die den Rohwert *X* oder einen kleineren erzielt haben. *fx* ist die Anzahl der Personen mit dem Rohwert *X* und *N* bezeichnet den Stichprobenumfang.

Es lässt sich daraus erschließen, dass Prozentrangwerte bloße Häufigkeitsangaben sind und sich daraus keine Aussagen über die Differenzen zwischen Werten ableiten lassen. Ihr größter Vorteil liegt dennoch in ihrer «Laientauglichkeit». Allerdings ist es eben aus diesem Grund sinnvoll, neben dem Prozentrang stets einen weiteren Normwert zu berichten.

Im Internet gibt es eine große Menge an frei oder gegen Bezahlung verfügbaren Programmen zur Transformation von Normwerten. Keinesfalls dürfen diese ohne vorhergehende kritische Prüfung eingesetzt werden. Vor allem, wenn Programme dieser Art von psychologisch nicht ausreichend geschulten Personen erstellt werden, können sie zu unterschiedlichen systematischen und unsystematischen Fehlern führen. Neben der Gefahr einer fehlerhaften Berechnung der entsprechenden Werte, wird häufig eine Reihe von Missverständnissen transportiert.

> *Hinweis.* In manchen Fällen wird als zusätzliches «Angebot» die Umrechnung der Normwerte in *Schulnoten* vorgenommen. Das macht aus psychologischer Sicht keinen Sinn und das Argument, dass das für Laien leichter nachvollziehbar ist, kann durch den Verweis auf die Prozentränge entkräftet werden. Andere Programme wiederum bieten standardmäßig auch eine Berechnung der Prozentränge an. Da diese, wie oben dargestellt, bei nicht-normalverteilten Testwerten empirisch ermittelt werden müssen, stimmen die durch frei verfügbare Programme ermittelten Werte mitunter *nicht* mit jenen in den Testhandbüchern überein. Das führt vor allem bei Studierenden und bei nicht ausreichend geschulten Personen bei der Anwendung zu Verunsicherungen.

Allgemein gesagt, sind (vor allem kommerziell vertriebene!) Programme dieser Art nur bedingt und vor allem nur nach genauer Prüfung *tatsächlich* eine Hilfe. Dazu kommt, dass diese Programme, gemessen an dem geringen Aufwand, den selbst eine ungeübte Person hat, um sich z. B. ein Microsoft-Excel®-File oder ein SPSS®-Syntax-Dokument mit entsprechenden Umrechnungsbefehlen zur Berechnung der wichtigsten Transformationen zu erstellen, wohl auch nicht sonderlich ökonomisch und kaum komfortabler sind.

> *Hinweis.* Bei der Darstellung der Ergebnisse ist allgemein besonderer Wert auf Übersichtlichkeit und Nachvollziehbarkeit zu legen. Umfasst ein Leistungstest mehrere Untertests, dann ist anhand der Angaben im Manual zu prüfen, ob eine Interpretation auf *Ebene der Untertests* (*Profilinterpretation*) und/oder auf *Ebene von Skalen* (mehrere Untertests zusammengefasst) vorgesehen bzw. zulässig ist.

Zur Vertiefung. Was spricht gegen eine Interpretation der Ergebnisse einer Testbatterie auf Skalenebene? Neben theoretischen Vorannahmen und Eigenschaften eines bestimmten Konstrukts mag zum Beispiel eine hohe Korrelation einzelner Untertests untereinander gegen die Interpretation auf Ebene der Untertests sprechen. Auch eine unzureichende Messgenauigkeit (großer Standardmessfehler, SMF) eines Instruments macht eine Profilinterpretation nahezu unmöglich. Im Handbuch finden sich Hinweise zur Interpretation der Testergebnisse. Es wird jeweils mitgeteilt, in welcher Form bzw. auf welcher Ebene eine Interpretation der Testergebnisse gestattet ist.

Festzuhalten ist an dieser Stelle, dass auch dann, wenn eine Interpretation auf Skalenebene nicht vorgesehen ist, die Testergebnisse auf Untertestebene mitzuteilen sind, da Ergebnisdarstellung und Interpretation der Testergebnisse zwei voneinander getrennte Teile im Gutachten sind. Es ist außerdem darauf zu achten, die korrekte Zeitform bei der Ergebnisdarstellung zu wählen: Üblicherweise werden Testergebnisse im Imperfekt (Präteritum) berichtet.

Bei Beginn der Ergebnisdarstellung ist zunächst für jeden Untertest bzw. für jede Skala eine kurze Beschreibung (aus dem Manual!) der anhand dieser Skala erfassten Merkmale wieder zu gegeben. Die genauen Zahlenwerte (ein Normwert und der Prozentrang) müssen angeführt werden. Nun interessiert natürlich, wie diese Ausprägung einzuschätzen ist. Laien stellen Fragen wie: Ist es eine *gute* Leistung? Ist es eine *schlechte* Leistung? In Psychologischen Gutachten ist genau auf die verwendeten Begriffe zu achten. Um ein Testergebnis (*unabhängig davon, ob es sich um einen Leistungstest oder einen Persönlichkeitsfragebogen oder einen anderen psychologischen Test handelt*) zu beschreiben, reicht eine der folgenden, von Westhoff und Kluck (2008) beschriebenen, fünf Abstufungen:

«Mit einem Wert von XY ist die Testleistung in der Skala/im Test/Untertest A als …

… *unterdurchschnittlich* oder

… *unterdurchschnittlich bis durchschnittlich* oder

… *durchschnittlich* oder

… *durchschnittlich bis überdurchschnittlich* oder

… *überdurchschnittlich* zu bezeichnen.»

Wird jede Testleistung mit *einem* dieser fünf Begriffe beschrieben, sind Einheitlichkeit und Nachvollziehbarkeit der Ergebnisdarstellung gewährleistet. Das geht zwar zu Lasten der sprachlichen Ausgestaltung, aber ein Gutachten ist ein wissenschaftlicher Text, mit geringen Ansprüchen an die künstlerisch-literarischen Fähigkeiten.

In studentischen Gutachten, aber auch in vielen Gutachten aus der diagnostischen Praxis finden sich Formulierungen wie: «Die Ergebnisse liegen im *unteren Durchschnittsbereich*» oder im «*Unter-*» bzw. «*Überdurchschnittsbereich*» oder haben eine «*Tendenz zum Überdurchschnittlichen*» oder es liegt ein «*durchschnittlicher Wert im oberen Bereich*» vor oder die Ergebnisse liegen «*im absoluten Durchschnittsbereich*» bzw. «*in der Mitte des Durchschnittsbereichs*». Diese Formulierungen sind nicht eindeutig: Auch wenn Testergebnisse «unterdurchschnittlich» ausgeprägt sein können, so gibt es keinen «absoluten Unterdurchschnittsbereich», da ein solcher *nicht definiert* ist. Jede Person, die das Gutachten liest, hat eine eigene Vorstellung davon, was damit (oder mit anderen Wortkonstruktionen, wie dem «oberen Unterdurchschnittsbereich») gemeint sein könnte. Formulierungen dieser Art verstoßen gegen das Prinzip der Nachvollziehbarkeit psychologischer Gutachten und wirken sich negativ auf die allgemeine Verständlichkeit aus!

Beispiele mehrdeutiger Formulierungen aus studentischen Gutachten.

«Das logisch-analytische Denken ist aufgrund des durchschnittlichen Ergebnisses im APM [Raven, 1998], das jedoch im unteren Bereich liegt, kritisch zu hinterfragen.» In einem anderen Beispiel wird die Skala *Herunterspielen* aus dem SVF 120 (Erdmann & Janke, 2008) beschrieben: «Im Vergleich zu anderen meint Frau V. in einem stark erhöhten Ausmaß geringeren Stress zu haben (10 % der Referenzgruppe beschreiben ein noch größeres Ausmaß dieser Neigung).» Auch die Zeitform ist in diesem Beispiel falsch gewählt.

Die zuvor angeführten Beispiele für Formulierungen (Verbalisierungen von Testleistungen) sind für Gutachten ebenso ungeeignet wie mehrdeutige Beschreibungen aus der Alltagssprache wie «… erzielte eine *gute* Leistung» oder «… eine *schlechte* Leistung» oder «… eine *ziemlich schwache* Leistung» oder «… eine *ganz gute* Leistung» oder «eine *ziemlich gute* Leistung» oder «… *sehr hohe* Werte.» Es geht nicht darum, die Leistung zu bewerten («gut»-«schlecht»), sondern sie in Bezug auf eine Referenzstichprobe einzuordnen. Anhand eines einfachen Versuchs im Rahmen einer Lehrveranstaltung lässt sich zudem zeigen, dass die Bewertung subjektiv ist. Wenn Studierende gebeten werden, einen Zahlenwert für eine *gute Leistung* in einem nach *T*-Werten normierten Test zu nennen, weisen die genannten Werte in der Regel eine beachtliche Streubreite auf, die sich im Zahlenraum durchschnittlicher bis überdurchschnittlicher Werte bewegt. Das ist auch nicht weiter verwunderlich, denn letztlich hängt es vom eigenen Anspruchsniveau ab, was als «gute» oder «schlechte» Leistung gesehen wird. Es besteht also der Bedarf nach einer klaren Sprachregelung, die ohne mehrdeutige Begriffe auskommt.

Ein Beispiel dazu aus einem studentischen Gutachten. «Dieses Ergebnis entspricht einem stark vom Durchschnitt der Vergleichsgruppe abweichenden Wert. Herr O. beschrieb sich als durchschnittlich bis überdurchschnittlich warmherzig und aufmerksam für die Gefühle und Bedürfnisse anderer» (beschrieben wurde die Skala *Wärme* aus dem 16 PF-R; Schneewind & Graf, 1998). Hier führt der erste Satz in eine falsche Richtung, da dort von einer *starken Abweichung* gesprochen wird. Tatsächlich ist die Skala dann aber «durchschnittlich bis überdurchschnittlich» ausgeprägt. Die Ergebnisdarstellung wäre in diesem Beispiel ohne den redundanten ersten Satz wesentlich klarer.

Wie angemerkt, ist neben der hier dargestellten normorientierten Vorgehensweise prinzipiell auch immer eine Kriteriumsorientierung oder eine Mischung beider Ansätze im Rahmen einer Begutachtung möglich. Etwa bei einer Begutachtung hinsichtlich der Schulreife eines Kindes wird es in Ausnahmefällen nicht genügen, wenn die Leistungen im Vergleich zu anderen Kindern seines Jahrganges im Durchschnitt liegen, wenn alle Kinder das relevante Zielkriterium nicht erreicht haben. Auch in der Klinischen Psychologie wird häufig kriteriumsorientiert gearbeitet. Hier werden Cut-off-Werte definiert, die einen Hinweis auf das Vorliegen oder Nicht-Vorliegen bestimmter Symptome bzw. Auffälligkeiten liefern. Es geht also bei der kriteriumsorientierten Diagnostik darum, bestimmte, vorab definierte Kriterien zu prüfen.

Konfidenzintervalle

Wie werden Testergebnisse den fünf beschriebenen Ausprägungen (unterdurchschnittlich, unterdurchschnittlich bis durchschnittlich, usw.) zugeordnet? Die folgenden Ausführungen gelten für Leistungstests genauso wie für Persönlichkeitsfragebogen und jede andere Art normorientierter psychologischer Tests. Der nun illustrierte Teil der Ergebnisdarstellung (Beschreibung der Ergebnisse nach fünf Kategorien) folgt dabei stets dem gleichen Schema. Zur Beantwortung ist die Berechnung der *Konfidenzintervalle* (Vertrauensintervalle) erforderlich (vgl. Wagner-Menghin, 2003). Das Konfidenzintervall gibt den Bereich an, in dem der wahre Wert einer Person unter Inkaufnahme einer vorab festgesetzten Fehlerwahrscheinlichkeit liegt. Die Breite des Intervalls, in dem sich der wahre Wert befindet, ist abhängig von der *Messgenauigkeit* des Verfahrens (der Reliabilität; diese muss im Testhandbuch dokumentiert sein), sowie von der gewählten *Irrtumswahrscheinlichkeit* (diese ist durch die begutachtende Person festzulegen). Allgemein gilt, dass der erzielte Wert die beste Punktschätzung der Fähigkeit darstellt und die Wahrscheinlichkeit der Ausprägung in Richtung der Extrembereiche eines Intervalls immer weiter abnimmt. Daher kommt diesem Wert auch besondere Beachtung zuteil, wenngleich das Konfidenzintervall in jedem Fall mit zu berücksichtigen ist. Konfidenzintervalle werden folgendermaßen berechnet:

Zunächst wird der *Standardmessfehler* ermittelt. Die entsprechende Formel lautet

$$SMF = \sqrt{s^2 \times (1 - r_{tt})}.$$

(Die Schreibweise: $SMF = s \times \sqrt{1 - r_{tt}}$ ist äquivalent.)

Aus der Formel ist ersichtlich, dass folgende Informationen zur Berechnung des Standardmessfehlers benötigt werden:

s^2 … *Varianz*: Die Standardabweichung (s; die Varianz ist die quadrierte Standardabweichung, also s^2) ist für jeden Normwert bekannt und kann aus Tabelle 1 abgelesen werden (in den Formeln ist es jeweils der Wert, mit dem z multipliziert wird. Für die T-Werte ist beispielsweise aus der Formel $T = z \times 10 + 50$ eine Standardabweichung von *10* abzulesen).

r_{tt} … *Reliabilität*: Diese ist im Manual dokumentiert. In vielen Handbüchern wird die Reliabilität auf verschiedene Arten bestimmt; z. B. Cronbach-alpha *und* Split-half Reliabilität. In diesem Fall ist zu bedenken, dass Cronbach-alpha eine Abschätzung der unteren Grenze der Reliabilität darstellt.

Für das Konfidenzintervall ergibt sich

$$T_v^{1,2} = x_v \pm z_\alpha \times SMF.$$

In der Formel bedeuten

$T_v^{1,2}$ ... True-Score; der wahre Wert einer Person v; 1, 2 steht für die obere und untere Grenze eines Intervalls.

x_v ... der Wert, der aus der Normtabelle für den Rohscore der Person v abgelesen wird.

z_α ... Festlegung der Irrtumswahrscheinlichkeit (z. B. für 5 % = 1.96 und für 1 % = 2.58 aus der Tabelle der Standardnormalverteilung; z. B. bei Bortz, 2005).

Ein Rechenbeispiel zur Veranschaulichung. Frau A. erzielte in einem nach IQ-Werten normierten Test einen IQ von 113. Der Test weist eine Reliabilität (Split-half) von $r_{tt} = .89$ auf. Die Irrtumswahrscheinlichkeit wird mit 5 % festgelegt. Das Konfidenzintervall soll berechnet werden.

Zunächst ist der Standardmessfehler zu berechnen

$$SMF = \sqrt{15^2 \times (1 - .89)} = 4.97$$

Für das Konfidenzintervall ergibt sich nach Einsetzen in obige Formel

$$T_X^{1,2} = 113 \pm 1.96 \times 4.97 = \underline{[103.26; 122.74]}$$

Das heißt, dass sich mit einer Sicherheit von 95 % der wahre Wert in einem IQ-Intervall zwischen (gerundet) 103 und 123 bewegt. Die Leistung von Frau A. in diesem Test wäre somit als *durchschnittlich bis überdurchschnittlich* zu beschreiben (s. u.).

Anmerkung. An diesem Beispiel wird auch ersichtlich, dass selbst bei einer vergleichsweise hohen Reliabilität von .89 der wahre Wert in einem nach *IQ*-Werten normierten Test um *rund plus/minus 10 IQ-Punkte* streut!

Wenn in einer Ergebnisdarstellung die Konfidenzintervalle *nicht* explizit berücksichtigt werden, entsteht oft der fälschliche Eindruck, dass sich *sämtliche* Testwerte in statistisch bedeutsamem Ausmaß voneinander unterscheiden. Offensichtlich wird die daraus resultierende Problematik, wenn zwei Personen in ihren Testleistungen verglichen werden sollen. Regelmäßig finden sich in Gutachten unterschiedliche Interpretationen für *IQ*-Werte von Person A mit einem *IQ* = 114 und Person B mit einem *IQ* = 116 (in diesem Beispiel wird angenommen, dass beide Werte aus demselben Test stammen). Wie in Tabelle 1 ersichtlich ist, liegen *IQ*-Werte von 85 bis 115 innerhalb einer Standardabweichung. *Bedeutet das, dass ein Wert von 114 als durchschnittlich und ein Wert von 116 als überdurchschnittlich zu interpretieren ist? Hat Person B tatsächlich einen höheren Wert erzielt als Person A?* Werden Aussagen zu diesen Fragen einfach durch einen Vergleich der beiden Werte getroffen, dann wird die Mess(*un!*)genauigkeit des Verfahrens außer Acht gelassen. Das Problem bei dieser Vorgehensweise kann anhand eines einfachen Rechenbeispiels demonstriert werden. Die Frage, die dazu beantwortet werden muss, lautet: *Wie hoch muss die Reliabilität eines Tests sein, damit sich die IQ-Werte von 114 und 116 statistisch signifikant voneinander unterscheiden?* Durch Umformung und Einsetzen in die oben vorgestellten Formeln ergibt sich ein Wert für die Reliabilität von $r_{tt} = .995$ (eine Messgenauigkeit, die in der Praxis *nicht* erreicht werden kann).

Vertiefend werden Konfidenzintervalle bei Wagner-Menghin (2003) diskutiert. In manchen Handbüchern (etwa bei jenem für den NEO-PI-R; Ostendorf & Angleitner, 2004) werden Konfidenzintervalle und kritische Differenzen (diese werden zum Vergleich von Testergebnissen aus Skalen/Tests mit unterschiedlicher Messgenauigkeit berechnet; s. u.) in tabellarischer Form angeführt und müssen daher nicht gesondert berechnet werden. In anderen Manualen (etwa beim FPI-R; Fahrenberg, Hampel & Selg, 2001) werden Konfidenzintervalle und kritische Differenzen für Rohwerte angeben.

In vielen Handbüchern wird bereits der berechnete *Standardmessfehler* angeführt. Wie Kubinger (2006) ausführt, verleitet das manche Studierende (aber auch Praktiker) dazu, das Intervall des wahren Werts einfach durch Addition und Subtraktion des SMF vom erreichten Wert zu ermitteln. *Was passiert dabei?* Werfen wir einen Blick auf die Formel für das Konfidenzintervall bei dieser Vorgehensweise: $T_v^{1,2} = X_v \pm 1 \times SMF$. Wie man leicht erkennen kann wird dabei $z_\alpha = 1$ gesetzt. Das bedeutet, dass man in diesem Fall mit einer Irrtumswahrscheinlichkeit von rund 33% rechnet. Dies ist ganz offensichtlich für praktische Zwecke ein unbrauchbarer Wert.

In die Berechnungen von Konfidenzintervallen fließt vorrangig durch Einbezug des Standardmessfehlers die methodenspezifische Messgenauigkeit in Form der Reliabilität ein. Zusätzlich zum Standardmessfehler soll das Konfidenzintervall aber auch Ungenauigkeiten der Messung beinhalten, die nicht durch die eingesetzte Methode selbst bedingt sind und dennoch den wahren Wert beeinflussen können, wie etwa geringfügige Störungen der Testsituation, Tageszeit, Erwartungen, Fehler durch Überblättern einer Seite etc.

Zwei kurze Gedankenspiele, um das Verständnis der Bedeutung der Konfidenzintervalle in der Psychologischen Diagnostik zu vertiefen: Wie erwähnt und aus der Formel ersichtlich, wird die Breite des Intervalls durch die Reliabilität beeinflusst. *Wie verändert sich nun bei steigender Messgenauigkeit die Breite des Intervalls?* Eine steigende Messgenauigkeit führt zu *engeren* Intervallen. Das heißt, dass der wahre Wert in einem kleineren Bereich streut als bei niedrigerer Reliabilität. Das Intervall wird umso breiter je geringer die Messgenauigkeit des Verfahrens ist. Dieser Zusammenhang wird in **Tabelle 2** verdeutlicht.

Tabelle 2 zeigt, wie sich bei einem nach *IQ*-Werten normierten Test (bei konstant gehaltener Irrtumswahrscheinlichkeit von 5 %) die Breite des Konfidenzintervalls mit zunehmender Messgenauigkeit des Verfahrens *verringert*. Aus der Tabelle kann abgelesen werden, dass das Konfidenzintervall eines Tests mit einer hohen Reliabilität von $r_{tt} = .95$ eine Breite von rund 13 IQ-Punkten mit sich bringt!

Aus der Formel zur Berechnung des Konfidenzintervalls ist ersichtlich, dass Messgenauigkeit und *Irrtumswahrscheinlichkeit* in die Berechnung mit eingehen.

Tabelle 2: Breite des Konfidenzintervalls in einem nach *IQ*-Werten normierten Test in Abhängigkeit von der Reliabilität.

r_{tt}	Breite des Intervalls
.05	± 28.7
.10	± 27.9
.20	± 26.3
.30	± 24.6
.40	± 22.8
.50	± 20.8
.60	± 18.6
.70	± 16.1
.80	± 13.1
.90	± 9.3
.95	± 6.6

Anmerkung. $\alpha = .05$.

In Tabelle 2 wurde die Irrtumswahrscheinlichkeit konstant gehalten. Welche Auswirkungen sind auf die Breite des Konfidenzintervalls zu erwarten, wenn in einem weiteren Schritt die Reliabilität konstant gehalten und die Irrtumswahrscheinlichkeit variiert wird? *Angenommen, es wird das Konfidenzintervall einmal mit einer Irrtumswahrscheinlichkeit von 5 % und einmal mit einer Irrtumswahrscheinlichkeit von 1 % berechnet. In welchem Fall wird das Intervall breiter sein* (wenn die Messgenauigkeit in beiden Fällen konstant gehalten wird)*?* Zur Wiederholung: Die Irrtumswahrscheinlichkeit gibt jenen Prozentsatz an Fällen an, in denen akzeptiert wird, dass der wahre Wert außerhalb des Intervalls liegt. Je geringer der Prozentsatz der Ausreißer ist, desto breiter wird das Intervall.

Zur Vertiefung. Bei einer üblicherweise (angenommenen) Irrtumswahrscheinlichkeit von 5 % nimmt der Gutachter bzw. die Gutachterin in Kauf, dass in fünf von 100 Fällen (bei 1 % eben nur in einem von hundert Fällen) der wahre Wert außerhalb des von ihm berechneten Intervalls liegt – für die Praxis ist das ein hinreichend genauer Wert. Für eine Aussage, die in 99 % aller Fälle zutrifft, benötigt man ein breiteres Intervall. In obigem Beispiel ergibt sich wie gezeigt für $\alpha = .05$ ein Intervall von [103.26; 122.74] und für $\alpha = .01$ ein Intervall von [100.18; 125.82]; also ist die untere und obere Grenze im zweiten Fall um jeweils rund 3 IQ-Punkte breiter.

Wenn Konfidenzintervalle berechnet werden, kann jedes Testergebnis nach den oben eingeführten fünf möglichen Beschreibungen (von unterdurchschnittlich bis überdurchschnittlich) klassifiziert und beschrieben werden. Mit Normbereich ist in der Folge immer der vorab als durchschnittlich definierte Wertebereich gemeint.

1. Ein Testergebnis ist als *unterdurchschnittlich* zu bezeichnen, wenn sich die *obere Grenze* des Intervalls nicht mit dem Normbereich überschneidet.

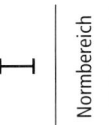

2. Ein Testergebnis ist als *unterdurchschnittlich bis durchschnittlich* zu bezeichnen, wenn die untere Grenze unter dem Normbereich liegt und sich die obere Grenze des Intervalls mit dem Normbereich überschneidet.

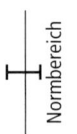

3. Ein Testergebnis ist als *durchschnittlich* zu bezeichnen, wenn die obere und die untere Grenze im Normbereich liegen.

4. Ein Testergebnis ist als *durchschnittlich bis überdurchschnittlich* zu bezeichnen, wenn die untere Grenze im Normbereich und die obere Grenze oberhalb des Normbereichs liegt.

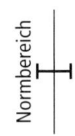

5. Ein Testergebnis ist als *überdurchschnittlich* zu bezeichnen, wenn die untere und die obere Grenze oberhalb des Normbereichs liegen.

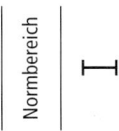

Selbstverständlich gilt alles, was hier zur Berechnung von Konfidenzintervallen und kritischen Differenzen bzw. deren Rolle bei der Ergebnisdarstellung gesagt wurde, in gleichem Ausmaß auch für die Ergebnisdarstellung bei Persönlichkeitsfragebogen und allen anderen Arten psychologischer Tests. Theoretisch (bei niedriger Messgenauigkeit einer Skala oder eines Tests) ist es denkbar, dass die untere Grenze des Intervalls im unterdurchschnittlichen Bereich und die obere Grenze im überdurchschnittlichen Bereich liegt. Sprachlich ist dies im Gutachten so zu beschreiben, dass der Wert durchschnittlich war und in Klammer dann die folgende Bemerkung eingefügt wird: «wobei die untere Grenze des Konfidenzintervalls im unterdurchschnittlichen Bereich und die obere Grenze im überdurchschnittlichen Bereich lag».

Die Ergebnisdarstellung auf Subtestebene bzw. für spezielle Leistungstests mit einem (oder mehreren) globalen Kennwert(en) erfolgt nach demselben Schema, das allgemein wie folgt beschrieben werden kann:

> Name des Untertests/der Skala/des globalen Kennwerts
> (Normwert [Konfidenzintervall]; Prozentrang).
> Beschreibung aus dem Manual, was der Untertest/die Skala/der globale Kennwert misst. Klassifizierung des Kennwerts nach unterdurchschnittlicher, unterdurchschnittlicher bis durchschnittlicher, durchschnittlicher, durchschnittlicher bis überdurchschnittlicher oder überdurchschnittlicher Testleistung; Verbalisierung des Prozentrangs.

8.1.
Ergebnisdarstellung bei Leistungstests: Allgemeine Hinweise und ein Beispiel

Als Beispiel für die Beschreibung der Ergebnisse auf Grundlage der oben vorgestellten Kategorien werden folgend anhand des I-S-T 2000 R (Liepmann et al., 2007) ermittelte Resultate dargestellt. Wie bereits erwähnt, kann bei großen (Intelligenz-)Testbatterien die Ergebnisinterpretation auf der Ebene von einzelnen Untertests oder auf der Ebene von Skalen (dabei werden mehrere inhaltlich zusammenhängende Untertests zusammengefasst) durchgeführt werden. Im I-S-T 2000 R ist eine Interpretation auf Skalenebene vorgesehen. Für die einzelnen Untertests werden keine Normwerte im Manual berichtet. Eine Profilinterpretation auf Subtestebene ist somit nicht möglich. Im I-S-T 2000 R besteht außerdem die Möglichkeit, entweder nur ein Grundmodul oder das Grundmodul samt einem Erweiterungsmodul einzusetzen. Der Einsatz des Erweiterungsmoduls ist also fakultativ. Eine genaue Durchsicht des Manuals gibt Aufschluss darüber, für welche Fragestellungen der Einsatz beider Module sinnvoll ist. Aus ethischer und ökonomischer Sicht ist darauf zu achten, nicht mehr als die zur Klärung der Fragestellung notwendigen (Unter-)Tests vorzugeben.

Im Gutachten sollten zunächst die Ergebnisse aus dem Grundmodul und dann aus dem Erweiterungsmodul beschrieben werden. Diese Vorgehensweise ist nachvollziehbar, da die Module auch in dieser Reihenfolge durchgeführt wurden.

Tabellarische Ergebnisdarstellung? Wenn Ergebnisse umfangreicher Testbatterien dargestellt werden, findet sich in Gutachten vielfach eine Tabelle zu Beginn, in der die Ergebnisse (ein Normwert und Prozentrang) mehr oder weniger ohne Erläuterungen, mit alleiniger Nennung des Namens des Untertests zusammengestellt werden. Dies wird zumeist mit der Übersichtlichkeit tabellarischer Darstellungen begründet. Grundsätzlich ist sowohl eine Darstellung als Tabelle wie auch als Text zulässig, sofern die *entsprechende Information enthalten* und die *Nachvollziehbarkeit* gewährleistet ist.

Eine tabellarische Ergebnisdarstellung ist immer dann kritisch zu sehen, wenn sie eine unvollständige Darstellung der Ergebnisse zeigt. Dies wäre etwa der Fall, wenn nur die Bezeichnungen der Untertests samt Kennwerten in der Tabelle aufgeführt werden. Dies ist keine ausreichende Form der Ergebnisdarstellung. Es ist zusätzlich für jeden Untertest bzw. für jede Skala eine kurze Beschreibung (aus dem Manual!) der erfassten Leistung(sdimension) wiederzugeben. Wenn sämtliche Informationen gegeben sind, ist es letztlich Geschmacksache, ob die Ergebnisdarstellung in kleinen Absätzen mit Nennung des Untertests/Skala, den dazugehörigen Kennwerten, sowie dem dazugehörigen Text mit der verbalen Beschreibung der Ergebnisse erfolgt oder ob sämtliche Informationen in einer Tabelle wiedergegeben werden.

Die Ergebnisdarstellung mit ausschließlicher Nennung der Prozentränge (PR) ist im Vergleich zur Ergebnisdarstellung mit der Nennung eines Normwerts plus Prozenträngen suboptimal. Wie oben erwähnt, ist insbesondere für Laien, aber auch für Fachkolleginnen und -kollegen die Interpretation von PR einfacher nachvollziehbar als dies bei den meisten anderen Normwerten der Fall ist. Prozentränge sollten daher auch für die Ergebnisrückmeldung herangezogen werden.

Dem Profilblatt des I-S-T 2000 R ist zu entnehmen, welche Untertests zu welchen Skalen zusammengefasst werden und welche Ergebnisse aus dem Erweiterungsmodul resultieren. Es bietet darüber hinaus eine graphische Darstellung der Ergebnisse.

Wie werden diese Ergebnisse nun im Gutachten kommuniziert? Es stehen Skalenwerte für verbale, numerische und figurale Intelligenz, sowie ein Kennwert für die Merkfähigkeit zur Verfügung. Wieder ist im Manual nachzulesen, wie die Autoren die Skala «verbale Intelligenz» definieren. Eine intuitiv geleitete oder freie Interpretation ist nicht zulässig, da dadurch die *Aussagegrenzen* des Verfahrens verletzt werden. Im Handbuch des I-S-T 2000 R ist zur Skala verbale Intelligenz Folgendes zu finden:

> Mit dieser Skala wird die Fähigkeit zum Umgang mit sprachlichem Material im Rahmen des schlussfolgernden Denkens erfasst. Hierbei spielen sowohl der Grad der Aneignung der Sprache (Vokabular) als auch die Fähigkeit, Relationen zwischen Begriffen herzustellen, eine Rolle.

Die Ergebnisdarstellung zu dieser Skala soll an einem Beispiel demonstriert werden. Angenommen, eine Testperson erzielt einen Standardwert von 119 (PR = 97). Weiter wird der Normbereich zwischen 90 und 110 (innerhalb plus/minus einer Standardabweichung) und die Irrtumswahrscheinlichkeit mit 5 % festgelegt. Die Angaben beziehen sich auf eine Referenzpopulation, die vorab festgesetzt wurde. Anhand der oben gegebenen Definition aus dem Manual ist der errechnete Wert wie unten darzustellen. Wichtig ist an dieser Stelle der nochmalige Hinweis, dass es sich hier *nicht* um eine *Interpretation* der Ergebnisse handelt, sondern um eine Ergebnis*darstellung*. Eine der Funktionen dieses Teils des Gutachtens ist, dass sich der Leser bzw. die Leserin ein Bild von den Ergebnissen machen kann, das nicht durch Interpretationen «gefärbt» ist. Auf diese Weise ist es möglich, dass sich an der Gutachtenerstellung unbeteiligte Dritte nicht nur ein eigenes Bild von den Ergebnissen machen können, sondern auch eigene Schlussfolgerungen und Hypothesen daraus ableiten können.

Verbale Intelligenz (SW = 119 [112; 126] PR = 97)
Die Skala *verbale Intelligenz* erfasst die Fähigkeit zum Umgang mit sprachlichem Material im Rahmen des schlussfolgernden Denkens bezogen auf die Aneignung der Sprache und die Fähigkeit, Relationen zwischen den Begriffen herzustellen. Herr B. erzielte ein überdurchschnittliches Ergebnis; 3 % der Personen aus der Vergleichsstichprobe erzielten einen höheren Wert.
   Anmerkung. Es wäre auch möglich bei der Verbalisierung der Prozentränge zu schreiben: «97 % der Personen aus der Vergleichsstichprobe erzielten einen gleich großen oder niedrigeren Wert». Allerdings wirkt diese Formulierung bei dem überdurchschnittlichen Wert aus dem Beispiel suboptimal und ein wenig umständlich.

Allgemein gilt: Die *Aussagegrenzen* einer jeden Skala/eines jeden (Unter-)Tests werden im Manual durch die Autoren festgelegt. Interpretationen dürfen sich auch nur darauf beziehen (s. u.). Die Konfidenzintervalle (in der eckigen Klammer) sind wie folgt zu lesen: «Der wahre Wert liegt mit einer Sicherheit von 95 % zwischen 112 und 126 Standardwerten.» Vorab wird dabei festgelegt, mit welcher Irrtumswahrscheinlichkeit die Aussagen getroffen werden sollen (üblich sind Darstellungen auf dem Niveau von 1 % oder 5 %).

Anmerkung. Vielfach findet sich in Gutachten die Formulierung: «Der wahre Wert liegt mit einer Wahrscheinlichkeit von 95 % in einem Intervall von 112 und 126 Standardwerten.» Holling, Preckel und Vock (2004) argumentieren, dass Formulierungen dieser Art wahrscheinlichkeitstheoretische Annahmen verletzen. Die in vorhergehender Anmerkung wiedergegebene Formulierung (wo statt *Wahrscheinlichkeit* der Begriff *Sicherheit* gebraucht wird) halten sie für suboptimal und schlagen stattdessen vor (angepasst auf das hier beschriebene Beispiel):

«Der gemessene Standardwert beträgt 119. Da solche Standardwerte bei einer bestimmten Person z. B. aufgrund der jeweiligen Tagesform von Messung zu Messung variieren, werden Konfidenzintervalle zur Abschätzung des wahren Werts berechnet. Das 95 %-ige Konfidenzintervall für den hier gemessenen Standardwert von 119 reicht von 112 bis 126. Dieses Konfidenzintervall wurde nach einer Regel konstruiert, die mit einer Wahrscheinlichkeit von 95 % zu einem Intervall führt, das den wahren IQ enthält» (S. 77; Anpassung durch d. Verf.). Will man in einem Gutachten mehrere Ergebnisse mit Konfidenzintervallen anhand dieser Darstellungsweise kommentieren, so ist die mehrfache Wiederholung der Informationen (z. B. über den Einfluss der Tagesform auf die Messung) redundant. Zu empfehlen wäre zu Beginn der Ergebnisdarstellung im Gutachten die hier beschriebene ausführliche Darstellung zu wählen und im Anschluss daran der in obiger Anmerkung vorgeschlagenen Schreibweise zu folgen.

Es ist ersichtlich, dass sich in der Skala *verbale Intelligenz* im vorgestellten Beispiel keine Überschneidungen der unteren Grenze mit dem Normbereich ergeben, somit ist die Leistung nach dem von Westhoff und Kluck (2008) vorgeschlagenen und weiter oben beschriebenen Kategorienschema als *überdurchschnittlich* zu bezeichnen.

Für die weiteren Skalen aus dem *Grundmodul* kann die Ergebnisdarstellung wie folgt aussehen:

Numerische Intelligenz (SW = 93 [89;97]; PR = 24)
Die Skala *numerische Intelligenz* erfasst die Rechenfähigkeit und die Fähigkeit, logische Beziehungen zwischen Zahlen herzustellen. Herr T. erzielte ein unterdurchschnittliches bis durchschnittliches Ergebnis; 76 % der Personen aus der Vergleichsstichprobe erzielten einen höheren Wert.

Figurale Intelligenz (SW = 93 [86;100]; PR = 24)
Die Skala *figurale Intelligenz* erfasst die Fähigkeit zum Umgang mit zwei- und dreidimensionalem, figural-bildhaftem Material (Fähigkeit, Proportionen von Flächen und Räumen zu erfassen und Fähigkeit, logische Relationen zwischen Figuren herzustellen). Herr T. erzielte ein unterdurchschnittliches bis durchschnittliches Ergebnis; 76 % der Personen aus der Vergleichsstichprobe erzielten einen höheren Wert.

Anmerkung. Die in diesem Beispiel getestete Person erzielt in den Skalen *numerische* und *figurale Intelligenz* jeweils einen Wert von SW = 93. Die Konfidenzintervalle sind allerdings unterschiedlich breit! *Woran liegt das?* Wie bereits erwähnt geht in die Formel zur Berechnung der Konfidenzintervalle neben der Messgenauigkeit (über den Standardmessfehler) auch die Irrtumswahrscheinlichkeit mit ein. Letztere bleibt aber sowohl für die numerische als auch für die figurale Intelligenz konstant. Die unterschiedlichen Werte können daher nur durch eine *unterschiedliche Messgenauigkeit* der beiden Skalen zustande gekommen sein.

Gesamtwert schlussfolgerndes Denken (SW = 108 [104;112]; PR = 79)
Der *Gesamtwert schlussfolgerndes Denken* erfasst die Fähigkeit zum verbalen, numerischen und figuralen schlussfolgernden, formal-logischem Denken (induktives und deduktives Denken). Herr T. erreichte ein durchschnittliches bis überdurchschnittliches Ergebnis; 21 % der Personen aus der Vergleichsstichprobe erzielten einen höheren Wert.

Merkfähigkeit gesamt (SW = 71 [66;76]; PR = 0)
Die Skala *Merkfähigkeit gesamt* erfasst die Fähigkeit zum aktiven Einprägen und kurzfristigen Wiedererkennen von verbalen und figuralen Informationen. Herr T. erzielte ein unterdurchschnittliches Ergebnis; 100 % der Personen aus der Vergleichsstichprobe erzielten einen höheren Wert.

Bei der Darstellung der Ergebnisse des I-S-T 2000 R ist es empfehlenswert, die Skala *Merkfähigkeit gesamt* im Anschluss an den Gesamtwert schlussfolgerndes Denken darzustellen, da die Merkfähigkeit *nicht* in den Gesamtwert mit eingeht. Wichtig ist zu betonen, dass mit dieser Skala ein Kennwert für die *kurzfristige Behaltensleistung* umgesetzt wurde. Für diagnostische Zwecke sind häufig auch Informationen über langfristige Gedächtnisleistungen relevant, diese wurden hier aber aus Gründen der Testökonomie nicht umgesetzt. Diese Einschränkung ist bei der Interpretation der Testergebnisse bzw. schon vorher bei der Testauswahl, wenn einer der Punkte aus dem Anforderungsprofil langfristige Behaltensleistungen erfordert, zu berücksichtigen.

Sind im Psychologischen Gutachten Werte enthalten, wie jener, der in obigem Beispiel für die *Merkfähigkeit gesamt* aus dem I-S-T 2000 R berichtet wurde (also ein Prozentrang von *null*!), so stellt sich die Frage, ob 1) der Test korrekt ausgewertet wurde, 2) die Instruktion korrekt gegeben bzw. verstanden wurde, 3) während der Testung irgendwelche Auffälligkeiten aufgetreten sind, die das Testergebnis beeinflusst haben könnten (z. B. Störungen von außen, wie etwa Lärm) oder 4) ob tatsächlich eine unterdurchschnittliche Testleistung in diesem Bereich vorliegt. Über mögliche Störungen während der Testung sind genaue Informatio-

nen unter dem Punkt *Gelegenheitsbeobachtung* (stets ein separater Teil in einem Gutachten; s. Kap. 9) zu geben. Jedenfalls geben extreme Werte dieser Art einen Hinweis darauf, dass bei der Interpretation auch mögliche Verfälschungen der Ergebnisse bzw. mögliche Einflüsse auf das Ergebnis thematisiert werden müssen. Allerdings stellt sich die Frage, ob es fachlich oder ethisch vertretbar ist, eine Testung trotz massiver Störeinflüsse von außen fortzusetzen oder die Testung überhaupt zu beginnen.

Kritische Differenzen

Neben den Konfidenzintervallen ist es in manchen Fällen notwendig zu wissen, ob ein Untertest bzw. eine Skala höher oder niedriger ausgeprägt ist als eine andere. «*Wo hat die Klientin besser abgeschnitten? In welchen Bereichen liegen leistungsbezogene Schwerpunkte der Testperson?*» Haben beide Untertests bzw. Skalen Reliabilitäten identischer Höhe, dann kann dies ausreichend auf Grundlage der Konfidenzintervalle geprüft werden. Sind die Reliabilitäten unterschiedlich, so ist die Berechnung der sog. *kritischen Differenz* erforderlich. Wird diese überschritten, dann bedeutet das, dass der Unterschied als *statistisch bedeutsam* (signifikant) zu bezeichnen ist. Die Berechnung von kritischen Differenzen wird anhand des obigen Beispiels demonstriert. Angenommen es soll bestimmt werden, ob sich die Testleistungen in der *fluiden* (SW = 108) und *kristallisierten Intelligenz* (SW = 87) voneinander unterscheiden. Die Vorgehensweise ist für die Berechnung beliebiger Untertest-/Skalendifferenzen analog:

1) Festlegen der *Irrtumswahrscheinlichkeit*. Wie erwähnt werden entsprechend der üblichen Kriterien wissenschaftlichen Arbeitens am häufigsten 5 % und 1 % festgesetzt (das entspricht *z*-transformierten Werten von 1.96 bzw. 2.58). *Anmerkung*: In der Praxis wird *ein* Niveau festgelegt, mit dem in Folge gerechnet wird – hier soll zu Demonstrationszwecken mit *beiden* Werten gerechnet werden.

2) *Ablesen der Standardabweichung*. Die Standardabweichung ist für jeden Normwert festgesetzt (s. Tabelle 1; für die hier eingesetzten Standardwerte gilt: $s = 10$)

3) Die *Reliabilität* der beiden Untertests aus dem Manual heraussuchen (Cronbach-alpha; hier: gf: $r_{gf} = .96$ und gc: $r_{gc} = .91$). Hier bietet es sich an, zur Erhöhung der Konvergenz nach Möglichkeit dieselbe Berechnungsart für beide Instrumente zu wählen.

4) *Einsetzen in die Formel*: $diff_{(x_1-x_2)} = z_\alpha \times s_x \times \sqrt{2 - (r_{tt1} + r_{tt2})}$ im Beispiel also:

$$diff_{(gc-gf)} = 1.96 \times 10 \times \sqrt{2 - (.91 + .96)} = \underline{7.07} \text{ bzw.}$$

$$diff_{(gc-gf)} = 2.58 \times 10 \times \sqrt{2 - (.91 + .96)} = \underline{9.30}$$

Die empirische Differenz zwischen den beiden Standardwerten beträgt *21*; das heißt, dass sie sowohl auf dem 1 % als auch auf dem 5 %-Niveau größer ist als die kritische Differenz. Im Gutachten wäre dies beispielsweise wie folgt zu formulieren.

«Bei einer Irrtumswahrscheinlichkeit von 5 %/1 % ist der Kennwert für die fluide Intelligenz höher ausgeprägt als jener für die kristallisierte.» Wird dieses Einzelergebnis wiederum einer dritten Person kommuniziert (an anderer Stelle als im Gutachten), dann ist eine Formulierung analog zu jener bei der Beschreibung der allgemeinen Intelligenz zu wählen (Nennung des eingesetzten Tests).

Oben genannte Formel wird zur Berechnung herangezogen, wenn zwei verschiedene (Unter-)Tests miteinander verglichen werden sollen. Eine andere Fragestellung wäre es, ob Testperson A mit einem T-Wert von $T = 51$ in *demselben* Leistungstest auch tatsächlich einen niedrigeren Wert erzielt hat als Testperson B mit einem T-Wert von $T = 61$. Der Test soll eine Messgenauigkeit von $r_{tt} = .91$ aufweisen. Wiederum kann die kritische Differenz berechnet werden, die numerisch überschritten werden muss, damit die beiden Werte als unterschiedlich betrachtet werden können. Die dazugehörige Formel lautet

$$diff_{(x_1 - x_2)} = z_\alpha \times s_x \times \sqrt{2 \times (1 - r_{tt})}.$$

Durch einsetzen in die Formel ergibt sich für das Beispiel:

$$diff_{(x_1 - x_2)} = 1.96 \times 10 \times \sqrt{2 \times (1 - .91)} = 8.32.$$

Die empirische Differenz beträgt $61 - 51 = 10$ T-Werte, so dass die kritische Differenz kleiner ist und man davon ausgehen kann, dass die Differenz also nicht durch die Messungenauigkeit des Tests zustande gekommen ist, sondern auf tatsächliche Unterschiede in der Merkmalsausprägung zurück geht.

Einschub. Die oben vorgestellte Vorgehensweise ist auch bei Wiederholungsmessungen mit demselben Test bei derselben Person anwendbar, wenn z. B. vor und nach einer Intervention in einem therapeutischen Setting derselbe Test vorgegeben wird, um Veränderungen durch die Intervention zu überprüfen.

Es kann auch berechnet werden, wie wahrscheinlich es ist, dass eine bestimmte Differenz zwischen zwei Werten gefunden wird. Dazu wird die folgende Formel verwendet

$$\frac{z_\alpha}{2} = \frac{X_{t1} - X_{t2}}{s_x \times \sqrt{2 \times (1 - r_{tt})}}.$$

In dieser Formel bedeuten X_{t1} und X_{t2} die beiden Testwerte. Durch Einsetzen folgt für obiges Beispiel:

$$z_\frac{\alpha}{2} = \frac{61 - 51}{10 \times \sqrt{2 \times (1 - .91)}} = \frac{10}{4.24} = 2.36.$$

Dieser Wert kann nun mit der Tabelle zur Verteilungsfunktion der Standardnormalverteilung (z. B. Tabelle B bei Bortz, 2005) verglichen werden. Für den z-Wert von 2.36 kann dort abgelesen werden, dass in ca. 1 % der Fälle ein solches Ergebnis erwartet werden kann. Das kann als weiterer Hinweis darauf interpretiert werden, dass es sich bei den Unterschieden im beschriebenen Fallbeispiel um tatsächliche Unterschiede und kein zufälliges Ergebnis handelt.

Einschub. Verschiedene Autoren (z. B. Kubinger, 2003) regen an, stets zu reflektieren, ob in den Ergebnissen von Leistungstests tatsächlich *Fähigkeiten* beurteilt werden können oder nicht bloß die erbrachten (*Test-*)*Leistungen*. Im eigenschaftsorientierten Ansatz der Diagnostik wird von der Grundannahme ausgegangen, dass aus Testergebnissen auf eine Eigenschaft (*Trait*) geschlossen werden kann. Nicht zuletzt aufgrund dieser Überlegung ist es wichtig, *vor* dem Einsatz eines bestimmten Verfahrens zu prüfen, ob die Gütekriterien (Lienert & Raatz, 1998) erfüllt sind. Müssen dabei Abstriche gemacht werden, so ist das bei der Interpretation der Ergebnisse zu berücksichtigen bzw. ist in letzter Konsequenz auf den Einsatz des Verfahrens zu verzichten. Letzteres gilt vor allem auch für Verfahren, für die der Nachweis der Erfüllung der erforderlichen Gütekriterien, insbesondere der Validität, nicht gelingt bzw. gar keine Werte mitgeteilt werden (davon sind vor allem Projektive Verfahren betroffen).

Bei Geiser und Eid (2006) sind verschiedene Koeffizienten zum Vergleich von Testprofilen dargestellt und erläutert.

8.2.
Ergebnisdarstellung bei Persönlichkeitsfragebogen: Allgemeine Hinweise und ein Beispiel

Falls der eingesetzte Persönlichkeitsfragebogen Kontrollskalen enthält oder andere Werte existieren, die Hinweise auf die Bearbeitung aller übrigen Werte liefern, empfiehlt es sich, diese an den Beginn der Ergebnisdarstellung zu stellen. Solche Werte geben wichtige Anhaltspunkte für die Interpretation und können sogar (auf Empfehlung mancher Handbücher) darauf hinweisen, dass sämtliche Ergebnisse eines Fragebogens aufgrund mangelnder Offenheit *überhaupt nicht* interpretierbar sind. Wiederum gilt, dass die Angaben aus dem Manual dazu verbindlich sind und genau eingehalten werden müssen. Bei Missachtung dieser Vorgaben werden die Aussagegrenzen des Verfahrens verletzt.

Demonstriert werden soll die Ergebnisdarstellung bei Persönlichkeitsfragebogen am Beispiel der Skala *Achievement (Ac)* aus der *Deutschen Personality Research*

Form (PRF; Stumpf, Angleitner, Wieck, Jackson & Beloch-Till, 1985). Die hier beschriebene Vorgehensweise kann analog auf alle anderen Skalen bzw. Fragebogen übertragen werden. Wie bereits für Leistungstests festgehalten, ist auch bei der Darstellung von Ergebnissen aus Persönlichkeitsfragebogen die alleinige Nennung des Namens der Skala, die beschrieben werden soll, *nicht* ausreichend. Es ist keineswegs selbst erklärend, wenn im Gutachten der Satz steht, *dass der Wert in der Skala Achievement überdurchschnittlich* ausgeprägt war. Es ist anzunehmen, dass verschiedene Personen über unterschiedliche, eigene Definitionen von *Achievement* verfügen. Diese kann, muss aber nicht notwendigerweise mit der Definition im Testhandbuch übereinstimmen. Im Gutachten zählt ausschließlich die Definition des erfassten Konstrukts, die sich im Manual findet.

> *Hinweis.* Während *Achievement* wohl noch einen geringeren Assoziationsspielraum auch für Laien zulässt, so sind die Konsequenzen vor Augen zu halten, wenn ohne weitere Erklärungen Skalenbezeichnungen wie «Hysterie», «Depressivität» oder «Manie» genannt werden. (R. B. Cattell [1978] hatte in seinem Persönlichkeitsansatz versucht, diese Problematik zu umgehen, indem er für Eigenschaftsdimensionen eigene Bezeichnungen entwickelt hat, die nicht alltagssprachlich besetzt waren.)

Sollte das zu prüfende Konstrukt im Handbuch nicht hinreichend ausführlich definiert sein, so ist das ein eindeutiger Mangel und ein Hinweis darauf, nach alternativen Instrumenten zu suchen bzw. nach Sekundärliteratur, in denen die entsprechenden Skalen genauer beschrieben werden.

> *Ein Beispiel aus dem Gutachten eines Praktikers.* Beschrieben wird die Skala *Aggressionshemmung* aus dem Fragebogen zur Erfassung der Aggressivitätsfaktoren (FAF; Hampel & Selg, 1975 – im Übrigen fehlt im Gutachten das genaue Zitat):
> «Aggressionshemmung: Ein PR von 5 heißt, dass der Klient im sozialen Bereich eher eine krasse Auffassung vertritt.» Abgesehen davon, dass Begriffe aus der Alltagssprache wie «krass» in einem psychologischen Gutachten nicht verwendet werden sollten (allenfalls als wörtliches Zitat in der Anamnese oder in der Verhaltens-/Gelegenheitsbeobachtung), ist die Verbalisierung des Ergebnisses mit *eher krass* nichtssagend, da es keine allgemein verbindliche Definition des Ausdrucks *krass* gibt. Darüber hinaus wird nicht zitiert, was im Manual zu dieser Skala steht. Es ist also nicht ersichtlich, was die Autoren des FAF unter *Aggressionshemmung* verstehen. Diese Ergebnisdarstellung ist nicht nachvollziehbar.

Allgemein ist anzumerken, dass im Manual mancher Verfahren Skalen oft nur undeutlich beschrieben sind, was grundsätzlich kritisch zu sehen ist. Auch im

Manual des FAF sind bei vielen Skalen eher allgemeine Beschreibungen der *Aggressivitätsfaktoren* (Skalen) enthalten. Zur Aggressionshemmung, dem fünften Faktor, heißt es etwa: «Nur 10 Items bilden den 5. Faktor; sie beschreiben Aggressionshemmungen bzw. allgemeine Gehemmtheiten. Der Faktor erweist sich ansatzweise als Gegenspieler gegenüber dem Faktor 1 [...; Anm.: *Faktor 1 bezeichnet spontane Aggressionen*]. Dennoch bestimmen diese Hemmungen auch bei stärkerer Ausprägung das offene Verhalten nicht deutlich genug [...]; evtl. bringen sie nur ein Wissen um gängige ‹Spielregeln› zum Ausdruck. Hohe Werte sprechen u. E. für selbstquälerische ‹Gewissensaktivitäten›, niedrige eher für skrupellose Einstellungen im sozialen Bereich» (S. 11 f.; Auslassungen und Anm. durch d. Verf.). Im Beispiel wird *skrupellos* also mit *krass* übersetzt, aus den *Einstellungen* werden *Auffassungen*. Aus psychologischer Sicht sind dies keine synonymen Begriffe!

Beispiel aus einem studentischen Gutachten. Dargestellt sind Ergebnisse aus dem NEO Persönlichkeitsinventar nach Costa und McCrae (NEO-PI-R; Ostendorf & Angleitner, 2004). In der Facette *Reizbarkeit* wird ein *T*-Wert von 43 (KI[33;53]) errechnet. Im Gutachten heißt es dazu: «Hier beschreibt sich Frau W. als unterdurchschnittlich bis durchschnittlich. Sie ist nicht so schnell beleidigt und nimmt nichts so leicht übel». Der letzte Satz entspricht der Interpretation des Gutachtenerstellers, nicht aber jener der Autoren des Verfahrens. Diese ist aber letztlich maßgebend für die korrekte Interpretation! Allerdings findet sich im Manual des NEO-PI-R sehr wohl eine Beschreibung des Persönlichkeitsbildes, das in verständlicher Form Hintergrundinformationen zu Testergebnissen liefert. Hier findet sich zur Reizbarkeit folgende Erklärung: «Personen mit niedrigen Punktwerten schätzen sich als gleichmütig ein und meinen von sich, dass sie nicht so leicht wütend werden» (S. 5). Wenn sich hier auch Ähnlichkeiten zu den gewählten Beschreibungen finden, so muss hinterfragt werden, ob *nicht schnell beleidigt sein* dasselbe ist wie *nicht so leicht übel nehmen*, sowie, ob *sich als gleichmütig einschätzen* dasselbe ist wie *nicht so leicht wütend* werden! Im Zweifelsfall ist der Wortlaut im Manual einzuhalten. Darüber hinaus sei noch darauf hingewiesen, dass im zitierten Satz die Zeitform falsch gewählt wurde, die Formulierung nicht gelungen ist, und im Nebensatz von der Selbstbeschreibung im Fragebogen auf tatsächliches Verhalten (ohne Einbeziehen von Zusatzinformationen, wie es in der Stellungnahme, s. u., möglich wäre) geschlossen wird und dadurch die Aussagegrenzen des Verfahrens verletzt werden (s. u.).

Zurück zur Skala *Achievement* im PRF. Im Manual der PRF wird für jede Skala eine Beschreibung für Personen mit hohen Ausprägungen gegeben. Darüber hinaus werden eine Reihe merkmalsbeschreibender Adjektive genannt. **Tabelle 3** gibt die entsprechenden Formulierungen für die Skala Achievement (Ac) wieder.

Für die weiteren Überlegungen soll angenommen werden, dass eine Person in dieser Skala einen überdurchschnittlichen Wert erzielt. Anhand der Merkmals-

Tabelle 3: Charakterisierung einer Person mit überdurchschnittlichen Werten (*hohe Merkmalsausprägungen*) in der Ac-Skala des PRF.

Beschreibung	Adjektive
Strebt danach, schwierige Aufgaben zu lösen; stellt sich hohe Anforderungen und ist gewillt, auf ferne Ziele hinzuarbeiten; geht selbstsicher auf Wettbewerb ein; nimmt bereitwillig Mühen auf sich, um hervorragende Leistungen zu vollbringen.	Strebsam, beharrlich, fähig, zielstrebig, nach Leistung strebend, fleissig, rührig, nach Erfolg strebend, unternehmend, an sich arbeitend, produktiv, energisch, ehrgeizig, findig, wetteifernd.

beschreibungen aus Tabelle 3 werden die Ergebnisse im Gutachten wie folgt dargestellt:

Herr A. beschrieb sich als überdurchschnittlich (oder: in überdurchschnittlichem Maß) danach zu streben, besondere Leistungen zu vollbringen und bereit zu sein, viel Arbeit und bereitwillig Mühen auf sich zu nehmen, um hervorragende Leistungen zu vollbringen [PR kommentieren!].

Hier wurde eine Auswahl an geeigneten Beschreibungen aus dem Handbuch getroffen. Eine alternative Darstellungsweise wäre die Verwendung der Adjektive. Eine entsprechende Darstellung würde beispielhaft lauten:

Herr A. beschrieb sich als überdurchschnittlich strebsam, beharrlich, fähig, zielstrebig, nach Leistung strebend, fleissig, rührig, nach erfolg strebend, unternehmend, an sich arbeitend, produktiv, energisch, ehrgeizig, findig und wetteifernd [PR kommentieren!].

Wird dieses Ergebnis an anderer Stelle (nicht im Gutachten) berichtet, dann ist wieder eine Darstellungsweise analog zu der beim Intelligenztest vorgestellten zu wählen (s. o.).

Wenn im Handbuch sowohl eine verhaltensbasierte als auch eine adjektivbasierte Beschreibung enthalten ist, obliegt es der begutachtenden Person eine geeignete Auswahl zu treffen. Eine verbindliche Regelung gibt es nicht. Je weniger der *charakteristischen* Formulierungen ausgewählt werden, desto größer ist die Gefahr, dass die Ergebnisdarstellung den Ansprüchen an die Interpretations-Objektivität nicht mehr genügt. Dennoch wird in der Praxis zumeist so vorgegangen, dass eine Nennung aller Adjektive in der Regel nicht unbedingt erfolgt und diese auch nicht als ökonomisch zu sehen ist.

Vorsicht ist bei der Interpretation der Ergebnisse geboten, wenn ein Wert unterdurchschnittlich ausgeprägt ist. Hier darf in keinem Fall der Fehler gemacht werden, die Adjektive aus dem Manual auf eigene Faust in ihr Gegenteil umzukehren und dies als Beschreibung in das Gutachten aufzunehmen (es sei denn, dass es im Manual einen Hinweis darauf gibt, dass das zulässig ist und die Interpretation auf diese Weise erfolgen soll). Das Problem dabei ist zum einen, dass nicht alle Personen, die ein Gutachten verfassen, *dieselben* gegenteiligen Worte verwenden würden und somit die Ergebnisinterpretationen zwischen mehreren

Gutachtenschreibern nicht vergleichbar wären. Zum anderen bedeutet eine unterdurchschnittliche Ausprägung in der Skala nicht automatisch, dass das gegenteilige Adjektiv (also die entgegengesetzte *Persönlichkeitseigenschaft*) überdurchschnittlich ausgeprägt sein muss – vielmehr bedeutet das, dass sich die Testperson eben als unterdurchschnittlich in Bezug auf die jeweiligen Adjektive beschrieben hat. In vielen Handbüchern werden allerdings sowohl für unter- als auch für überdurchschnittliche Ausprägungen charakteristische Adjektive genannt, so dass dieses Problem nicht bei allen Fragebogen gleichermaßen auftritt. Selbstverständlich gibt es aber auch Skalen, die bipolar angelegt sind. Ein klassisches Beispiel wäre eine Skala, die «Introversion vs. Extraversion» lautet. Hier würde eine niedrige Ausprägung bedeuten, dass die Testperson sich als introvertiert und eine hohe Ausprägung würde bedeuten, dass sie sich als extravertiert beschrieben hat.

In der PRF werden für jede Skala auch Angaben zu unterdurchschnittlichen Ausprägungen gemacht. In **Tabelle 4** wird die Beschreibung für die Skala *Achievement* wiedergegeben.

Sind die Werte in der Ac-Skala im PRF unterdurchschnittlich ausgeprägt, dann ist die Interpretation auf Basis der Angaben in Tabelle 4 vorzunehmen. *Wie sind durchschnittliche Ausprägungen zu interpretieren?* In diesem Fall ist zu empfehlen, Formulierungen zu wählen wie: «Herr G. beschrieb sich als in durchschnittlichem Maß danach zu streben/strebend, besondere Leistungen zu vollbringen und in durchschnittlichem Maß bereit zu sein, Arbeit und große Mühen auf sich zu nehmen, um hochgesteckte Ziele zu erreichen [PR kommentieren!].»

In vielen anderen Fragebogen findet sich für jede der Skalen eine allgemeine Beschreibung des Konstrukts. In so einem Fall kann die Ergebnisdarstellung dann analog zu jener bei Leistungstests erfolgen. Auch eine Kombination aus beiden Darstellungsweisen ist möglich: Zunächst wird demnach eine allgemeine Beschreibung gegeben, dann werden die Werte der Testperson nach den fünf vorgestellten Kategorien klassifiziert; es folgt die Nennung von Adjektiven/Beschreibung aus dem Manual für über-/unterdurchschnittliche Werte und schließlich Nennung der Prozentränge. Am Ende des Kapitels wird ein allgemeines Schema zur Ergebnisdarstellung bei Persönlichkeitsfragebogen wiedergegeben.

Einige allgemeine Anmerkungen: Wichtig ist bei Fragebogen der Hinweis darauf, dass Ergebnisse immer in der Form «Herr N. **beschrieb** sich als … » dargestellt werden. Ein grober Fehler wäre es, wenn im Gutachten bei der Darstellung der Ergebnisse stehen würde: «Herr N. **ist** ….»

Tabelle 4: Charakterisierung einer Person mit unterdurchschnittlichen Werten (*niedriger Merkmalsausprägung*) in der Ac-Skala des PRF.

Beschreibung
Legt niedrigen Wert darauf, besondere Leistungen zu vollbringen; nimmt ungern große Mühen auf sich, um auf ferne, hochgesteckte Ziele hinzuarbeiten.

Ein Beispiel aus dem Gutachten einer Praktikerin. Vorgegeben wurde das Freiburger Persönlichkeitsinventar (FPI, im Übrigen fehlt im Gutachten die genaue Literaturreferenz. Dass es sich eigentlich um das FPI-R oder das FPI-A1 handelt, kann also nicht ausgeschlossen werden; für das FPI-R das Zitat: Fahrenberg, Hampel & Selg, 2001) und beschrieben wird die Skala *Soziale Orientierung.*

«Soziale Orientierung: Ein Prozentrang von 84 bedeutet, dass er hilfsbereit ist und sich sozial verantwortlich fühlt.»

Abgesehen davon, dass die Konfidenzintervalle in der Ergebnisdarstellung nicht berücksichtigt wurden, ist die Frage zu stellen, ob die Aussage, dass der Klient hilfsbereit *ist* und sich sozial verantwortlich *fühlt* allein aufgrund des Fragebogenergebnisses gerechtfertigt ist? Die Frage kann eindeutig mit *nein* beantwortet werden – er *beschrieb* sich auf diese Weise. Wie an späterer Stelle noch ausgeführt wird, ist eine Aussage darüber, ob die Person tatsächlich so **ist**, erst durch die Integration von Ergebnissen aus verschiedenen Informationsquellen möglich.

Dass sich eine Person in einem Fragebogen als extravertiert *beschrieben* hat, heißt nicht automatisch, dass sie auch tatsächlich extravertiert *ist* (selbstverständlich heißt es aber auch nicht automatisch, dass sie es *nicht ist* – auf die korrekte Darstellung im Gutachten kommt es an!). Sie könnte sich so beschreiben, weil sie eine verzerrte Wahrnehmung ihres eigenen Verhaltens hat, sich bewusst als extravertiert (oder extravertier*ter*) darstellen möchte (z. B. weil sie sich für einen Job als Verkäufer bewirbt) oder aus dem Wunsch heraus, den Vorstellungen anderer zu genügen. Auch unbewusste Antwortverzerrungen sind denkbar, wenn in einer relevanten Bezugsgruppe (etwa die Peers bei Jugendlichen) eine gewisse Eigenschaft als besonders erstrebenswert gilt, kann diese unter Umständen soweit verinnerlicht werden, dass sie in der Selbstbeschreibung zum Vorschein kommt, ohne Bezug zur eigentlichen Persönlichkeit zu haben. Die Aussage, ob bzw. dass jemand eine bestimmte Eigenschaft hat (also z. B. extravertiert *ist*) kann also in einem Gutachten erst zu einem späteren Zeitpunkt nur durch die Kombination verschiedener Informationsquellen getroffen werden. Wenn sich jemand zum Beispiel in einem Fragebogen als extravertiert beschreibt, in der Verhaltensbeobachtung «extravertiertes Verhalten» zeigt (ein Beispiel wäre, offen und unaufgefordert über Details aus dem Privatleben zu berichten), in der Anamnese Aktivitäten schildert, die auf extravertiertes Verhalten schließen lassen (ein Beispiel wäre, in der Freizeit als Vortänzer in einer Disko aufzutreten o. ä.), dann scheint die Aussage gerechtfertigt. Alleine aufgrund eines Fragebogenergebnisses oder allgemein aufgrund einer einzelnen Informationsquelle kann so eine Aussage *nicht* getroffen werden.

Zusammenfassend sind bei der Wiedergabe von Ergebnissen aus Fragebogen in der ersten Zeile der Name der Skala, das Ergebnis als Normwert, dazu Konfidenzintervall und Prozentrang anzuführen. Weiter ist im Anschluss an die Darstellung der Ergebnisse der Prozentrang zu verbalisieren. Das allgemeine Schema entspricht also weitgehend jenem bei Leistungstests. Bei Zusammenfassung der in diesem Kapitel vorgestellten Vorgehensweisen ergeben sich zwei mögliche allgemeine Schemata bzw. eine Kombination.

Wenn im Manual keine allgemeine Beschreibung der Skala gegeben wird, sondern über- bzw. unterdurchschnittliche Ausprägungen beschrieben werden:

Name des Untertests/der Skala/des globalen Kennwerts
(Normwert [Konfidenzintervall]; Prozentrang).
Die Klassifizierung des Kennwerts nach unterdurchschnittlichem, unterdurchschnittlichem bis durchschnittlichem, durchschnittlichem, durchschnittlichem bis überdurchschnittlichem oder überdurchschnittlichem Ergebnis erfolgt anhand der Beschreibungen aus dem Manual («*Der Klient bzw. die Klientin beschrieb sich als ...*»); Verbalisierung des Prozentrangs.

Wenn im Manual eine allgemeine Beschreibung der Skala, aber keine Beschreibung über- bzw. unterdurchschnittlicher Ausprägungen gegeben wird:

Name des Untertests/der Skala/des globalen Kennwerts
(Normwert [Konfidenzintervall]; Prozentrang)
Beschreibung aus dem Manual, was der Untertest/die Skala/der Kennwert misst. Klassifizierung des Kennwerts nach unterdurchschnittlichem, unterdurchschnittlichem bis durchschnittlichem, durchschnittlichem, durchschnittlichem bis überdurchschnittlichem oder überdurchschnittliche Ergebnis («*Der Klient bzw. die Klientin beschrieb sich als ...*»); Verbalisierung des Prozentrangs.

Eine Kombination aus den beiden Vorgehensweisen: Wenn im Manual eine allgemeine Beschreibung der Skala gegeben wird und über- bzw. unterdurchschnittliche Ausprägungen beschrieben werden:

Name des Untertests/der Skala/des globalen Kennwerts
(Normwert [Konfidenzintervall]; Prozentrang)
Eine allgemein gehaltene Beschreibung aus dem Manual, was der Untertest/die Skala/der Kennwert misst. Die Klassifizierung des Kennwerts nach unterdurchschnittlichem, unterdurchschnittlichem bis durchschnittlichem, durchschnittlichem, durchschnittlichem bis überdurchschnittlichem oder überdurchschnittlichem Ergebnis erfolgt anhand der Beschreibungen aus dem Manual («*Der Klient bzw. die Klientin erzielte in dieser Skala einen ... Wert. Das bedeutet, er beschrieb sich als ...* »); Verbalisierung des Prozentrangs.

Bei der Ergebnisdarstellung sollte ein einheitliches Schema festgelegt und über das gesamte Gutachten hinweg konsequent beibehalten werden. Das geht zwar auf Kosten der sprachlichen Ausgestaltung, aber wie bereits erwähnt sind Gutachten ohne künstlerisch-literarische Ansprüche zu verfassen. In literarischen oder

Sachtexten störende Wortwiederholungen sind zugunsten der Übersichtlichkeit in Kauf zu nehmen.

Gelegentlich kann es im Rahmen einer Ergebnisrückmeldung hilfreich oder notwendig sein, einzelne besonders charakteristische oder extreme Antworten bzw. Angaben in einem Fragebogen anzusprechen. Bei klinischen Fragestellungen kommt beispielsweise jenen Items eine Sonderstellung zu, die Hinweise auf selbstschädigendes Verhalten liefern. In jedem Fall ist eine in einem klinischen Fragebogen geäußerte Absicht zu autoaggressiven Handlungen zu thematisieren.

Diese Vorgehensweise kann auch als Ausgangspunkt bzw. Anknüpfungspunkt für spätere Interventionen dienen. Zu beachten ist aber, dass die Intervention und der psychologisch-diagnostische Prozess zwei getrennt voneinander ablaufende Situationen sind (wobei unbestritten ist, dass in vielen Fällen die Gutachtenerstellung selbst bzw. einzelne Elemente aus dem psychologisch-diagnostischen Prozess – etwa die Anamneseerhebung – den Charakter einer Intervention bekommen *können*, obwohl das nicht beabsichtigt ist). Wird eine Intervention von einem Gutachter bzw. einer Gutachterin selbst durchgeführt, so bedeutet dies einen neuen Auftrag und den Beginn eines neuen Prozesses, der neue Vereinbarungen zwischen den Beteiligten erfordert.

8.3.
Ergebnisdarstellung bei Objektiven Persönlichkeitstests: Allgemeine Hinweise

Bei Objektiven Persönlichkeitstests (Cattell & Warburton, 1968; Schmidt, 1975; Ortner, Proyer & Kubinger, 2006) handelt es sich nicht einfach um *objektive* Tests i. S. des Gütekriteriums bzw. nicht nur um verrechnungsfaire Tests, sondern um spezielle Verfahren, die Aufschlüsse über die Persönlichkeit einer Person aufgrund der Beobachtung ihres Verhaltens bei der Lösung spezieller (meist) leistungstestähnlicher Aufgaben geben. Wesentliches Merkmal dieser Tests ist, dass die Testperson sich selbst *nicht beurteilen* muss. Als Definition von Verfahren dieser Art schlägt Schmidt (1975) vor:

> *Objektive Tests* (T-Daten) zur Messung der Persönlichkeit und Motivation sind Verfahren, die unmittelbar das Verhalten eines Individuums in einer standardisierten Situation erfassen, ohne dass dieses sich in der Regel selbst beurteilen muss. Die Verfahren sollen für den Pb keine mit der Messintention übereinstimmende Augenschein-Validität haben. Das kann durch die Aufgabenauswahl oder bestimmte Auswertungsmethoden erreicht werden. Um als Test zu gelten, müssen auch die Objektiven Verfahren den üblichen Gütekriterien psychologischer Tests genügen (S. 19).

Das bedeutet, dass eine Selbstbeschreibung hier nicht vorgesehen ist. Mit Verfahren dieser Art werden persönlichkeitsrelevante Aspekte auf der *Verhaltensebene* erfasst. Das hat den Vorteil, dass Objektive Persönlichkeitstests wesentlich weniger anfällig für Verfälschungen (*sozial erwünschte Antworten*) sind als Persönlichkeitsfragebogen. Der Einsatz Objektiver Persönlichkeitstests ist daher auch bezogen auf die Forderung nach einem multimethodischen Zugang von Interesse. Aufgrund dieser Eigenschaft können Objektive Persönlichkeitstests auch in der berufsbezogenen Eignungsbeurteilung eine wichtige Rolle spielen. Verschiedene Anwendungsbeispiele aus der Praxis werden bei Ortner, Proyer und Kubinger (2006) dargestellt.

Die Ergebnisdarstellung bei Objektiven Persönlichkeitstests ist insofern ein Sonderfall, als hier Informationen über die Persönlichkeit in der Regel über leistungstestähnliche Aufgaben gewonnen werden. Im Gegensatz zu Persönlichkeitsfragebogen beschreibt sich die Testperson hier *nicht*. Die im Abschnitt *Ergebnisdarstellung bei Persönlichkeitsfragebogen* vorgestellte Formulierung (die Testperson beschrieb sich als …) ist daher nicht zutreffend. Dennoch gilt auch hier, dass erst die Aggregierung über verschiedene Informationsquellen Aussagen über die Persönlichkeit zulässt. Daher wird empfohlen, die Ergebnisse aus Objektiven Persönlichkeitstests wie folgt darzustellen:

> Im Objektiven Persönlichkeitstest <NAME> erzielte die Person in der Skala <NAME> ein unterdurchschnittliches/unterdurchschnittliches bis durchschnittliches/durchschnittliches/durchschnittliches bis überdurchschnittliches/überdurchschnittliches Ergebnis. Ein Prozentrang von <WERT EINFÜGEN> bedeutet, dass <WERT EINFÜGEN> Personen aus der Vergleichsstichprobe bezogen auf die <SKALEN-/TESTBESCHREIBENDEN TEXT AUS DEM MANUAL EINFÜGEN> einen gleich hohen oder niedrigeren Wert erzielten.

Wenn im Handbuch zusätzliche Angaben zur Interpretation dargestellt werden, sind diese in die Darstellung einzubeziehen.

> *Beispiel.* Im Belastbarkeitstests BAcO-D (Ortner et al., 2006) ist es im Untertest «Ungünstige Arbeitsbedingungen» Aufgabe der Person, Informationen in virtuellen Ordnern zu suchen und einzugeben. Dabei treten Störungen auf (z. B. Bild zittert, Mauspfeil lässt sich erschwert steuern). Es ergeben sich drei Kennwerte: Arbeitsqualität (Anteil gelöster Aufgaben), Arbeitsquantität (Anzahl bearbeiteter Aufgaben) und Bearbeitung (indiziert Testabbruch). Im Handbuch findet sich folgender Formulierungsvorschlag für die Ergebnisdarstellung bei überdurchschnittlichen Werten und keinem Abbruch:
> *Die Person bricht die Erledigung ihres Arbeitszieles auch bei ungünstigen Arbeitsbedingungen nicht ab. Darüber hinaus arbeitet sie zumindest mit überdurchschnittlicher Qualität und zeigt dabei überdurchschnittlich viele Lösungsversuche (S. 38).*

8.4.
Ergebnisdarstellung bei Semiprojektiven Verfahren

Bei semiprojektiven Tests wird eine Person bei der Testung mit mehrdeutigem Test-/Reizmaterial konfrontiert. Sie wird *nicht* dazu aufgefordert, zum Testmaterial frei zu assoziieren, sondern eine von mehreren vorgegebenen Antwortmöglichkeiten auszuwählen. Dadurch wird versucht, Probleme Projektiver Verfahren hinsichtlich ihrer Gütekriterien zu umgehen und die Auswertung der Ergebnisse sowie die Ergebnisinterpretation zu standardisieren.

Ein Beispiel für ein semiprojektives Verfahren ist das Multi-Motiv-Gitter (MMG; Schmalt, Sokolowski & Langens, 2000) zur Erfassung der drei Motive Leistung, Macht und Anschluss. Jedes Item enthält ein mehrdeutiges Bild (gezeichnete Menschen ohne Gesichtszüge) und vorgefertigte Antwortoptionen. Die Person hat die Aufgabe, das Bild zu interpretieren und im Anschluss daran anzugeben, welche der Antwortoptionen ihrer Meinung nach auf die im Bild dargestellte Situation zutreffen bzw. nicht zutreffen. Anhand dieses Tests sollen Informationen gewonnen werden, die über Selbstbeschreibungsverfahren nicht zugänglich sind. Die Autoren halten fest, dass die «mittels des MMG und die mittels Selbstreporten gewonnenen Kennwerte voneinander unabhängig sind. Im MMG werden also nicht nur die bewusst repräsentierten Aspekte des Selbstkonzepts der Person erfasst, sondern auch bewusst nicht zugängliche Bewertungsvoreingenommenheiten» (S. 5; aus dem Handbuch der Computerfassung).

Obwohl hier nicht bewusst zugängliche Informationen einfließen, entstammen diese doch einer subjektiven Interpretation. Demgemäß kann die *Ergebnisdarstellung analog zu jener bei Persönlichkeitsfragebogen* erfolgen. Allenfalls kann man bei der Stellungnahme bzw. Interpretation der Ergebnisse (bzw. deren Gewichtung im Rahmen der gesammelten Informationen) darauf Bezug nehmen, dass diese Verfahren im Vergleich zu Fragebogen nicht (oder zumindest weniger) für bewusste Verfälschungen anfällig sind. Grundvoraussetzung dafür ist allerdings, dass im Testhandbuch und in der einschlägigen Fachliteratur empirische Studien berichtet werden, die dies stützen.

8.5.
Ergebnisdarstellung bei Nonverbalen diagnostischen Verfahren

So genannte *Nonverbale Verfahren* gibt es im Persönlichkeitsbereich, zu nennen ist hier etwa das *Five-Factor Non-verbal Personality Questionnaire* (FF-NPQ; Paunonen, Ashton & Jackson, 2001) oder der *Foto-Interessen-Test* (FIT 2006; Stoll, Jungo, Toggweiler, 2006) aber auch bei der Erfassung von Leistungsaspekten. Hier sind vor allem die *Grundintelligenztest-Skalen* zu nennen; wie die *Grundintelligenztest Skala 1* (CFT-1; Cattell, Weiss & Osterland, 1997), die *Grundintelligenztest Skala 2* (CFT-20; Weiss, 1998) oder die *Grundintelligenztest Skala 3*

(CFT-3; Cattell & Weiss, 1971). Wobei CFT jeweils für *Culture-Fair-Test* steht. Dass diese Tests tatsächlich frei von Einflüssen der *Kultur* (gemeint ist sowohl das Land, in dem der Test entwickelt wurde, als auch die Kultur, der eine Person angehört) sind, kann aber nicht für alle Kulturen angenommen werden, so dass es besser ist von *Sprachunabhängigkeit* zu sprechen. Es handelt sich um Verfahren, zu deren *Bearbeitung* keine sprachliche Kompetenz erforderlich ist. *Achtung*: Das bedeutet in vielen Fällen nicht, dass auch die Instruktion in standardisierter Form sprachfrei vorgegeben werden kann! Es bedeutet auch nicht, dass auszuschließen ist, dass eine Testperson eine Antwort oder Antwortmöglichkeiten still für sich verbalisiert (bzw. es ihr frei steht das zu tun). Allein die *Antwort wird sprachunabhängig* gegeben. Im Leistungsbereich ist hier vor allem an Matrizentests (nicht aber *Reasoning*-Tests im Allgemeinen!) zu denken. Darüber hinaus gibt es für einige Intelligenztests (zumindest für einige Untertests) sprachfreie Instruktionen (z. B. für den AID-2; Kubinger, 2009). Der große Vorteil dieser Verfahren ist, dass sie die psychologisch-diagnostische Arbeit mit Personen nicht-deutscher Muttersprache, mit schlechten Deutschkenntnissen oder mit mangelhafter sprachlicher Kompetenz erleichtern bzw. erst ermöglichen. Auch aus differenzialdiagnostischer Sicht können genannte Verfahren großen Nutzen für einen diagnostischen Prozess bringen. Sie erlauben es, Leistungen zu erfassen, die nur in geringem Maß früherer Lernerfahrungen bedürfen, auch bezeichnet als fluide (*fluid*) Intelligenz, im Gegensatz zur kristallisierten (*crystallized*) Intelligenz, die durch Lernerfahrungen «wächst» (z. B. Cattell, 1978). Wenn eine Person bei Aufgaben, die Anteile fluider Intelligenz erfassen, besser abschneidet, als bei den Tests zur kristallisierten Intelligenz, ist unter Umständen noch ein weiteres «Kristallisieren» der Intelligenz möglich (und unter günstigen gegebenen Voraussetzungen zu erwarten). Fallen die Leistungen hingegen bei Aufgaben zur kristallisierten Intelligenz besser aus, so spielen Umweltbedingungen und die daraus erworbenen Kompetenzen eine größere Rolle für das Resultat. Neben dem Einsatz der weiter oben genannten nonverbalen kognitiven Tests als Indikator für fluide Intelligenz, ist auch im I-S-T 2000 R ein Vergleich zwischen fluider und kristallisierter Intelligenz möglich. Im AID-2 wird im Handbuch ein Vergleich von förderabhängigen und förderunabhängigen Untertests angeregt.

Die Ergebnisdarstellung erfolgt auch hier analog zur Vorgehensweise bei Leistungstest bzw. bei Persönlichkeitsfragebogen.

8.6.
Ergebnisdarstellung bei Projektiven Verfahren

Der Einsatz von so genannten Projektiven Verfahren wird vor allem in der neueren Literatur (Kubinger, 2006; Rollett, 2003) aufgrund der Schwierigkeiten des Nachweises der Erfüllung der Gütekriterien kritisiert. Ein Beispiel dazu aus einer Testkritik für die *Familie in Tieren* (Brem-Gräser, 2006) von Petermann (1997): «Berücksichtigt man die üblichen Vorgaben der Psychologischen Diagnostik, so erscheint der Einsatz der Familie in Tieren als *Test* nicht verantwortbar und als Explorationshilfe zu spekulativ und nicht interpretierbar» (S. 92; s. a. Döpfner et al., 2000). Westhoff, Terlinden-Arzt und Klüber (2000) halten bezogen auf Gutachten für das Familiengericht fest: «… ist die Interpretation der Äußerungen eines Probanden im diagnostischen Einzelfall so unsicher, dass wir von der Verwendung projektiver Verfahren zu diagnostischen Zwecken abraten» (S. 107).

Ein historisches Beispiel. Beispiele aus der älteren Literatur in Bezug auf Projektive Verfahren sind aus Sicht des diagnostischen State-of-the-Art häufig abschreckend: Bei Zulliger (1969) wird etwa in einem Fallbeispiel das folgende «Psychogramm» einer 18jährigen Klientin aus ihren Interpretationen zu drei Tafeln mit Bildern (ähnlich jenen im Rorschach-Formdeute-Versuch) abgeleitet: «L. B. ist in zweierlei Richtungen hin gefährdet: sie könnte stehlen (wenn sie dies nicht bereits tut), und sie ist dirnenhaft veranlagt: stärkste sexuelle Bedürfnisse, Undiszipliniertheit, Dummheit und das Verlangen nach modischen Dingen treiben sie, und sie *lässt* sich treiben. Es zeichnet sich das Bild einer Dirne, die Raubdirne werden könnte» (S. 114).

Trotz der immer wieder vorgebrachten Kritik sind Projektive Verfahren in der Praxis beliebt und werden häufig eingesetzt (Leitner, 2000; Hänsgen, 2000, 2005). Wenn auch neuere Auswerterichtlinien entwickelt wurden, zum Beispiel für das Rorschach-Form-Deute-Verfahren (vgl. z. B. Bohm, 2004; Exner, 1993, 2003, 2005), stehen eindeutige Befunde zur Erfüllung der Gütekriterien noch aus. Aus dem gegenwärtigen Stand der Fachliteratur lässt sich die deutliche Empfehlung ableiten, Projektive Verfahren ausschließlich zur *Hypothesengenerierung* einzusetzen. Dies gilt auch für den Fall, dass anhand anderer diagnostischer Techniken (Interview, Exploration, Fragebogen) keine Informationen gewonnen werden können (beispielsweise in bestimmten Fällen bei der Arbeit mit Kindern). Die auf Grundlage Projektiver Verfahren abgeleiteten Hypothesen sind in einem zweiten Schritt durch psychometrisch abgesicherte Verfahren zu prüfen.

Für Projektive Verfahren kann *kein einheitliches Schema* zur Ergebnisbeschreibung herangezogen werden. Das liegt zum einen daran, dass die Verfahren untereinander sehr unterschiedlich sind, und zum anderen daran, dass es keine *allgemein gültigen* Richtlinien gibt, welche Kennwerte interpretiert werden sollen bzw. ob überhaupt Kennwerte interpretiert werden sollen oder ob nicht besser eine globale Interpretation der Ergebnisse erfolgen soll. Werden Ergebnisse berichtet, so sollte das im Ergebnisteil auf rein deskriptiver Ebene (z. B. bei *Familie in Tieren*) erfolgen. In der späteren Interpretation sind die *Aussagegrenzen* einzubeziehen. Stehen Kennwerte zur Verfügung (etwa für die Realitätsanpassung, Tenazität der Aufmerksamkeit, Perseverationen oder Stereotypieindex bzw. Erlebnis- oder Erfassungstyp im Rorschach-Form-Deute-Verfahren), dann sind diese in analoger Weise ins Gutachten zu übernehmen wie die zuvor beschriebenen Leistungstests und Persönlichkeitsfragebogen. In der Regel stehen allerdings *keine*

Vergleichsnormen zur Verfügung. Daher muss sich die Darstellung auf die Nennung der Häufigkeit einer bestimmten Antwort oder Antwortkategorie (etwa *Hell-Dunkel*-Antworten im Rorschach-Form-Deute-Verfahren) beschränken. Ist in manchen Fällen schon die Bewertung der Antworten bei Projektiven Verfahren schwierig, so wird durch die Kommunikation der erhobenen Kennwerte (sofern verfügbar) eine Mindestanforderung an die Objektivierbarkeit und Nachvollziehbarkeit der Ergebnisse erfüllt. In jedem Fall gilt allerdings: *Die Ergebnisse müssen durch zusätzliche Informationsquellen und durch Verfahren mit nachweislich guten psychometrischen Kennwerten abgesichert werden.*

Hinweis. Bewerberauswahl mit Tintenklecksen? Spätestens seit der Verabschiedung der DIN 33430 kann zumindest festgehalten werden, dass der Einsatz Projektiver Verfahren in der berufsbezogenen Eignungsbeurteilung nicht möglich ist (DIN, 2002; Kubinger & Proyer, 2005), da für diese Verfahren der *nachweisliche Bezug zu berufsbezogenen Anforderungen nicht erbracht* werden kann. Das gilt im Übrigen in gleichem Maß für Verfahren, die zur Verwendung in der *Klinischen Psychologie* entwickelt wurden.

FAZIT: Bei der Darstellung von Ergebnissen unterschiedlicher Verfahrensklassen sind Besonderheiten zu berücksichtigen. Gemeinsam ist allen Formen die möglichst *vollständige* und *nachvollziehbare* Darstellung sämtlicher relevanter Untersuchungsergebnisse. Sämtliche Ergebnisse werden in diesem Teil des Gutachtens nur wiedergegeben, *nicht* interpretiert.

9 Gelegenheitsbeobachtung und ihre Darstellung

Die Testsituation als Quelle für eine zumindest unsystematische Gelegenheitsbeobachtung zu nutzen ist nicht nur unter ökonomischen Überlegungen sinnvoll, sondern auch informativ. Die Befragungs- und Testsituation stellt für viele Personen eine besonders weit- bzw. nahegehende Beschäftigung mit den eigenen Eigenschaften, Fähigkeiten und Leistungsmaßstäben dar. So sind beispielsweise Motivations- und Emotionszustände von Personen aus Ergebnissen in Leistungstests *nicht* ablesbar. Auf sie kann aber in bestimmten Fällen über die Registrierung von Bemerkungen und Verhaltensweisen (z. B. Indikatoren für Erschöpfung) der begutachteten Person während der Bearbeitung von psychologisch-diagnostischen Verfahren geschlossen werden. Die Gelegenheitsbeobachtung ist die häufigste Form der Beobachtung und sollte routinemäßig im Rahmen jeder Begutachtung erfolgen.

Hinweis. Die Gelegenheitsbeobachtung soll Informationen darüber geben, wie einzelne Abschnitte im psychologisch-diagnostischen Prozess abgelaufen sind. Formale Aspekte sind dabei von großer Bedeutung. Ungünstig ist es beispielsweise, die Beobachtungen während des Gesprächs mehrdeutig einzuleiten. In einem studentischen Gutachten war dazu etwa zu lesen, dass für die Testperson «das Gespräch und die Testdurchführung nicht unangenehm gewesen» seien. Es stellt sich die Frage, warum diese Teile *unangenehm* hätten sein sollen. Lesern stellt sich hier u. U. die Frage, ob die Testperson vor der Testung geäußert hat, dass sie «nervös» oder «aufgeregt» sei bzw. von Tests «gar nichts» halte oder aber den Testergebnissen sehr großes Gewicht beimisst; ob also Informationen vorliegen, die darauf schließen lassen, dass die Testperson erwartet hat, dass die Testung und/oder das psychologisch-diagnostische Gespräch *unangenehm* werden würden.

Aus der Gelegenheitsbeobachtung in den verschiedenen Phasen des diagnostischen Prozesses können wichtige Informationen gewonnen werden, die für sich oder zusammen mit Ergebnissen aus anderen Informationsquellen (z. B. bei der Interpretation von Testergebnissen) wichtige Hinweise in Bezug auf eine Fragestellung geben können.

Beispiel. Einfach vorstellbar ist eine Gelegenheitsbeobachtung anhand zweier Personen, die denselben Test bearbeiten: Angenommen eine der beiden scheint während der Testbearbeitung unkonzentriert zu sein, sieht häufig aus dem Fenster, wirkt «abwesend» und «desinteressiert», sieht häufig auf die Uhr, mit lässiger Sitzhaltung und seufzt häufig. Im Gegensatz dazu kann man sich eine andere Person bei der Testbearbeitung vorstellen: mit gerunzelter Stirn über den Aufgaben sitzend, sehr konzentriert wirkend, angestrengt nachdenkend wirkend und sich durch nichts von den Aufgaben ablenken lassend. Wenn nun beide Personen unterdurchschnittliche Ergebnisse in dem Test erzielen, dann ergeben sich aus der Beobachtung unterschiedliche Implikationen für die Interpretation. Während im ersten Fall offen ist, ob die Motivation zur Testung einen Einfluss auf die Ergebnisse hat, kann im zweiten Fall aus der Beobachtung darauf geschlossen werden, dass die Person mit Ehrgeiz und Motivation an den Aufgaben gearbeitet hat.

Auch sprachliche Äußerungen können in der Gelegenheitsbeobachtung Erwähnung finden. Festzuhalten sind jedenfalls Häufigkeiten und Intensität von beobachteten Verhaltensweisen. Nicht nur Beobachtungen *während* der Testsituation können genutzt werden. So kann es beispielsweise auch interessant sein, in der Gelegenheitsbeobachtung festzuhalten, ob eine Person zum Testtermin pünktlich erschienen ist oder nicht. Wichtig ist darauf hinzuweisen, dass diese unsystematisch gesammelten Beobachtungen weder unter- noch überinterpretiert werden dürfen. In studentischen Gutachten ist auffällig, dass mitunter unterdurchschnittliche Testergebnisse durch Beobachtungen «relativiert» werden. Das mag auch damit zusammenhängen, dass es zu Beginn wohl schwerer fällt, negative Rückmeldungen zu Testleistungen zu geben. Es mag sein, dass von Studierenden häufig (oftmals gegen die ausdrücklich gegebene Empfehlung/Vorgabe in der Lehrveranstaltung) Personen getestet werden, zu denen sie eine enge persönliche Beziehung haben. Dass es in diesen Fällen schwer fallen kann, nicht erfüllte Anforderungen zu berichten, ist zwar nachvollziehbar, für die Gutachtenerstellung und Ergebnisinterpretation letztlich aber irrelevant. Das bedeutet, dass darauf zu achten ist, dass einzelne Beobachtungen nicht dazu herangezogen werden, unterdurchschnittliche Testergebnisse «schön» zu reden und gleichzeitig Beobachtungen, die inhaltlich bedeutsam sind (z. B. über Störungen während der Testung oder zu mangelndem Instruktionsverständnis) nicht ignoriert werden dürfen.

Oft ist es auch hilfreich, sich vor Beginn einer Testung relevante Aspekte zu überlegen oder zu notieren, die man beobachten möchte (s. dazu die weiter oben gegebenen Beispiele). Als Orientierungshilfe können verschiedene vorhandene Leitfäden herangezogen werden, zum Beispiel das *Beiblatt zur Verhaltensbeobachtung* aus dem Adaptiven Intelligenzdiagnostikum (AID-2; Kubinger, 2009). Darin finden sich eine Reihe von Dimensionen, die für die Einschätzung des Arbeitsverhaltens einer Person bei der Testbearbeitung relevant sein können. Allerdings handelt es sich hier um einen Test für Kinder und Jugendliche, und beobachtetes

Verhalten und Interpretation werden nicht voneinander getrennt. Es handelt sich hier bereits um eine Beurteilung des Leistungsverhaltens. In jedem Fall ist es vorteilhaft, auch der Gelegenheitsbeobachtung eine Struktur zu geben. Darüber hinaus gibt es Beobachtungsbogen zu verschiedensten Konstrukten.

Beispiel. Petermann und Petermann (2000a; zitiert nach Petermann & Petermann 2000b) haben einen Beobachtungsbogen für *aggressives* Verhalten bei Kindern zusammengestellt. Einzelne Aspekte daraus können auch für eine Gelegenheitsbeobachtung relevant sein. Es gilt: Vorweg ist zu definieren, welches Verhalten Hinweise auf welche Bedingungen/Eigenschaften liefert. Verhalten kann dann besser erkannt werden. Beispiele für Kriterien des Beobachtungsbogens für aggressives Verhalten nach Petermann und Petermann lauten:

- Zynische Bemerkungen gegenüber Erwachsenen und Kindern, Spotten über andere.
- Anschreien, Anbrüllen und Beschimpfen von Erwachsenen und Kindern.
- Hinterhältiges Beinstellen, Stuhlwegziehen, Stoßen, schadenfrohes Hilfeverweigern.
- Nägelbeißen, Haareraufen, Kopfanschlagen, selbstbeschädigende Kopf- und Körperbewegung.
- Beschimpfen und Verfluchen von Gegenständen.

Auch bei Döpfner und Petermann (2008) finden sich Hinweise, wie eine Gelegenheitsbeobachtung während der Testbearbeitung systematisiert werden kann. Ihr Bogen zur *Verhaltensbeobachtung während der Untersuchung* (VEWU) gliedert sich in zehn Aspekte:

1. Instruktionsverständnis
2. Kooperation
3. Interesse an den Aufgaben
4. Unsicherheit/Ängstlichkeit
5. Frustrationstoleranz
6. Motorische Unruhe
7. Ablenkbarkeit und Konzentration
8. Impulsivität
9. Arbeitsgeschwindigkeit
10. Aufmerksamkeitssuchendes oder demonstratives Verhalten

Weitere Beispiele finden sich bei Hartje (2004). Er nennt als Hinweise für die Beobachtung des Testverhaltens als Beispiele 1) die Leistungsmotivation (verbal z. B. über Bemerkungen zur Testuntersuchung oder Hinweise auf befürchtetes Leistungsversagen oder nonverbal über z. B. nicht angemessene Körperhaltung oder Äußerungen von Desinteresse), sowie 2) Besonderheiten bei der Aufgabenbearbeitung (z. B. Abweichen von der Instruktion).

Beispiel aus einem studentischen Gutachten. Die Beobachtung der zu begutachtenden Person fand während der Bearbeitung von drei psychologischen Tests statt. Neben dem I-S-T 2000 R wurden der Lern- und Gedächtnistest (LGT-3) sowie das Inventar Komplexer Aufmerksamkeit (INKA) vorgegeben. Im Gutachten heißt es:

«Bei der Testung mit dem I-S-T 2000 R wirkte Herr R. anfangs recht konzentriert. Mit zunehmender Dauer der Testung und vor allem bei der Bearbeitung des Erweiterungsmoduls wurde er unruhig, lehnte sich zweimal im Sessel zurück, verschränkte die Arme vor der Brust und meinte: *«Ich kann das nicht, das ist zu schwierig.»*

Bei der Testung mit dem LGT-3 schien Herr R. in der Instruktionsphase noch motiviert und konzentriert, bei der Bearbeitung der Aufgaben jedoch meinte er wieder, dass ihm diese Aufgaben zu schwierig seien und dass er schon seit Jahren nichts mehr auswendig lernen musste.

Während der Instruktionsphase zum INKA hörte Herr R. aufmerksam zu und bearbeitete die einzelnen Zeilen konzentriert. Seine Körperhaltung war wie beim Rest der Testung angespannt, aber sie wirkte aufgrund seiner Mimik etwas gelassener als in den ersten beiden Phasen der Testung.»

Die Darstellung aus diesem Beispielgutachten ist *zu wenig ausführlich.* Das betrifft sowohl die Darstellung der einzelnen Tests als auch die Gesamtlänge. Geschätzt benötigt man für die Durchführung der drei Tests ca. 140 Minuten. Selbst mit einem sehr ökonomischen Schreibstil sollte es nur schwer möglich sein, die in dieser Zeit gesammelten Informationen in drei kurzen Absätzen darstellen zu können. In vielen Fällen empfiehlt es sich, bei so einer umfangreichen Testbatterie wie dem I-S-T 2000 R das beobachtete Arbeitsverhalten bei jedem einzelnen Untertest zu beschreiben. Voraussetzung dafür ist natürlich, dass die Zeit während der Testbearbeitung auch tatsächlich zur Beobachtung des Verhaltens genutzt wurde.

Im Übrigen ist der von Studierenden häufig genannte Umstand, dass während der Testung *nichts passiert* sei, sie also auch *nichts (in der Gelegenheitsbeobachtung) geschrieben* haben, kritisch zu hinterfragen. Wichtig ist es, dass anhand der Angaben auch die Testsituation vorstellbar und nachvollziehbar wird. Auf Nachfrage bei den Studierenden, wie eine Person sich bei der Testung verhalten habe (was also hinter dem «nichts passiert» steckt), heißt es dann häufig, dass die Testperson instruktionskonform gearbeitet hat, keine Nachfragen gestellt hat (zur Instruktion oder zu einzelnen Items), sich nicht hat ablenken lassen und/oder am Ende gesagt hat, dass er/sie an den Testergebnissen «sehr interessiert» sei oder dass die Aufgaben «spannend»/«dumm»/«unnötig»/«leicht zu durchschauen» o. ä. gewesen seien. Jede dieser Informationen kann für gegebene Fragestellungen relevant sein bzw. gibt einen Überblick, wie die Testung abgelaufen ist.

In der Literatur werden für verschiedene Fragestellungen spezifische Aspekte berichtet, die im konkreten Fall besonders relevant sein können. Als Beispiel sei hier auf Sturm (2005) verwiesen, der Beobachtungsthemen anführt, die in Zusammenhang mit Aufmerksamkeitsstörungen besonders relevant («aufmerksamkeitsrelevant») sind (S. 63f). Er nennt dabei unter anderem, ob die Testperson «den Ausführungen des Untersuchers folgen kann, ohne abzuschweifen, den ‹Faden zu verlieren› oder das Thema zu wechseln?» (S. 63), des weiteren ob die Testperson abwesend wirkt, leicht ermüdet (trotz normaler Nachtruhe), ob Gedankensprünge zu beobachten sind, ob vorschnelles Beginnen der Aufgabenbearbeitung zu beobachten ist usw. Fisseni (2004, S. 130) nennt weitere Beispiele; u. a. kann die Beobachtung der Art und Weise, wie ein Kind etwa den Mosaiktest im HAWIK bearbeitet (probierend oder planend; systematisch oder unsystematisch), Schlüsse auf dessen Problemlösestrategien zulassen.

Im Gutachten ist die Gelegenheitsbeobachtung im Imperfekt abzufassen. Eine wissenschaftlich fundierte Gelegenheitsbeobachtung zeichnet sich durch ähnliche Elemente aus wie die Darstellung von Ergebnissen anderer diagnostischer Verfahren. Es sind vor allem zwei Grundsätze zu beachten.

1. Verhalten benennen: Es ist stets das Verhalten zu benennen und zu beschreiben, anhand dessen Merkmale oder Eigenschaften einer Person abgeleitet werden.

Beispiel. Häufig finden sich in einer Gelegenheitsbeobachtung Sätze wie: «Auffallend ist, dass Herr S. während des Gesprächs sehr souverän auftritt, und nicht nervös zu sein scheint.» Hier wäre es erforderlich, dass Schlussfolgerungen wie *souveränes Auftreten* durch einige konkrete Beobachtungen näher beschrieben werden. Das heißt, es ist vorher festzulegen, wie sich *souveränes Auftreten* in einem Gespräch äußern kann, um es zu identifizieren und zu registrieren, falls es auftritt (z. B. aufrechte Körperhaltung, laute Sprech-Stimme, Sicherheit in einer Diskussion – gute, strukturierte, leicht nachvollziehbare Argumentation, Eingehen und Aufnehmen der Argumente anderer o. ä.). Diese Beobachtungen sind einzeln darzustellen und im Anschluss an diese kann der Schluss gezogen werden, dass das als *souveränes Auftreten* interpretiert wird.

Fehlt diese Benennung, dann ist es für (an der Testung, Gutachtenerstellung) unbeteiligte Dritte nicht nachvollziehbar, nach welchen Kriterien auf ein bestimmtes Kriterium (im Beispiel etwa *souveränes Auftreten*) geschlossen wurde.

2. Relevantes von Redundantem trennen: Die Gelegenheitsbeobachtung bezieht sich – wie auch Testauswahl und Anamnese/Exploration – lediglich auf fragestellungspezifische und -relevante Aspekte. Wichtig ist es also, bei jeder Information abzuwägen, ob sie mit der konkret vorliegenden Fragestellung zusammenhängt oder nicht. Wie bereits erwähnt, werden im Zuge der Anamneseerhebung in der Regel mehr Informationen gesammelt als eigentlich benötigt werden, um die Fragestellung zu bearbeiten. Natürlich ist auch der umgekehrte Fall denkbar, also dass *zu wenige* Informationen gesammelt wurden. Dies ist aber durch eine sorgfältige Vorbereitung und die Ausarbeitung eines genauen Gesprächsleitfadens (s. o.) vermeidbar. Zusammengefasst kann festgehalten werden, dass *nur fragestellungsspezifische Details im Gutachten* berichtet werden sollen. Gleiches gilt für die Beobachtung während des Gesprächs und der Testung.

> *Beispiel.* In dem Gutachten ging es um die Feststellung der intellektuellen Eignung zu einem Hochschulstudium: «Es war jedoch festzustellen, dass Herr I. eher ungern über das Familienleben mit seiner Mutter und ihrem Lebensgefährten spricht. Hier scheint es, als wäre noch einiges zwischen den einzelnen Familienmitgliedern ungeklärt und unausgesprochen geblieben.»

Bezogen auf das obige Beispiel wäre also die Frage zu beantworten, inwiefern *ungeklärte* und/oder *unausgesprochene* Dinge in der Familie für die Klärung der eigentlichen Fragestellung (Eignung zum Hochschulstudium) von Bedeutung sind oder nicht. Oftmals findet sich in Gutachten der Hinweis, dass Ergebnisse mit Vorsicht zu interpretieren sind, weil die Person «müde wirkte» oder «die Testung schon sehr lange gedauert hat» oder Ähnliches.

> *Beispiel.* «Einzig beim Zahlenfolge-Test des CFT-20 [Weiss, 1998], zeigte sie Müdigkeit und sie beschrieb die Aufgaben als anstrengend und schwer. Zu berücksichtigen ist hierbei, dass es der letzte Test an diesem Tag war.» Wenn unklar ist, ob sich die Müdigkeit der Testperson auf Testergebnisse auswirkt, so ist im Zweifelsfall eine Testung abzubrechen. Ergebnisse, die eine erschöpfte Testperson erzielt hat, sind kaum interpretierbar.

Es liegt stets in der Verantwortung des Testleiters bzw. der Testleiterin eine Testbatterie so zusammenzustellen, dass ausreichend Pausen eingeplant bzw. ausreichend viele Testzeitpunkte (Termine) vorgesehen sind. Dadurch kann ausgeschlossen werden, dass es zu einer leistungsbeeinträchtigenden Ermüdung der Testperson kommt und zusätzlich ist sichergestellt, dass die Zumutbarkeit der Testsituation gegeben ist.

> *Beispiel.* Zur Klärung der bearbeiteten Fragestellung werden der MTP (Conrad, Baumann & Mohr, 1980), sowie I-S-T 2000 R (Liepmann et. al., 2007) sowie der 3 DW (Gittler, 1990) eingesetzt. Die Testung wird in einer einzigen Sitzung (mit Pausen) in der oben angeführten Reihenfolge durchgeführt. Wie zu erwar-

ten war, stellen die drei Leistungstests hohe Anforderungen an die Testperson. In der Gelegenheitsbeobachtung zum letzten Test heißt es: «Herr W. bearbeitete diesen Test nach den beiden vorangegangenen und stellte bei der Sichtung der ersten Probeaufgaben fest, dass er keine Würfelaufgaben möge, die hätte er noch nie gerne gelöst. Eine Aussage, die er bei den Aufgabenstellungen im vorherigen Test (I-S-T 2000-R) nicht gemacht hatte. Mögliche Würfeldrehungen, die er beim I-S-T 2000-R mit den Fingern in der Luft vorzeichnete, machte er diesmal nicht.» Wenngleich hier die Unterschiede zwischen den Testbearbeitungen der ähnlichen Aufgaben aus dem I-S-T 2000-R und dem 3 DW, wenn zwar kurz, aber doch herausgearbeitet wurde, so fehlen in der Beobachtung doch wichtige Informationen. In der Stellungnahme heißt es nämlich (Herr W. schnitt beim I-S-T 2000-R (g_f) durchschnittlich bis überdurchschnittlich, beim 3 DW hingegen unterdurchschnittlich ab): «Diese schwache Leistung könnte sich durch die offensichtliche Testermüdung seitens des Klienten und einem damit einhergehenden Motivationstief erklären lassen». Die *offensichtliche Testermüdung* lässt sich allerdings aus der Gelegenheitsbeobachtung nicht nachvollziehbar ableiten. Für das «Motivationstief» (hier wäre wieder zu fragen, ob es sich nicht um einen mehrdeutigen Begriff handelt) gibt es zumindest ansatzweise Hinweise. Darüber hinaus ist anzumerken, dass auch in der Stellungnahme zur Beschreibung von Testergebnissen ausschließlich Begriffe von «unterdurchschnittlich» bis «überdurchschnittlich» zu verwenden sind. Der Ausdruck «schwache Leistung» ist mehrdeutig.

Darüber hinaus ist natürlich darauf zu achten, dass sich die Person zum Zeitpunkt der Testung in einem psychisch-emotionalen «Normzustand» befindet.

Beispiel (aus einem studentischen Gutachten). «Jedoch wurde von Herrn U. zu einem späteren Zeitpunkt die Bemerkung gemacht, dass er da ‹bekifft gewesen› wäre, d. h. Marihuana konsumiert hätte. Aus persönlicher Erfahrung mit Herrn U. ist das bei ihm ein ‹Normalzustand›, der jedoch sicher auf die Ergebnisse sowie auf die Beantwortung der Fragestellung einen Einfluss hat» *(ohne weiteren Kommentar!).*

Die Dauer und Ausführlichkeit der Gelegenheitsbeobachtung hängt von verschiedenen Faktoren ab, z. B.:

- Bedeutung der nach Anforderungsprofil zu erfassenden Konstrukte und damit einhergehend deren Gewichtung,

- Unterschiedlichkeit der Situationen, in denen die Testperson beobachtet werden kann (z. B. Tests, Fragebogen, Anamnese),

- Häufigkeit der Situationen, in denen die Testperson beobachtet werden kann (Anzahl und Dauer vorgegebener Instrumente),

- Erfahrung der begutachtenden Person im Umgang mit psychologischen Tests und Fragebogen (was sich auf das Arbeitstempo und die Gewissenhaftigkeit, mit der Aufgaben bearbeitet und kontrolliert werden, auswirken kann; dies beeinflusst wiederum die Dauer und Häufigkeit der Gelegenheitsbeobachtung).

Es gibt also keine Faustregel, wie lang die Gelegenheitsbeobachtung sein sollte. Der einzige Hinweis dazu mag sein, dass *alles Wesentliche enthalten* sein muss.

Beispiel. In einem studentischen Gutachten heißt es unklar verallgemeinernd: «Während der ganzen Testung verhielt sich Herr A. eher unauffällig». Was bedeutet *eher* unauffällig? Was für Merkmale hat ein unauffälliges Verhalten? Hat er sich nur bei der Testung «unauffällig» verhalten, bei der Anamnese aber auffällig? Mehrdeutigkeiten und Füllwörter sind in jedem Fall zu vermeiden.

Gut strukturiert ist eine Darstellung, wenn die Beobachtungen für jeden Teil der Informationserhebung der Begutachtung getrennt beschrieben werden. Das bedeutet, dass zunächst Informationen über das Verhalten bei der Durchführung des Gesprächs gegeben werden. Die Darstellung von Beobachtungen bei der Testdurchführung können in die Teile *vor, während* und *danach* unterteilt werden. Dabei können beispielsweise das Instruktionsverständnis oder Kommentare zu den Tests berücksichtigt werden. Es sollte nicht vergessen werden, Personen nach der Bearbeitung eines Test zu fragen, wie es ihnen mit dem Test, in der Situation «ergangen ist» bzw. was ihm/ihr dabei aufgefallen ist oder ob es etwas gibt, was er/sie dazu anmerken möchte. Bei der Vorgabe von Computertests in der Praxis werden häufig ganze Testbatterien voreingestellt und die Testperson wird dann während der gesamten Testbearbeitung allein gelassen. So eine Vorgehensweise verhindert, dass (Gelegenheits-)Beobachtungen gemacht werden können, die unter Umständen diagnostisch relevant sein können. Außerdem ist ein Austausch mit der Testperson über ihre Eindrücke und ihr subjektives Erleben nach den einzelnen Testteilen nicht möglich. Es ist allerdings nichts dagegen einzuwenden, eine Testbatterie im Voraus zu definieren, wenn zwischen den Testteilen Pausen vorgesehen sind, in denen ein Austausch stattfinden kann. Die Anwesenheit der begutachtenden (oder einer anderen geschulten) Person während der gesamten Testdauer auch bei computergestützter Testvorgabe ist für die Gelegenheitsbeobachtung unerlässlich.

FAZIT: Die Gelegenheitsbeobachtung bietet die Möglichkeit, mit anderen Verfahren nicht oder nur schwer erfassbare Informationen zu sammeln, um Ergebnisse aus anderen Verfahren anhand von Verhaltensindikatoren abzusichern. Darüber hinaus bietet eine Gelegenheitsbeobachtung die Grundlage, um Ergebnisse aus Tests und Fragebogen zu einem späteren Zeitpunkt im Gutachten umfassend zu interpretieren. Wie in den anderen Teilen der Ergebnisdarstellung werden Beobachtungen an dieser Stelle ausschließlich beschrieben, nicht interpretiert.

10 Zusammenfassung der Ergebnisse

= Befund

Die Zusammenfassung der Ergebnisse dient einer Übersicht über die auf die konkrete Fragestellung bezogenen, wichtigsten Resultate der Erhebung. Die ausführliche Darstellung auf Ebene der Subtests und die Nennung von Zahlenwerten entfallen in der Zusammenfassung. Stattdessen werden die zentralen Ergebnisse in übersichtlicher und knapper Form präsentiert und anhand der Kategorien unterdurchschnittlich, unterdurchschnittlich bis durchschnittlich, durchschnittlich, durchschnittlich bis überdurchschnittlich oder überdurchschnittlich eingeordnet. Diesem Teil kommt besondere Bedeutung zu, da in der Praxis häufig die Zeit fehlt, sich ausführlich mit einem Gutachten zu beschäftigen und deswegen (zumindest für eine erste, schnelle Überblicksgewinnung) die Zusammenfassung herangezogen wird. Es ist an dieser Stelle des Gutachtens daher wichtig, dass die Kernaussagen aus der Informationserhebung kommuniziert werden, so dass eine an der Testung nicht beteiligte dritte Person die Möglichkeit hat, sich schnell einen Überblick zu verschaffen.

Beispiel. Häufig wird versucht, in der Zusammenfassung von Ergebnissen auch Persönlichkeitsfragebogen auf verkürzte Weise darzustellen. In Gutachten finden sich dann mitunter Sätze wie: «Herr W. wies ein durchschnittliches Persönlichkeitsprofil auf.» Diese Formulierung ist zu vermeiden, da sie einerseits wertend klingt (Laien könnten den Satz als «Er ist eine durchschnittliche Person», «… ein Durchschnittsmensch» lesen) und andererseits bei mehrdimensionalen Fragebogen unzulässig, da sprichwörtlich Äpfel mit Birnen gemischt werden – eine unterdurchschnittlich extravertierte und überdurchschnittlich gewissenhafte Person weist eben kein durchschnittliches Persönlichkeitsprofil auf (*was auch immer das sein mag*), sondern beschrieb sich in einem Fragebogen als unterdurchschnittlich extravertiert und überdurchschnittlich gewissenhaft.

Oftmals fällt es schwer zu entscheiden, ob ein bestimmtes Ergebnis in der Zusammenfassung erwähnt wird oder nicht. Als Strukturkriterium sind hier die Aspekte aus dem Anforderungsprofil heranzuziehen. Anschließend ist zu entscheiden, ob die in Frage stehende Information einen wichtigen Beitrag dazu leisten kann, etwas über eine der Anforderungen auszusagen oder nicht. Wenn ja, dann sollte sie in die Zusammenfassung aufgenommen werden, wenn nein, dann nicht. Gleichzeitig gilt es hier, Informationen zu bündeln. Das heißt, alle Testergebnisse, die für oder gegen die Erfüllung einer Anforderung sprechen, die also ein ähnliches Konstrukt erfassen, gemeinsam zu berichten. Auch hier gilt es, die Zusammenfassung und Interpretation voneinander zu trennen: Die Interpretation erfolgt erst in der Stellungnahme, die Thema des nachfolgenden Kapitels ist.

Ein häufiger Fehler bei der Abfassung der Zusammenfassung besteht darin, in dieser anstelle der Begriffe «unter-», «über»- und «durchschnittlich», mehrdeutige oder wertende Begriffe wie «gut», «schlecht», «nicht ganz genügend», aber auch zeitliche Formen wie «häufig» oder «selten» zu verwenden.

> *Beispiel.* «Weiter kann die durchschnittliche Misserfolgsangst in der Selbstbeschreibung dahingehend interpretiert werden, dass verantwortungsvolle Aufgaben bei ihm meist in guten Händen sind …» Hier wird aus einer durchschnittlichen Skalenausprägung darauf geschlossen, dass meist auf «irgendeine andere Sache» geschlossen werden kann. Aber: Sind «durchschnittlich» und «meist» wirklich synonyme Begriffe? Ein anderes Beispiel: Im Gutachten eines Praktikers heißt es (wörtliches Zitat): «Die Merkfähigkeit ist gut ausgeprägt, sie liegt im mittleren Durchschnittsbereich.» Sind gut und mittel tatsächlich synonyme Begriffe? Ist eine überdurchschnittliche Leistung dann sehr gut? Die Beschäftigung mit solchen Fragen wird überflüssig, wenn eindeutig definierte Begriffe verwendet werden.

Darüber hinaus ist zur besseren Lesbarkeit und Verständlichkeit darauf zu achten, schwer lesbare, weitschweifende Formulierungen und unverständliche Satzkonstruktionen mit langen Schachtelsätzen zu vermeiden.

Ein Beispiel für eine schwer verständliche Formulierung aus einem Praktikergutachten findet sich bei Hartmann (1973; zitiert nach Fisseni, 2004, S. 356):

«Die Intelligenz des Klienten, die, wenn man sie, was man bei der vorliegenden Fragestellung, die einen entsprechenden Vergleich fordert, zu tun nicht umhin kann, an der Norm, d. h. der Norm seiner, in diesem Fall der studentischen, Bildungsgruppe bemisst, als, zumindest was bestimmte Einzelfähigkeiten, wie etwa den Umgang mit Zahlen, sei es beim praktisch-rechnerischen Denken, sei es bei Aufgaben, die abstrakte Kombination verlangen, angeht, eher unterdurchschnittlich bezeichnet werden muss, kann doch, besonders dann, wenn, wie es aufgrund der vielfältigen Interessen des Pb (*Probanden, Anm. d. Verf.*), die, wie bereits erwähnt, allerdings mehr emotionaler als sachlicher Natur sind, oft der Fall ist, sein Engagement angesprochen wird, besondere Leistungen bewirken (S. 112).»

Bezüglich der Zeitform ist festzuhalten, dass die Zusammenfassung im Imperfekt geschrieben wird.

FAZIT: Die Zusammenfassung hat das Ziel, jene Informationen, die für die Fragestellung relevant sind, in übersichtlicher Form darzustellen und zu berichten. Es kommt ihr eine besondere Bedeutung zu, da in der Praxis vielfach nicht die Möglichkeit besteht, sich intensiv mit allen erzielten Ergebnissen auseinander zu setzen. Hier ist eine zusammenfassende Darstellung für die Überblicksgewinnung hilfreich.

11 Stellungnahme und Entscheidung

In der Stellungnahme zur Fragestellung werden Informationen aus relevanten Dokumenten (Zeugnisse, medizinische Befunde, Ergebnisse früherer psychologischer Testungen o. ä.), aus dem diagnostischen Gespräch, aus den vorgegebenen Tests und Fragebogen sowie aus Beobachtungen zusammengefasst und gemeinsam in Bezug auf die Fragestellung bewertet. Während also im Ergebnisteil die gesammelten Informationen *unkommentiert* und *vollständig* der Reihe nach dargestellt werden, werden sie in der Stellungnahme auf die für die Beantwortung der Fragestellung relevanten Informationen reduziert, miteinander verknüpft und gemeinsam in Bezug auf die Anforderungen abgewogen und interpretiert. Ergebnisdarstellung und Interpretation sind streng voneinander zu trennen. Dadurch soll eine an der Gutachtenerstellung nicht beteiligte Person beim Lesen die aus den Ergebnissen abgeleiteten Interpretationen nachvollziehen können. Werden Ergebnisdarstellung und Interpretation vermischt, so ist es für Dritte schwer, die Güte von Schlussfolgerungen zu bewerten. Die jeweilige Quelle der Information muss stets genannt werden, um die Nachvollziehbarkeit der Schlussfolgerungen zu gewährleisten.

> *Beispiel. (nicht nachvollziehbare Aussage, da ohne Quellenangabe).* «Organisationstalent und Flexibilität werden insofern als vorhanden betrachtet, da Frau P. auch in ungewöhnlichen Situationen Pläne macht, wie das Ganze zu lösen ist.»

Das Anforderungsprofil bzw. die Hypothesen können als roter Faden die Struktur für die Stellungnahme vorgeben. Innerhalb der Anforderungsdimensionen empfiehlt es sich, die gesammelten Informationen in absteigender Reihenfolge in Abhängigkeit von ihrer *Qualität* und *Relevanz* zu berücksichtigen. In Bezug auf die Relevanz sind gleichermaßen theoretische Fundiertheit wie auch vorliegende empirische Prüfungen zu berücksichtigen. Auch hier gilt das Prinzip der Sparsamkeit: Es sollen so wenige Informationen wie möglich, allerdings sämtliche zur Beantwortung der Fragestellung erforderlichen einbezogen werden (vgl. Schmitt & Gschwendner, 2006).

Beispiel. Aussagen in der Stellungnahme sollen möglichst konkret und anforderungsbezogen sein. Wenig hilfreich sind allgemeine Angaben, wie: «Die psychologische Untersuchung von Herrn J. ergab, dass seine Persönlichkeitseigenschaften weitgehend durchschnittlich ausgeprägt sind» (aus einem studentischen Gutachten).

In der Stellungnahme wird auf die im Anforderungsprofil formulierten Anforderung bzw. Hypothesen Bezug genommen und diese werden hinsichtlich der gegebenen Informationen bewertet. Jede der gegebenen Anforderungen ist in der Stellungnahme einzeln zu kommentieren (Erfüllung/Nicht-Erfüllung/Kompensierbarkeit/Nicht-Kompensierbarkeit). Das bedeutet natürlich auch umgekehrt, dass es nur sinnvoll ist, zu Beginn des Prozesses solche Anforderungen und Aspekte aufzunehmen, zu denen überhaupt Aussagen getroffen werden können und eine Stellungnahme abgegeben werden kann. Auch spielt es eine Rolle, ob überhaupt Aussagen unter Einsatz der gewählten Strategien abgeleitet werden können. Aussagen über Erfüllung bzw. Nicht-Erfüllung von Anforderungen müssen eindeutig nachvollziehbar dargestellt werden. Zur Nachvollziehbarkeit ist auch hier die jeweilige Informationsquelle (psychologisches Verfahren, Anamnese, …) anzuführen. Zu beachten ist dabei, wie die verschiedenen Quellen qualitativ zu bewerten sind. So sind Ergebnisse aus psychometrisch gut abgesicherten und bewährten psychologischen Leistungstests oder Fragebogen höher zu gewichten, als Informationen, die in einer (einmaligen) Gelegenheitsbeobachtung gewonnen wurden.

Zu diskutieren ist in der Stellungnahme also auch, inwiefern eine Anforderung *kompensierbar* ist oder nicht. Daraus können sich einerseits wichtige Hinweise auf Interventionsvorschläge ergeben, andererseits hat das auch einen Einfluss auf die Gewichtung der Anforderungen. Denn ist eine nicht-kompensierbare Anforderung nicht erfüllt, wiegt das schwerer als wenn eine kompensierbare Anforderung nicht erfüllt ist. Ist das Merkmal nicht kompensierbar, aber nicht mit psychologischen Mitteln erfassbar, steht die Frage im Raum, ob es sich überhaupt um eine psychologische Fragestellung gehandelt hat.

Gleichzeitig dienen Interpretation und Stellungnahme dazu, auf die Konvergenzen der Ergebnisse aus unterschiedlichen diagnostischen Methoden einzugehen, sowie offensichtliche Widersprüche in Informationen zu thematisieren und zu bewerten.

Beispiel. «Herr H. gibt in der Anamnese an, immer wieder zu Wutausbrüchen zu neigen. Besonders stark treten diese Gefühle nach Situationen großer Unsicherheit auf. Es konnten kaum erhöhte Aggressionswerte im FAF (Hampel & Selg, 1975) bei der Testperson festgestellt werden» (Zitat durch d. Verf. ergänzt). Hier wären beispielsweise Situationsmerkmale oder Motive zu diskutieren, warum sich Herr H. in der Anamnese anders beschrieben hat als bei der Bearbeitung des Fragebogens. Im Gutachten, aus dem dieses Beispiel stammt, wurde darauf nicht weiter eingegangen. Das bedeutet, dass wichtige Zusatzinformationen fehlen.

Während in der Ergebnisdarstellung so genannte «unpersönliche Formulierungen» zu wählen sind, das bedeutet, dass die Ergebnisse verfahrens- und situationsbezogen dargestellt werden und keine Zuschreibungen von Eigenschaften einer Person erfolgen, kann in der Stellungnahme zur «persönlichen Formulierung» gewechselt werden. Voraussetzung dafür ist, dass konsistente Informationen aus zumindest zwei unabhängigen Informationsquellen vorliegen. Die unpersönliche Formulierung könnte also lauten: «Herr W. beschrieb sich im Fragebogen als unpünktlich.» Wenn Fremdbeurteilungen vorliegen, die das bestätigen oder die Person zu den Terminen der Begutachtung verspätet erschienen ist, kann formuliert werden: «Herr W. ist in beruflichen Belangen eine unpünktliche Person, was sich sowohl in seiner Selbstbeschreibung als auch im Verhalten gezeigt hat.»

Beispiel 1. Formulierungen wie die folgenden wirken unseriös und spekulativ: «Herrn D.s *Verantwortungsbewusstsein* konnte mittels der verwendeten Fragebögen nicht direkt erhoben werden. Es lässt sich aber aus einigen von ihm selbst eingeschätzten Persönlichkeitseigenschaften ansatzweise herausarbeiten.» Der Fehler, der hinter dieser Aussage steht, hat seinen Ursprung aber nicht in der Stellungnahme, sondern schon am Beginn des diagnostischen Prozesses, bei der Auswahl der diagnostischen Strategien. Schon zu diesem Zeitpunkt muss die Person, die einen solchen Auftrag annimmt, gewusst haben, ob sie anhand der eingesetzten Methoden später Aussagen über das *Verantwortungsbewusstsein* einer Person treffen kann oder nicht. Ist dies nicht möglich, so sind neue, zusätzliche oder verbesserte Strategien zur Informationsgewinnung anzuwenden.

Beispiel 2. «Zusammenfassend kann festgehalten werden, dass Herr D. alle Kriterien erfüllt. Diejenigen Kriterien, welche er nicht erfüllt, sind durch andere kompensierbar.» Offensichtlich war gemeint, dass Herr D. bezogen auf das Anforderungsprofil geeignet ist, einige Anforderungen allerdings nicht als erfüllt angesehen werden konnten, diese aber durch andere kompensierbar waren. Die gewählte Darstellungsform lässt dies unklar.

Die Formulierung, dass über einen bestimmten Aspekt keine Aussage gemacht werden kann, da dazu noch diese oder jene Tests benötigt würden, ist leicht zu entkräften: Das hätte der Diagnostiker bzw. die Diagnostikerin nämlich schon zu Beginn des Prozesses wissen müssen. Eine Ausnahme liegt nur dann vor, wenn die Testung aus unabwendbaren Gründen früher als geplant abgebrochen werden musste oder die Testperson im veranschlagten Zeitraum unerwartet nicht mehr zur Verfügung steht (z. B. wegen eines plötzlichen erforderlichen Krankenhausaufenthalts zwischen zwei Terminen) und dennoch eine Aussage zur Fragestellung gefordert wird (auch hier ist allerdings abzuwägen, ob überhaupt ausreichend Informationen vorliegen). Solche Fälle werden allerdings die Ausnahme bleiben, so dass in der Regel aus den beschriebenen Situationen Rückschlüsse auf fehlende Genauigkeit bei der Planung der Gutachtenerstellung gezogen werden können.

Beispiel. Problematisch ist es, wenn sich eine Fragestellung erst an dieser Stelle im Gutachten als nicht beantwortbar erweist: «Die psychologische Fragestellung, ob Frau X. nach Abschluss einer Psychotherapie der Belastung durch eine ganztägige Berufstätigkeit gewachsen ist, kann derzeit nicht beantwortet werden … aufgrund ihrer Schwangerschaft können derzeit keine gültigen Aussagen über Frau X. psychische Stabilität und Belastbarkeit getroffen werden. Die Testung sollte daher zu einem späteren Zeitpunkt wiederholt werden.»

An dieser Stelle im Gutachten ist mangelnde sprachliche Genauigkeit zu kritisieren. Wenn beispielsweise im Anforderungsprofil von *Lernfähigkeit* und in der Stellungnahme von Anforderungen in Bezug auf die *Gedächtnisleistung* gesprochen wird, handelt es sich dabei um unterschiedliche Anforderungen. In der psychologischen Diagnostik gibt es beispielsweise *Lerntests* (Guthke & Wiedl, 1996; Beckmann, 2003), die tatsächlich die Lernfähigkeit (genauer: das *intellektuelle Veränderungspotential*) prüfen und Tests zur *Merkfähigkeit*, die tatsächlich die Gedächtnisleistung prüfen (einen Überblick geben z. B. Reijnen, Penner & Opwis, 2006). Eine genaue sprachliche Zuordnung ist hier erforderlich. Zu diskutieren ist auch, ob die im zitierten Anforderungsprofil aus dem studentischen Gutachten genannte Fähigkeit «*Zusammenhänge erkennen*» tatsächlich mit den im I-S-T 2000 R erfassten Fähigkeiten abgedeckt werden kann; ist damit das *schlussfolgernde Denken* gemeint? Im studentischen Gutachten findet sich die Information, dass anhand des I-S-T 2000 R darüber «in gewissem Ausmaß» Aussagen abgeleitet werden können. Das spricht eher dagegen, dass die gesuchten Fähigkeiten dadurch abgedeckt werden. Jedenfalls kann das als ein Hinweis darauf interpretiert werden, dass dieser Punkt im Anforderungsprofil genauer auszuführen ist.

Zu warnen ist ganz allgemein vor Aussagen, die gemeinhin als Barnum-Aussagen (Barnum-Effekt; Emery & Lilienfeld, 2004; Forer, 1949; Meehl, 1956) bezeichnet werden. Damit sind Aussagen gemeint, die so allgemein gehalten sind, dass sie in jedem Fall zutreffen.

Beispiele aus studentischen Gutachten. «Herr E. beschrieb sich als einen offenen, glücklichen Menschen, manchmal aber auch als verschlossen und melancholisch» oder «Es wird dem Klienten gut tun, sich selbst etwas zu gönnen.»

Weiter sind hier auch Aussagen zu nennen, die unklar formuliert sind oder bestimmte Sachverhalte suggerieren. Wenn auch solche Aussagen für die Erstellung nichtwissenschaftlicher Texte (Astrologie, Graphologie, o. ä.) typisch und beliebt sind, so sind sie bei der Erstellung Psychologischer Gutachten mit Nachdruck zu vermeiden.

Aussagen müssen in Bezug zu einem bestimmten, nachvollziehbaren Rahmen gemacht werden. Wird etwa Bezug genommen auf konkrete Situationen (z. B. aus der Anamnese), dann sollten diese so beschrieben sein, dass Ableitungen daraus für unbeteiligte Dritte nachvollziehbar bleiben.

Beispiel. Es wird in einem studentischen Gutachten festgehalten, dass die Klientin «psychisch belastbar» sei – sie sei «nicht so leicht aus der Fassung» zu bringen. Als konkretes Beispiel wird angeführt, dass die Klientin in der Anamnese angibt, dass ihre Freundinnen bei «emotionalen Filmen viel früher zum Taschentuch» greifen müssen. Es ist also stets darauf zu achten, dass die genannten Beispiele auch tatsächlich etwas über die Anforderung aussagen und der Leser einen realistischen Bezugsrahmen hat, um die Angaben einschätzen zu können.

Abstand zu nehmen ist weiter nicht nur von Aussagen, die sehr global, also wenig hilfreich für ratsuchende Personen sind, sondern auch vor Aussagen, die mit *absoluter Sicherheit* getroffen werden. Ein Beispiel dazu aus einem studentischen Gutachten: «Deshalb *besteht kein Zweifel*, dass Herr L. von seinen kognitiven Fähigkeiten her in der Lage ist, das Architekturstudium positiv zu absolvieren und abschließen zu können.» Leider ist es nicht möglich in Psychologischen Gutachten Aussagen zu treffen, die *ohne Zweifel* bestehen. Letztlich wird immer mit Wahrscheinlichkeitsaussagen gearbeitet.

Weiter ist eine genaue Kenntnis der erfassten Konstrukte unbedingt erforderlich. Es wurde bereits darauf hingewiesen, dass Kennwerte psychologischer Tests nur anhand der Angaben aus dem Handbuch interpretiert werden dürfen. Die dort gegebenen Definitionen sind verbindlich für die Aussagen, die man daraus ableitet.

Beispiel aus einem studentischen Gutachten. «Fähigkeit zur Zusammenarbeit ist durch die überdurchschnittliche Ausprägung in der Skala Wärme des 16 PF-R auf jeden Fall gegeben, auch die kommunikativen Fähigkeiten lassen sich durch die Tatsache sicher stellen, dass sich Herr M. an Menschen sehr interessiert zeigt und über alle Maße gerne redet.» Im Manual zum 16 PF-R (Schneewind & Graf, 1998) wird die Skala Wärme wie folgt beschrieben: «… erfasst das Ausmaß an Wärme bzw. eine gewisse Reserviertheit im Kontakt mit anderen Menschen … Warmherzige Menschen [...] interessieren sich für andere Menschen, mögen die Nähe zu anderen und ziehen Beschäftigungen vor, in denen sie mit

Menschen zu tun haben. Beispielsweise arbeiten sie lieber in einem geschäftigen Büro als in einem ruhigen Raum. Sie mögen Menschen, die ihre Gefühle offen zeigen; von Freunden werden sie selbst als warmherzig und mitfühlend beschrieben. Personen mit extrem hohen Werten auf dieser Skala leiden, wenn sich so enge Beziehungen, wie sie von ihnen angestrebt werden, nicht realisieren lassen» (S. 67). Wie sich zeigt, wird im Manual auf eine Bevorzugung von Tätigkeiten im Kontakt mit anderen Menschen hingewiesen, die kommunikativen Fähigkeiten werden aber nicht angesprochen. Somit kann festgehalten werden, dass diese Skala als *eine* mögliche Informationsquelle herangezogen werden kann, um die Fähigkeit zur Zusammenarbeit zu prüfen. Hier wird aus einer Fragebogenskala auf tatsächliches Verhalten geschlossen, ohne Zusatzinformationen zu berücksichtigen. Neben Aussagen, wie «auf jeden Fall» ist auch die Aussage, dass eine Person «über alle Maßen» gerne redet, in einem psychologischen Gutachten nicht seriös. Letztlich ist nicht anzunehmen, dass sich *kommunikative Fähigkeit* (als psychologisches Merkmal) alleine in der Redemenge manifestiert.

Keinesfalls fehlen darf die *eindeutige Beantwortung der Fragestellung*. Grundvoraussetzung dafür ist natürlich, dass die Fragestellung so formuliert wurde, dass sie auch auf diese Weise beantwortbar ist! Ein grober Fehler ist es, eine Frage eindeutig zu beantworten, sich aber eine «Hintertüre» offen zu lassen, um sich gegen später möglicherweise auftretende Probleme oder Rückfragen abzusichern.

Beispiel. Es wird die Fragestellung bearbeitet, ob bei einem Schüler Hinweise auf eine Teilleistungsstörung gefunden werden können oder nicht. Die Frage wird dahingehend beantwortet, dass die gesammelten Ergebnisse *gegen* das Vorliegen einer Teilleistungsstörung sprechen. Im Anschluss an die Beantwortung der Fragestellung findet sich der Satz: «*Sollten sich die Probleme wieder verschlimmern, ist der Besuch eines speziellen Legasthenie-Kurses zu empfehlen.*» Warum, wenn es sich nicht um eine Legasthenie handelt, soll ein Legasthenie-Kurs besucht werden? Die sachliche Folgerichtigkeit von Beantwortung der Fragestellung und der Empfehlung ist in jedem Fall zu beachten. Darstellungen wie die beschriebene sind schlichtweg unseriös.

Wie im Kapitel zur Gelegenheitsbeobachtung bereits erwähnt, scheint es vielen Studierenden Schwierigkeiten zu bereiten, Begutachtungen abzuschließen, in denen die Fragestellung ablehnend beantwortet wird. Gründe dafür wurden bereits diskutiert.

Beispiel. In einem studentischen Gutachten wurde die Eignung für einen bestimmten Beruf geprüft. Es wird der Schluss gezogen, dass die Klientin die im Anforderungsprofil formulierten Anforderungen erfüllt. Weiter heißt es dann, dass die Eignung der Klientin für den Beruf, «nicht die Möglichkeit ausschließt, dass sie sich auch für andere Berufe eignen könnte. Nicht auszuschließen ist ebenfalls die Möglichkeit, dass gewisse Berufe für sie geeigneter wären. Zu bedenken ist, dass [die Klientin] einige Anforderungen nicht erfüllt». Es ist richtig, dass die Eignung für einen bestimmten Beruf nichts über die Eignung für einen anderen Beruf aussagt – andere Berufe mögen sogar «besser» für sie geeignet sein. Hier ist allerdings die Frage zu stellen, was das Ziel des Gutachtens war. In einer Karriere- und Laufbahnberatungssituation macht es Sinn, weitere Berufsmöglichkeiten aufzuzeigen und zu diskutieren, die Potentiale des Klienten aufzuzeigen und Berufsmöglichkeiten auszuloten. Wenn aber, wie in dem konkreten Fall, eine Entscheidung hinsichtlich der Eignung für einen bestimmten Beruf zu treffen ist, sollten Informationen, die nicht fragestellungsspezifisch sind, vermieden werden. Besser erscheint es hier, diese Aspekte mit der Klientin in einem persönlichen Gespräch abzuklären. Es lässt sich noch festhalten, dass die Aussage, dass «einige Anforderungen nicht erfüllt» seien, auch kritisch diskutiert werden kann. Grundsätzlich wurde in dem angesprochenen Gutachten die Eignung der Klientin betont. Diese Aussage relativiert diese Entscheidung aber wieder und könnte unter Umständen Verunsicherung hervorrufen. Wenn die Klientin geeignet erscheint, dann sollten die nicht erfüllten Anforderungen kompensierbar sein und eigentlich nicht wieder als Argument ins Spiel gebracht werden. Im Gutachten wird dann auch ein anderer Beruf vorgeschlagen und dieser würde zur Klientin hinsichtlich ihrer Persönlichkeit auch «besser passen». Unklar bleibt, ob und wie diese bessere Passung geprüft wurde.

Auch in Stellungnahme und Entscheidung ist auf die korrekte Zeitform zu achten, die Stellungnahme wird im Imperfekt berichtet.

FAZIT: In der Stellungnahme werden sämtliche relevanten Informationen systematisch zusammengetragen und in Bezug auf die Beantwortung der Fragestellung bewertet. Als Strukturkriterium dienen das Anforderungsprofil bzw. die aus der Fragestellung abgeleiteten Hypothesen. Schlussfolgerungen sind in diesem Teil des Gutachtens stets mit einem Verweis auf die zugrunde liegende Informationsquelle darzustellen. Sämtliche Schlussfolgerungen münden in eine abschließende Entscheidung.

12 Empfehlung (Interventions-/Maßnahmenvorschlag)

Jäger (2003c) definiert Intervention wie folgt: «in der Psychologie versteht man unter Intervention jeden gezielten und direkten Eingriff durch (insbesondere psychologisch fundierte) therapeutische und/oder pädagogische Maßnahmen, die eine (zielgerichtete) Veränderung beabsichtigen» (S. 230). Fisseni (2004) argumentiert, dass es bei Interventionen darum geht, einen psychischen Zustand zu verändern und sich das nicht immer auf eine *Störung* beziehen muss. Er sieht in der Intervention «ein psychologisches Handeln, das eine *Verhaltensänderung* anzielt, die das seelische *Wohlbefinden* verbessert oder herstellt und die systematisch kontrolliert wird» (S. 5).

Grundsätzlich gilt, dass jede Begutachtung mit einer Empfehlung (Interventions-/Maßnahmenvorschlag) schließt. Es ist offensichtlich, dass sich der praktische Wert einer Begutachtung direkt aus der Nützlichkeit der daraus resultierenden Vorschläge für Maßnahmen oder Interventionen ableiten lässt, und daraus, wie *hilfreich* die gegebenen Interventions- und Maßnahmenvorschläge sind. Mit dem in diesem Zusammenhang oft verwendete Begriff der *Indikation* ist die aus der Begutachtung ableitbare (meist klinische) Maßnahme gemeint. Es geht in der Klinischen Psychologie darum, die unter den vorliegenden Informationen beste bzw. effektivste Maßnahme oder Behandlung zu benennen, also eine *Indikation* zur *Intervention*.

Maßnahmenvorschläge im Psychologischen Gutachten sollen möglichst *konkret* sowie *theoretisch* und *empirisch fundiert sein*. Auch hier sind die grundsätzlich gegebenen Möglichkeiten mit den Eigenschaften (und Lebensumständen) einer Person in Bezug zu setzen: Es geht also nicht darum, einen allgemein hilfreichen Vorschlag zu machen, sondern einen, der für eine *konkrete* Person in einer *bestimmten* Situation den *größten* Erfolg verspricht.

Hinweis. Zur Prüfung gegebener Maßnahmenvorschläge kann es sinnvoll sein, sich vorzustellen, selbst der Auftraggeber des Gutachtens zu sein und sich dann die Frage zu stellen, ob die gegebenen Vorschläge tatsächlich umsetzbar, relevant, realistisch und letztlich auch hilfreich sind. Anhand dieses Rollenwechsels ist auch zu prüfen, ob man mit den in diesem Gutachten erbrachten Leistungen in Anbetracht des zeitlichen, emotional-motivationalen und ökonomischen Aufwands zufrieden wäre!

Die Palette möglicher Interventionen ist breit: Sie kann von der Empfehlung zur Aufnahme einer psychotherapeutischen Behandlung bis hin zur Ausarbeitung eines konkreten Trainingsprogramms (etwa für Teilleistungsstörungen) gehen. In manchen Fällen wird die begutachtende Person selbst Interventionsmaßnahmen durchführen oder aber die begutachtete Person beispielsweise an eine Institution verweisen. Grundsätzlich sind Interventionsvorschläge umso nützlicher für eine ratsuchende Person, je konkreter sie beschrieben sind.

Einige (kommentierte) Beispiele für Maßnahmenvorschläge aus studentischen Gutachten. Wie erwähnt, kann es eine einfache Leitlinie sein, sich selbst in die Lage einer ratsuchenden Person zu versetzen und darüber nachzudenken, wie zufrieden man selbst mit den folgenden Vorschlägen wäre. Dabei ist immer auch daran zu denken, dass jeder Auftrag mit einer konkreten Fragestellung (psychologische Fragestellung, s. oben) beginnt, und in Bezug auf diese eine möglichst präzise Antwort bzw. Hilfestellung erwartet wird.

- «Grundsätzlich ist Frau G. nun zu raten, an ihrem Selbstkonzept zu arbeiten und ihre sozialen Kompetenzen zu schulen.»
  *Frau G. möchte wissen, **wie sie an ihrem Selbstkonzept arbeiten kann und wie** sie ihre sozialen Kompetenzen schulen kann.*

- «Aufgrund von Testung und Anamnese kann Herrn K. das Studium der Mathematik und Darstellenden Geometrie mit Vorbehalt und unter Empfehlung eines zusätzlichen Trainings im Bereich *räumliches Vorstellungsvermögen* geraten werden.»
  *Herr K. möchte wissen, **wie er sein räumliches Vorstellungsvermögen trainieren** kann und **unter welchen Bedingungen** (Vorbehalt) er sein Studium erfolgreich abschließen kann.*

- «Sollten sich dennoch in der Studieneingangsphase Probleme zeigen, kann auch ein Studienrichtungswechsel empfohlen werden.»
  Eine Barnum-Aussage – trifft das nicht in allen Fällen zu? Darüber hinaus ist davon auszugehen, dass der Klient mit ziemlicher Sicherheit schon vor Beginn der Gutachtenerstellung von dieser Möglichkeit gewusst hat.

- «Es sollte eine Intervention unter dem Gesundheitsaspekt erfolgen.»
  Diese Formulierung wurde dem Arbeitsbezogenen Verhaltens- und Erlebensinventar (AVEM; Schaarschmidt & Fischer, 2008) entnommen. Dort wird sie als Hinweis für die Einordnung in eine bestimmte Kategorie von Interventionen verwendet – für sich alleine ist es noch keine ausreichend genaue Hilfestellung.

Ein Fallbeispiel, bei dem Maßnahmenvorschläge unter anderem aus dem AVEM abgeleitet wurden, kann bei Schaarschmidt und Fischer (1997) nachgelesen werden.

● «Frau N. sollte sich über Techniken zur Stressverarbeitung informieren und diese trainieren.»
*Frau N. erwartet, genau **diese** Informationen von der Gutachtenerstellerin zu bekommen; ebenso wie Hinweise auf verschiedene Techniken sowie die Nennung von Fachkräften oder Institutionen, wo sie Techniken erlernen und trainieren kann oder ein Angebot der Gutachtenerstellerin, das bei ihr zu machen.*

● «Ich empfehle jedoch einen eher kreativen Umgang auch beim Lernen zu finden und sich auch immer wieder Zeit für Dinge zu nehmen, bei denen keine Leistung gefragt und gefordert wird.»
Was ist ein kreativer Umgang beim Lernen? Ist damit das Erlernen verschiedener Lerntechniken gemeint? Wenn ja, dann müssen diese benannt werden. Abzuklären ist auch, ob die Umweltbedingungen es zulassen, dass ausreichend Zeit zur Verfügung steht, die der Klient «sich nehmen» kann oder wäre es ein sinnvoller Interventionsvorschlag, diese «freien Zeiten» zu schaffen?

● « ... »
Keinen Interventionsvorschlag zu machen ist wohl die schlechteste Entscheidung. Wenn man sich in die Situation des Klienten versetzt, kann man sich leicht vorstellen, wie unbefriedigend und enttäuschend diese Situation sein muss.

In jedem Fall muss Abstand genommen werden von Empfehlungen, für welche die begutachtende Person selbst über keine Expertise verfügt! So sind etwa im Rahmen einer *Psychologischen* Begutachtung Empfehlungen für ein konkretes Medikament grundsätzlich nicht zulässig – der Verweis bzw. die Empfehlung an diesbezügliche Expertinnen und Experten wird hier notwendig. Wie bereits erwähnt, ist die Eindeutigkeit der Sprache ein zentrales Kriterium. Hier ist vor allem auf eine korrekte Wortwahl zu achten. In einem studentischen Gutachten heißt es beispielsweise bei der Zusammenschau von Ergebnissen aus einem Interessenfragebogen und der Anamnese, dass die Klientin «*angeblich*» (sinngemäß ist gemeint «gemäß eigenen Angaben», «angegeben hat») gerne kreative Tätigkeiten ausübe. Hier ist die Wortwahl unglücklich, da der Eindruck entstehen könnte, dass die Klientin diese Tätigkeiten gar nicht gerne ausübt, sondern dies nur vorgibt. Darüber hinaus ist auch Vorsicht geboten bei der Verwendung von Begriffen, die in der Alltagssprache häufig verwendet werden.

Beispiel. «Das Kontrollbedürfnis kann gemeinsam mit dem *Tappen in die Grübelfalle* durchaus zu psychischen Krankheitsbildern führen» heißt es in einem studentischen Gutachten. Aber: *Was ist eigentlich die «Grübelfalle»?* Ist das ein

Begriff, der eindeutig definiert ist? Verstehen Laien und Fachleute ein und dasselbe darunter? Es ist unklar, was hier genau gemeint ist. Bei Verwendung solcher Begriffe besteht die Gefahr, dass dadurch mehr Verwirrung als Klarheit geschaffen wird und offen bleibt, was eigentlich vermittelt werden soll. Ein anderes Beispiel (wieder aus einem studentischen Gutachten): «Beachtet man das weit verbreitete *Helfersyndrom* und die damit verbundenen *Burnouts*, so wäre es auch empfehlenswert für Frau D., aufgrund ihrer überdurchschnittlich ausgeprägten Hilfsbereitschaft, zu lernen, sich etwas mehr distanzieren zu können.» *Ist das Helfersyndrom eindeutig definiert? Geht es immer mit einem Burnout-Syndrom einher? Sind Burnouts klinisch diagnostizierte Personen oder Menschen, die sich bei Stress am Arbeitsplatz «ausgebrannt» fühlen?* Um den Klienten nicht zu verwirren, empfiehlt es sich, möglichst klar definierte Begriffe zu verwenden. Lässt es sich nicht vermeiden einen Fachbegriff oder einen in der Alltagssprache mehrfach besetzten Begriff zu verwenden, dann sollte man eine kurze, allgemein verständliche Definition anführen.

Darüber hinaus ist von allgemeinen Aussagen Abstand zu nehmen. In einem studentischen Gutachten heißt es etwa «Es ist normal, in Stresssituationen unangenehme Gefühle zu erleben». Wie schon an anderer Stelle erwähnt, ist der Begriff «normal» im psychologischen Gutachten ungünstig. In einem anderen studentischen Gutachten heißt es: «Um Erfolg haben zu können, ist es auch wichtig, sich selbst loben zu können» und an anderer Stelle «Um erfolgreich sein zu können, sollte man aber auch daran glauben, erfolgreich sein zu können». Aussagen wie diese können in der persönlichen Rückmeldung, wenn sie für den Klienten zutreffen, hilfreich sein. Im Gutachten wirken sie aber zu allgemein (und darüber hinaus ist die Frage nach der sachlichen Richtigkeit zu stellen – wäre es möglich, auch erfolgreich sein, ohne sich selbst loben zu können?).

Weiter finden sich in vielen Gutachten Formulierungen, wie «Aufgrund der vorliegenden Informationen empfehle *ich* …» oder «… bin *ich* der Meinung, dass …». Dadurch wirkt die Empfehlung weniger seriös, da sie letztlich die Meinung einer Einzelperson darstellt. Um die Empfehlungen eines Gutachtens mit hinreichender Seriosität transportieren zu können, wird empfohlen, eine unpersönliche Formulierung zu wählen. Ein Beispiel wäre: «Aufgrund der vorliegenden Informationen wird … empfohlen». Es ist darauf zu achten, die korrekte Zeitform bei der Empfehlung zu wählen. Die richtige Zeitform für die Interventions- und Maßnahmenvorschläge ist der Indikativ.

Selbstverständlich sollten in diesem Teil des Gutachtens nicht nur die nicht-erfüllten Anforderungen («Schwächen») der begutachteten Person, sondern auch Stärken und Talente beschrieben werden. Schmidt (1999) empfiehlt, um negativ getönte Aussagen (die auch missverständlich sein können) zu vermeiden, «soweit möglich, Darstellung von gesunden, kompensatorischen Anteilen, von Coping-Strategien und von Schützsystemen» (S. 476). Snyder, Ritschel, Rand und Berg (2006) schlagen vor, auf ein ausgeglichenes Verhältnis bei der Informationssammlung und der Zusammenstellung des Gutachtens zwischen Stärken und Schwächen zu achten.

Abschließend ist festzuhalten, dass die jeweilige Fragestellung in einem Gutachten eindeutig beantwortet werden muss. Dabei sollen unklare Aussagen und Allgemeinplätze vermieden werden. Mitunter kann in studentischen Gutachten gelesen werden, dass der Klient bedenken müsse, dass er bei einer bestimmten Studienwahl «nur einer unter vielen» wäre; oder es heißt, dass man sich nicht «nur auf sein Talent verlassen» könne, sondern auch fleißig sein müsse, um eine Ausbildung erfolgreich abschließen zu können. In vielen Fällen werden diese Aussagen stimmen, aber soll man sie deswegen ins Gutachten mit aufnehmen? Ist etwa ein herausragender Student immer «einer unter vielen»? Ist ein überdurchschnittlich talentierter, aber (auch überdurchschnittlich) fauler Student gewissermaßen automatisch zum Scheitern verurteilt? Bei solchen Aussagen sollte stets abgewogen werden, was sie für den Klienten im konkreten Fall bedeuten und ob sie tatsächlich wichtige Informationen liefern, die zur Beantwortung der Fragestellung oder zur Ableitung von Interventionen dienlich sein können. Gleichzeitig ist es wichtig, klare Aussagen zu treffen. Ungünstig sind etwa jene, wie aus einem studentischen Gutachten, wo es heißt, dass die «Schlussfolgerung vertretbar erscheine», dass der Klient für den angestrebten Beruf geeignet ist. Für Klienten, die sich eine klare Aussage erwarten, sind solche Formulierungen wohl eher enttäuschend.

Ungünstig sind ebenso Empfehlungen, wie jene aus einem studentischen Gutachten, dass «der Klient seine Träume interpretieren möge und sie in einem Bild darstellen soll». Beide Elemente mögen in ein therapeutisches Setting sinnvoll eingebettet werden können, aber als konkreter Ratschlag an eine hilfesuchende Person sind sie – vor allem ohne die Empfehlung professionelle Unterstützung beizuziehen! – fehl am Platz.

Der zuvor gegebene Leitsatz, dass sich gute Maßnahmenvorschläge dadurch auszeichnen, dass sie konkret und theoretisch gut fundiert sind, ist zwar als Merksatz brauchbar, wohl aber ebenso wenig konkret. Zum Beispiel kann die Empfehlung, ein bestimmtes Legastkenietraining zu absolvieren (z. B. das Trainingsprogramm nach Sindelar, 2005), ein Interventionsvorschlag sein. In manchen Fällen ist es auch erforderlich, nicht nur ein Trainingsprogramm (und in der Rückmeldung dessen Inhalte zu umreißen) oder therapeutische Maßnahmen vorzuschlagen, sondern es besteht der Bedarf nach konkreten Handlungsanweisungen. In der Literatur werden dazu verschiedene Strategien beschrieben. Unverhau und Babinsky (2000) haben einen Katalog psychologischer Interventionen zusammengestellt. **Tabelle 5** gibt einen Überblick über ein allgemeines Schema von Interventionsstrategien, das hilfreich sein kann, im Einzelfall an unterschiedliche Formen der Intervention zu denken und wichtige Aspekte nicht zu vergessen.

Tabelle 5 zeigt, dass Interventionen auf verschiedenen Ebenen (Kognitive Funktion, Verhalten, Handlungsregulation, Lebensumfeld) erfolgen können. Um eine Änderung herbeizuführen, kann man sich direkter und indirekter Strategien bedienen.

Tabelle 5: Katalog (neuro-)psychologischer Interventionen nach Unverhau und Babinsky (2000).

Ansatz/ Veränderungsebene	Strategien	
	direkt	indirekt
Kognitive Funktion	Training spezifischer Funktionskomponenten	Training assoziierter und kompensatorischer Funktionen
Verhalten	Vermittlung alltagsrelevanter Fertigkeiten Vermittlung domänenspezifischer Kenntnisse	Aufbau leistungsfördernden Verhaltens Abbau von Problemverhalten
Handlungsregulation	Vermittlung von Strategien zur Verhaltenskontrolle	Veränderung der Problemwahrnehmung und -bewertung
	Vermittlung von spezifischen Lern- und Bewältigungsstrategien	Registrierung und Verwertung eigener Problemlösekompetenz
Optimierung des Lebensumfeldes	Umgestaltung der räumlichen Gegebenheiten Strukturierung von Abläufen	Beratung und Betreuung des sozialen Umfeldes Systemtherapeutische Konfliktlösung

Im Falle berufsbezogener Eignungsbeurteilungen muss im Zusammenhang mit Maßnahmenvorschlägen beachtet werden, dass bei allem Optimismus fehlende Eignungsmerkmale (im Sinne des Anforderungsprofils) nicht «wegdiskutiert» und in Maßnahmenvorschläge «verpackt» werden können.

Beispiel. So findet sich in einem studentischen Gutachten zu einer schulpsychologischen Fragestellung etwa der Hinweis, dass die Eignung zum Wechsel des Schultyps mit gesteigerten Anforderungen auch zu empfehlen war, obwohl die Leistungen in den durchgeführten Leistungstests mehrheitlich unterdurchschnittlich oder durchschnittlich bis unterdurchschnittlich waren, wenn es nur gelingt, die Motivation der Klientin zu steigern, die dann wieder die «Freude am Lernen» weckt. Auch wenn es gelingt, Motivation und Freude am Lernen zu steigern, ist dennoch die Frage zu stellen, ob die Ergebnisse in den Leistungstests dadurch kompensierbar sind! In anderen studentischen Gutachten findet sich auch der Hinweis, dass (entweder alle oder zumindest manche) Testergebnisse nicht interpretierbar wären, da sich die begutachtete Person gerade in der Pubertät befände und daher «alles anders sei». Hier ist natürlich die Frage zu stellen, ob – wenn die Aussage in Bezug auf die getestete Eigenschaft theoretisch fundiert ist – der Einsatz von Tests/Fragebogen überhaupt Sinn gemacht hat.

Tabelle 6: Psychologische Interventionen nach dem Schema von Unverhau und Babinsky (2000) in einem Fallbeispiel.

Ansatz/ Veränderungsebene	Strategien	
	direkt	indirekt
Kognitive Funktion	Kopfrechnen, Verständnis für Potenzfunktionen, Exponential- und Logarithmusfunktionen, Trigonometrie, Wahrscheinlichkeitsrechnungen (Abstimmung auf den Lehrstoff der Altersstufe)	Konzentrationstraining, Training in Text- und Leseverständnis
Verhalten	Strukturierung des Lernverhaltens (regelmäßig, nicht nur vor der Klausur); Optimierung der Hausaufgabensituation	Aufbau von Interesse und Freude am Fach (z. B. Besuch im Technikmuseum), Beschäftigung mit Biographien (weiblicher) Persönlichkeiten aus der Mathematik
	Üben von Prüfungssituationen zu Hause mit steigender Schwierigkeit; Absprache mit Lehrpersonal über geeignete Übungsaufgaben zur Vorbereitung auf Leistungsbeurteilungen	inhaltlich interessante Rechenbeispiele bearbeiten
		Einstellungen zur Mathematik erfragen und diskutieren
	Einüben systematisierten Vorgehens bei verschiedenen Aufgabenarten	Erfragen und Diskussion von Vermeidungsverhalten
Handlungsregulation	Einüben von Entspannungstechniken und Stressverarbeitungsstrategien	Prüfungsangst als «häufiges» Phänomen auch bei erfolgreichen Schülern sehen lernen, Leistungssteigernde Wirkung von Aktivierung erkennen
	Selbstinstruktionen, in der Prüfung einüben wie «Lies zuerst die Angaben ganz genau durch, bis du sie verstanden hast»; «Unterstreiche die wichtigsten Informationen», «Konzentriere dich nur auf die Aufgabe und was dabei verlangt wird», «Denk an das Beispiel, das Du kennst», «Notiere die Zwischenschritte beim Rechnen»	Selbstwertfördernde Hobbys (z. B. Reiten, Mannschaftssport)
Optimierung des Lebensumfeldes	Einbezug des Lehrpersonals («Angstfreier Klassenraum», z. B. kein Vorlesen der Noten vor anderen und Betonen der Wichtigkeit guter Noten, geringer Zeitdruck bei Klausuren), Eltern und Peers als «positives Modell»	Vermeidung gesteigerter elterlicher positiver Zuwendung nach Situationen von Prüfungsangst im Vergleich zu keiner (emotionale Zuwendung), stattdessen Unterstützung im Sinne von Problemlösung
	Einbezug der Eltern (z. B. Beobachtung des Hilfeverhaltens in der Hausaufgabensituation; Zeit für Unterstützung beim Lernen; Verbes-	Vermeidung hohen Erwartungsdrucks durch Eltern/Lehrer; Angst vor negativen Beurteilungen und Sorgen der Eltern ansprechen/diskutieren, Prüfung und Diskussion

Ansatz/ Veränderungsebene	Strategien	
	direkt	**indirekt**
	serung der Kommunikation mit Lehrpersonal; Bedeutsamkeit sozialer Unterstützung thematisieren)	der Motivstruktur (v. a. auch hinsichtlich Leistungsmotivation)
	Optimierung des Arbeitsplatzes und der Arbeitsmaterialien (z. B. störungsfreier Arbeitsplatz, eigener Arbeitsbereich, feste Zeitregelungen)	

Wie können Interventionen nun konkret aussehen?

Ein Beispiel dazu in **Tabelle 6**. Hintergrund der Maßnahmen sei eine dreizehnjährige Schülerin mit Prüfungsangst im Fach Mathematik.

Bei der Darstellung im Gutachten empfiehlt es sich, Interventionsvorschläge zu nennen und auszuformulieren. Ein weiteres Beispiel für einen Maßnahmenvorschlag für die oben genannte Schülerin, die Schwierigkeiten im Fach Mathematik hat, lautet «Besseres Einüben des Lehrstoffs». Im Gutachten kann man dazu spezielle Lerntechniken vorschlagen. Weiters ist auszuführen, wie das Verständnis von Rechenoperationen geschult werden kann (z. B. durch Nennung eines konkreten Trainingsprogramms). Vorschläge zur Optimierung des Lebensumfelds müssen an die realen Gegebenheiten angepasst werden und (bei Kindern) gemeinsam mit den Eltern besprochen werden. So macht es beispielsweise keinen Sinn, einer Familie mit eingeschränkten finanziellen Mitteln vorzuschlagen, dass das Kind einen eigenen Arbeitsraum für die Erledigung der Hausaufgaben und Vorbereitung auf die Schule benötigt, wenn im Vorhinein bereits klar ist, dass dadurch die finanziellen Möglichkeiten der Familie «gesprengt» werden. Hier sollte nach Alternativen, etwa nach einer geförderten Lerngruppe an der Schule, gesucht werden.

Beispiel. Konkrete Empfehlungen an einem Beispiel von Heubrock und Petermann (2001, S. 55) für mögliche Maßnahmenvorschläge bei Kindern mit Aufmerksamkeitsdefizit-/Hyperaktivitätsstörung.

- *Entspannung, Biofeedback*: Autogenes Training, Progressive Muskelentspannung, EMG- und Hauttemperatur-Biofeedback.

- *Verhaltenstherapeutische Techniken*: Modell-Lernen, positive Verstärkung, Token-Systeme, visuelles Diskriminationstraining, Problemlösetraining.

- *Elterntraining*: Verbesserung der Erziehungskompetenz der Eltern, Kommunikationstraining, Vermittlung von Techniken zur Verhaltensmodifikation.

- *Behandlungspakete*: Multimediale Ansätze für betroffene Kinder, Eltern und Lehrer.

- *Selbstinstruktionstraining*: Versprachlichung bei Problemlöseaufgaben, verbale Selbststeuerung.

Jede der genannten Strategien oder eine Kombination daraus kann eine sinnvolle Empfehlung sein. Im Einzelfall kann diese Liste durch andere Strategien ergänzt werden.

Bei komplexen Fragestellungen ist es ratsam, bei Maßnahmenvorschlägen nicht nur bei der begutachteten Person selbst anzusetzen, sondern auch das Umfeld mit einzubeziehen. Auch dafür werden in der Literatur verschiedene Trainingsprogramme beschrieben.

Beispiel. Das *Konstanzer Trainingsprogramm* (KTM; Tennstädt, Krause, Humpert & Dann, 1992) richtet sich an Lehrkräfte und soll dabei helfen, Aggressionen und Störungen im Unterricht besser zu bewältigen. Im KTM werden dazu fünf Strategien beschrieben:

- Unerwünschtes Verhalten hemmen,

- Negative Anregungen vermindern,

- Positive Anregungen anbieten,

- Persönliche Bewertungen und Sichtweisen verändern,

- Erwünschtes Verhalten fördern.

Für jede dieser fünf Strategien, die entweder präventiv, kurzfristig und/oder langfristig wirksam werden sollen, werden Ziele und verschiedene Maßnahmen formuliert, die zur Zielerreichung führen können.

Selbstverständlich muss geprüft werden, ob die Empfehlung eines Trainingsprogramms, wie das KTM für einen bestimmten Klienten bzw. eine Klientin (bzw. das soziale Umfeld) zu empfehlen ist, oder ob nicht andere Interventionen, z. B. mit stärkerer therapeutischer Orientierung, größere Erfolgsaussichten haben.

In der Literatur werden eine Vielzahl an Programmen, Techniken oder Interventionen beschrieben. Diese umfangreiche Literatur kann hier nicht besprochen werden. Es folgen nun einige Hinweise, die neben den an anderer Stelle bereits erwähnten, zeigen sollen, wie breit das Spektrum möglicher Interventionen sein kann. Beispielsweise stellen Plück, Wieczorrek, Wolff Metternich und Döpfner (2006) ein Präventionsprogramm für expansives Problemverhalten vor. Ein Training für Kinder mit Aufmerksamkeitsstörungen wird bei Jacobs und Petermann (2008) beschrieben. Bei Perels (2007) findet sich ein Programm zur Förderung des selbstregulierten Lernens (kombiniert mit Förderung des mathematischen Problemlösens bei der Bearbeitung von Textaufgaben). Möglichkeiten zur Förderung der Lesekompetenz und Lesemotivation stellen Souvignier, Streblow, Holodynski und Schiefele (2007) vor. Bei Schermer und Weber (2006) finden sich Programme für die Arbeit mit Kindern mit hyperkinetischem und oppositionellem Problemverhalten, für ein Ärgerbewältigungstraining, ein Stressbewältigungstraining, ein Verhaltenstrainingsprogramm zum Aufbau Sozialer Kompetenz sowie ein Rückfallpräventionstraining. Techniken, die bei Aufmerksamkeitsstörungen zum Einsatz kommen, können stellt Sturm (2005) vor. Interventionen aus der Gerontopsychologie stellen Oswald und Kaiser (2006; s. a. Dellenbach, Zimprich & Martin, 2008) vor. Einen Katalog klinisch-psychologischer Interventionen hat Honemann (2000) vorgelegt. Interventionstechniken für klinische Fragestellungen bei Kindern werden bei Petermann (2000, 2008) vorgestellt. Beispiele für die Ableitung von Interventionen anhand von Fallbeispielen finden sich bei Kubinger und Ortner (2010). Die genannten Beispiele stellen nur eine kleine Auswahl möglicher Informationsquellen dar. Für nahezu jede Fragestellung sind in der entsprechenden Fachliteratur Hinweise auf mögliche Ansatzpunkte für Interventionen zu finden.

Wichtig ist es oftmals auch einen Zeitrahmen zu definieren, innerhalb dessen eine Intervention (wahrscheinlich) abgeschlossen sein wird. Dieser kann aus eigener Erfahrung oder der Literatur abgeleitet werden. Selbstverständlich ist es auch wichtig, Programme individuell auf Ratsuchende abzustimmen. In den meisten Fällen ist es ungünstig, wenn die vorgesehene Dauer eines Vorschlags vom *subjektiven* Eindruck der begutachteten Person abhängig gemacht wird.

Beispiel. Zu einer schulpsychologischen Fragestellung in einem studentischen Gutachten heißt es etwa: «Die Nachhilfestunden sollen so lange beibehalten werden, bis sich L. in der Lage fühlt, ihre Hausaufgaben selbstständig zu bearbeiten». Ohne Zweifel ist dieses Kriterium eine wichtige Information. Allerdings sollten als Abbruchkriterien hier auch Informationen durch die Nachhilfelehrerinnen und Nachhilfelehrer, wichtige Bezugspersonen oder Lehrkräfte aus der Schule einfließen.

FAZIT: Interventionen und Maßnahmenvorschläge müssen auf die jeweiligen Anforderungen aus dem Anforderungsprofil bzw. aus den Hypothesen abgeleitet werden. Neben den zentralen inhaltlichen Kriterien ist auch ein wesentliches Kriterium, dass es sich um tatsächlich praktisch umsetzbare Vorschläge handelt (z. B. gemessen an den zeitlichen, situativen oder finanziellen Ressourcen von Klienten).

13 Zusatz und Anhang

Als Zusatz wird gewöhnlich die Einhaltung geltender Regeln zu Gutachtenerstellung per Unterschrift bestätigt. An Kubinger (2006) angelehnt lässt sich folgender Zusatz empfehlen: «*Ich versichere, dieses Gutachten nach sorgfältiger psychologischer Erhebung relevanter Informationen zu den im Gutachten zu beurteilenden Tatsachen nach bestem Wissen und Gewissen im Sinne der berufsethisch festgeschriebenen Richtlinien abgefasst zu haben*». Im forensischen Bereich ist es auch üblich, dies im folgenden Sinne kürzer zu bestätigen: «*Ich versichere, das vorstehende Gutachten unparteilich und nach bestem Wissen und Gewissen erstattet zu haben.*»

Im Anhang werden die Originaltestbögen abgelegt. Dass es grundsätzlich erforderlich ist, im Rahmen von Begutachtungen Originaltestbögen zu verwenden, ist durch Urheberrechte festgelegt, durch die Testentwicklungen und Protokollbögen als geistiges Eigentum rechtlich geschützt sind. Wer unrechtmäßige Kopien einsetzt, handelt illegal und macht sich strafbar. Nur durch einen finanziellen Aufwand beim Einsatz psychologischer Tests und Fragebogen in der Praxis werden qualitätssichernde Maßnahmen wie Weiterentwicklungen und Optimierungen, Neunormierungen etc. möglich. Diese kommen letztendlich jenen Personen zugute, die eine Begutachtung in Auftrag geben. Der Einsatz von Kopien im Rahmen von Testungen kann sich auch zu Lasten von Klienten auswirken: Mangelhafte Kopien können Einfluss auf die Lesequalität haben, schlecht kopiertes Itemmaterial kann sich daher nachteilig auf die Leistung der Testperson auswirken (z. B. durch missverständliches Markieren, schlechte Lesbarkeit).

14 Zusammenfassung

Die Zusammenfassung kann am Anfang oder am Ende eines Gutachtens stehen. Aufgabe ist es, die wichtigsten Aussagen der verschiedenen Teile eines Gutachtens in möglichst je einem bis zwei Sätzen darzustellen. Dies geht also über die bloße Zusammenfassung der Testergebnisse hinaus. Die Zusammenfassung dient ebenso der Überblicksgewinnung über die wesentlichen Merkmale der Fallbehandlung.

Anhang

Gütekriterien Psychologischer Gutachten

Angelehnt an Gütekriterien psychologischer Tests können auch Kriterien für Psychologische Gutachten definiert werden. Diese sollen zwei Funktionen erfüllen:

a) Für den (die) *Gutachtenersteller(in)*: Eine Möglichkeit, die eigene Arbeit anhand objektiver Kriterien zu evaluieren und zu hinterfragen. Bei Einhaltung der geforderten Kriterien kann davon ausgegangen werden, dass ein Gutachten wissenschaftlichen Ansprüchen genügt.

b) Für den (die) *Auftraggeber(in)*: Anhand der Einhaltung von Gütekriterien können die Schritte der Begutachtung nachvollzogen werden. Das Gutachten erfüllt mit höherer Wahrscheinlichkeit die Qualitätsmerkmale.

Neben den bereits erwähnten Schwierigkeiten beim Einsatz von Projektiven Verfahren (s. o.) gibt es noch eine Reihe anderer in der Literatur berichteter typischer Mängel bei psychologischen Gutachten (eine Zusammenfassung gibt Kubinger, 2003). Zu nennen sind hier unscharfe Ausdrucksweise, ausweichende Stellungnahmen, fehlende Objektivierbarkeit (Götsch, 1997), fehlende Anmerkungen zu den Grenzen der Aussagekraft der Ergebnisse (Kubinger, 1997), Einsatz von Tests, die nicht mehr aktuell sind (Bauer, 2000; Brugger, 2001), sowie fehlende Nachvollziehbarkeit (Klüber, 1998; Terlinden-Arzt, 1998).

Hinweis. Das Gutachten ist nach der Fertigstellung nicht nur hinsichtlich inhaltlicher, sondern auch nach formalen Kriterien nochmals zu prüfen. Keinesfalls vorteilhaft wirkt es, wenn Fachbegriffe falsch geschrieben werden oder die Schreibweise variiert. In einem studentischen Gutachten war etwa zunächst von «Staninie-Werten» und wenige Zeilen später von «Stainiewerten» zu lesen.

In **Tabelle 7** wird eine Übersicht von Zuschlag (2006; S. 19ff) über Anforderungen an Psychologische Gutachten sowie Psychologische Gutachterinnen und Gutachter gegeben.

Tabelle 7: Anforderungen an psychologische Gutachten und psychologische Gutachter nach Zuschlag (2006)

Qualitätskriterien	Anforderungen
1. Nutzen des Gutachtens für den Auftraggeber	• Beantwortung der (sachgerecht) gestellten Fragen • angemessener Bearbeitungszeitraum • vertretbare Relation von Kosten und Nutzen
2. Fachkompetenz des psychologischen Gutachters	• einschlägige Berufsausbildung (wissenschaftliches Studium der Psychologie mit Abschluss – d. h. in der Regel bisher Diplom oder Promotion) • Sachkenntnisse in dem jeweiligen Fachgebiet nach aktuellem Stand der Wissenschaft • Kenntnis der einschlägigen Fachliteratur • Beherrschung der (hypothesengeleiteten) psychologischen Differenzialdiagnostik • einschlägige mehrjährige Berufserfahrung
3. Neutralität, Objektivität, Unabhängigkeit, Unbestechlichkeit, Verschwiegenheit	• Unabhängigkeit von den am Begutachtungsprozess Beteiligten • neutrales Verhalten gegenüber den Beteiligten • Vorurteilsfreiheit • Objektivität bei der Planung, Durchführung und Auswertung der Untersuchung sowie bei der Interpretation der Untersuchungsergebnisse • Datenerhebung ausschliesslich bezogen auf die Fragestellung(en) • Verwertung aller erhobenen Daten • sichere Aufbewahrung der Daten und Akten • Einhaltung des Datenschutzes (nach Datenschutzgesetz) • Einhaltung der Schweigepflicht (§ 203 StGB) • Unbestechlichkeit
4. Lesbarkeit und Verständlichkeit des Gutachtens	• Dokumentation der Auftragsdaten (Geschäfts- und Aktenzeichen etc.) • übersichtliche Textorganisation • übersichtliche Gutachtengliederung • gut lesbares Schriftbild • verständliche Formulierungen • Vermeiden von unnötigen Abkürzungen • präzise Wortwahl (ggf. Erläuterung von Fachausdrücken) • Rechtschreibung, Grammatik und Zeichensetzung nach Dudenregeln • ggf. Abbildungen etc. zur Veranschaulichung
5. Nachvollziehbarkeit des Gutachtens	• konkrete Wiedergabe der Fragestellung (wörtliches Zitat) • ggf. Beratung des Auftraggebers bei der Formulierung einer sachgerechten Fragestellung für das psychologische Gutachten

Qualitätskriterien	Anforderungen
	• sachgerechte Strukturierung der Fragestellung des Auftraggebers aus der Perspektive des psychologischen Sachverständigen im Rahmen seiner fachpsychologischen Arbeitshypothesen • getrennte Darstellung von Untersuchungsergebnissen (d. h. Daten) und psychologischem Befund (d. h. Interpretation) • Eindeutigkeit der gutacht(er)lichen Feststellungen • Widerspruchsfreiheit der Argumentation • vollständige Beantwortung aller vom Auftraggeber gestellten Fragen • nachvollziehbare Begründung der Feststellungen und Schlussfolgerungen des Sachverständigen
6. Nachprüfbarkeit des Gutachtens	• Angabe aller Informations- und Datenquellen • Information über die differenzialdiagnostischen Überlegungen sowie über die angewandten Untersuchungsverfahren, deren Zielsetzung, Auswertung und Normierung • präzise Darstellung des Untersuchungsablaufs und der Untersuchungsergebnisse • Information über (eventuell hinzugezogene) Hilfskräfte • Information über die Auswertungsmethoden und Beurteilungskriterien (Normen etc.) • Information über eventuelle Zusatzgutachten oder Stellungnahmen zu Spezialfragen von anderen Experten
7. Überzeugungskraft des Gutachtens	• Präzise Erfassung und Wiedergabe der Fragestellung(en) des Auftraggebers • klare und übersichtliche Gutachtengliederung • überzeugende (hypothesengeleitete) psychologische Differenzialdiagnostik mit sachgerechten psychologischen Arbeitshypothesen • klare Trennung von Untersuchungsergebnissen (Daten) und psychologischen Befunden (Interpretation) • Eindeutigkeit der Ausführungen des Sachverständigen • logisch überzeugende Argumentation • Widerspruchsfreiheit der Ausführungen des Sachverständigen • sachgerechte Gewichtung der Untersuchungsergebnisse • Verzicht auf fragwürdige Annahmen, Vermutungen und Spekulationen • fachlich fundierte und überzeugende Formulierung fachpsychologischer Arbeitshypothesen • verständliche und logisch überzeugende Beantwortung der vom Auftraggeber gestellten Frage(n)

Literaturverzeichnis

Ackerman, M. J. (2006). Forensic report writing. *Journal of Clinical Psychology, 62*, 59–72.

Amelang, M. & Schmidt-Atzert, L. (2006). *Psychologische Diagnostik und Intervention* (4., vollst. überarbeitete und erweiterte Aufl). Berlin, Heidelberg, New York: Springer.

Bader, P., Hofmann, K. & Kubinger, K. D. (1993). Zur Brauchbarkeit der Normen von Papier-Bleistift-Tests für die Computer-Vorgabe: Ein Experiment am Beispiel des Gießen-Tests. *Zeitschrift für Differentielle und Diagnostische Psychologie, 14*, 25–29.

Bauer, A. (2000). *Beurteilung und Qualitätssicherung von psychologisch-diagnostischen Gutachten.* Unveröffentlichte Diplomarbeit, Universität Wien.

Bäumler, G. (1974). *Lern- und Gedächtnistest (LGT-3).* Göttingen: Hogrefe.

Bem, D. J. & Allen, A. (1974). On predicting some of the people some of the time: The search for cross-situational consistencies in behavior. *Psychological Review, 81*, 506–520.

Beckmann, J. F. (2003). Lerntest. In K. D. Kubinger & R. S. Jäger (Hrsg.), *Schlüsselbegriffe der Psychologischen Diagnostik* (S. 267–271). Weinheim: Beltz/PVU.

Bergmann, C. (2003). Interessenfragebogen. In K. D. Kubinger & R. S. Jäger (Hrsg.), *Schlüsselbegriffe der Psychologischen Diagnostik* (S. 225–229). Weinheim: Beltz/PVU.

Bergmann, C. & Eder, F. (2005). *AIST-R. Allgemeiner Interessen-Struktur-Test mit Umwelt-Struktur-Test (UST-R) – Revision.* Göttingen: Beltz.

Boerner, K. (2004). *Das psychologische Gutachten* (7., erw. Aufl.). Weinheim: Beltz.

Bohm, E. (2004). *Lehrbuch der Rorschach-Psychodiagnostik* (8. Aufl.). Bern: Huber.

Bortz, J. (2005). *Statistik für Sozialwissenschafter* (6. Aufl.). Berlin: Springer.

Bratfisch, O. & Hagman, E. (2003). *Mathematik in der Praxis (MIP).* Software und Manual. Mödling: Dr. G. Schuhfried GmbH.

Brem-Gräser, L. (2006). *Familie in Tieren* (9. Aufl.). Göttingen: Hogrefe.

Bremm, M. H. & Kühn, R. (1992). *Rechentest 9+ (RT 9+).* Göttingen: Beltz.

Bressani, R. V. & Downs, A. C. (2002). Youth independent living assessment: Testing the equivalence of web and paper/pencil versions of the Ansell-Casey Life Skills Assessment. *Computers in Human Behavior, 18*, 453–464.

Brickenkamp, R. (2002). *Aufmerksamkeits-Belastungstest d2* (9. Aufl.). Göttingen: Hogrefe.

Brugger, C. (2001). *Psychologische Sachverständigengutachten im Entlassungsverfahren aus der Maßnahme nach § 21 Abs. 2 StGB.* Unveröffentlichte Diplomarbeit, Universität Wien.

Bulheller, S. & Häcker, H. (2009). *Standard Progressive Matrices. Dt. Bearbeitung und Normierung* (2. Aufl.). Manual. Frankfurt/Main: Swets Test Services (Harcourt Test Services).

Bulheller, S. & Häcker, H. (1998). *Advanced Progressive Matrices.* Dt. Bearbeitung und Normierung. Manual. Frankfurt/Main: Swets Test Services (Harcourt Test Services).

Bullheller, S. & Häcker, H. (2002). *Colored Progressive Matrices – Evaluation und Neunormierung.* Frankfurt/Main: Swets Test Services (Harcourt Test Services).

Büttner, G. & Schmidt-Atzert, L. (2004) (Hrsg.). *Diagnostik von Konzentration und Aufmerksamkeit.* Jahrbuch der pädagogisch-psychologischen Diagnostik. Tests und Trends- Band 3. Göttingen: Hogrefe.

Cattell, R. B. (1978). *Die empirische Erforschung der Persönlichkeit* (2. Aufl.). Weinheim: Beltz.

Cattell, R. B. & Warburton, F. W. (1968). *Objective Personality and Motivation Tests. A theoretical introduction and practical compendium.* Urbana, IL: University of Illinois Press

Cattell, R. B. & Weiss, R. H. (1971). *Grundintelligenztest Skala 3 (CFT-3)* (3. Aufl.). Göttingen: Hogrefe.

Cattell, R. B., Weiss, R. H. & Osterland, J. (1997). *Grundintelligenztest Skala 1 (CFT-1)* (5. Aufl.). Göttingen: Hogrefe.

Conrad, W., Baumann, E. & Mohr, V. (1980). *Mannheimer Test zur Erfassung des physikalisch-technischen Problemlösens (MTP).* Göttingen: Hogrefe.

Deegener, G. (1995). *Anamnese und Biographie im Kindes- und Jugendalter* (2. Aufl). Göttingen: Hogrefe.

Dellenbach, M., Zimprich, D. & Martin, M. (2008). Kognitiv stimulierende Aktivitäten als Beitrag zur informellen Erwachsenenbildung im mittleren und höheren Alter. In A. Kruse (Hrsg.), *Weiterbildung in der zweiten Lebenshälfte/Theorie und Praxis der Erwachsenenbildung* (S. 121–159). Bielefeld: wbv.

Deutsche Gesellschaft für Psychologie (2007). *Richtlinien zur Manuskriptgestaltung* (3.. Aufl.). Göttingen: Hogrefe.

Deutsches Institut für Normierung e. V. (2002). *DIN 33430 – Anforderungen an Verfahren und deren Einsatz bei berufsbezogenen Eignungsbeurteilungen.* Berlin: Beuth.

Dilling, H., Mombour, W. & Schmidt, M. H. (2005). *Internationale Klassifikation psychischer Störungen (ICD-10, Kapitel 5 (F)* (5. Aufl.). Bern: Hans Huber.

Döpfner, M., Görtz-Dorten, A. & Lehmkuhl, G. (2008) *DISYPS-II Diagnostik-System für psychische Störungen nach ICD-10 und DSM-IV für Kinder und Jugendliche-II.* Göttingen: Hogrefe

Döpfner, M., Lehmkuhl, G., Heubrock, D., & Petermann, F. (2000). Diagnostik psychischer Störungen im Kindes- und Jugendalter. Göttingen: Hogrefe.

Döpfner, M. & Petermann, F. (2008). *Diagnostik psychischer Störungen im Kindes- und Jugendalter* (2., überarbeitete Aufl.). Göttingen: Hogrefe.

Emery, C. L. & Lilienfeld, S. O. (2004). The validity of child sexual abuse checklists in the popular psychology literature: A Barnum Effect? *Professional Psychology: Research and Practice, 35,* 268–274.

Erdmann, G. & Janke, W. (2008). *Stressverarbeitungsfragebogen (SVF 120 und SVF 78)* (4. Aufl.). Göttingen: Hogrefe.

Exner, J. E. (2005). *The Rorschach: A comprehensive system, 2, Advanced Interpretation* (3rd ed.). New York, NY: John Wiley & Sons.

Exner, J. E. (1993). *The Rorschach: A comprehensive system, 1, Basic foundations* (3rd ed.). New York, NY: John Wiley & Sons.

Exner, J. E. (2003). *The Rorschach: A comprehensive system* (4th ed.). New York: John Wiley & Sons.

Fahrenberg, J. (2002). *Psychologische Interpretation. Biographien – Texte – Tests.* Bern: Hans Huber.

Fahrenberg, J, Hampel, R. & Selg, H. (2001). *Freiburger Persönlichkeitsinventar (FPI-R)* (7. Aufl.). Göttingen: Hogrefe.

Feldhusen, J. F. & Goh, B. E. (1995). Assessing and accessing creativity: An integrative review of theory, research, and development. *Creativity Research Journal, 8,* 231–247.

Fisseni, H.-J. (1982). *Persönlichkeitsbeurteilung: Zur Theorie und Praxis des psychologischen Gutachtens.* Göttingen: Hogrefe.

Fisseni, H.-J. (1987). Exploration und Fragebogen im Vergleich. In G. Jütenmann & H. Thomae (Hrsg.), *Biographie und Psychologie* (S. 168–177). Berlin: Springer.

Fisseni, H.-J. (2004). *Lehrbuch der psychologischen Diagnostik* (3., überarbeitete und erweiterte Aufl.). Göttingen: Hogrefe.

Flanagan, J. C. (1954). The Critical Incident Technique. *Psychological Bulletin, 51,* 327–358.

Forer, B. R. (1949). The fallacy of personal validation: A classroom study of gullibility. *Journal of Abnormal and Social Psychology, 44,* 118–123.

Formann, A. K. & Piswanger, K. (1979). *Wiener Matrizen-Test (WMT) Ein Rasch-skalierter sprachfreier Intelligenztest.* Weinheim: Beltz.

Franke, G. H. (1997). Über die Möglichkeit der computerunterstützten Darbietung beim revidierten Freiburger Persönlichkeitsinventar. Zwei experimentelle Studien. *Zeitschrift für Experimentelle Psychologie, 44,* 332–356.

Frey, A., Hartig, J. & Moosbrugger, H. (2009). Effekte des adaptiven Testens auf die Motivation zur Testbearbeitung am Beispiel des Frankfurter Adaptiven Konzentrationsleistungs-Tests. *Diagnostica, 55,* 20–28.

Furnham, A. (2008). HR professionals' beliefs about, and knowledge of, assessment techniques and psychometric tests. *International Journal of Selection and Assessment, 16,* 300–305.

Gatternig, J. & Kubinger, K. D. (1994). *Erkennen von Meta-Regeln.* Software und Manual. Frankfurt/Main: Swets Test Services (Harcourt Test Services).

Geiser, C. & Eid, M. (2006). Profilanalyse. In F. Petermann & M. Eid (Hrsg.). *Handbuch der Psychologischen Diagnostik* (S. 318–331). Göttingen: Hogrefe.

Gittler, G. (1990). *Dreidimensionaler Würfeltest (3DW).* Weinheim: Beltz Test GmbH.

Gittler, G. (2004). *Adaptiver Dreidimensionaler Würfeltest (A3DW).* Software und Manual. Mödling: Dr. G. Schuhfried GmbH.

Glück, J. (2004). Orientieren sich Männer und Frauen in einer virtuellen Umgebung anders? In C. Quaiser-Pohl & K. Jordan (Hrsg.), *Warum Frauen glauben, sie könnten nicht einparken – und Männer ihnen recht geben* (S. 135–148). München: CH Beck.

Götsch, G. (1997). Qualitätssicherung psychologischer Diagnostik bei Befundung und Begutachtung. Aus der Sicht des Hauptverbandes der allgemein beeideten gerichtlichen Sachverständigen Österreichs. *Psychologie in Österreich, 17,* 23–26.

Groth-Marnat, G. & Horvath, L. S. (2006). The psychological report: A review of current controversies. *Journal of Clinical Psychology, 62,* 73–81.

Grössenbrunner, P. (2003). *Pilot's Spatial Test (PST).* Software und Manual. Mödling: Dr. G. Schuhfried GmbH.

Guthke, J. & Wiedl, K. H. (1996). *Dynamisches Testen – Zur Psychodiagnostik der intraindividuellen Variabilität; Grundlagen, Verfahren und Anwendungsfelder.* Göttingen: Hogrefe.

Hacker, W., Fritsche, B., Richter, P. & Iwanowa, A. (1995). *Tätigkeitsbewertungssystem (TBS) Verfahren zur Analyse, Bewertung und Gestaltung von Arbeitstätigkeiten (TBS).* Zürich: vdf Hochschulverlag.

Hampel, R. & Selg, H. (1975). *Fragebogen zur Erfassung von Aggressivitätsfaktoren (FAF).* Göttingen: Hogrefe.

Hany, E. A. (2000). Diagnostischer Prozeß und Begutachtung. In K. A. Heller (Hrsg.), *Begabungsdiagnostik in der Schul- und Erziehungsberatung* (S. 322–374) (2. Aufl.). Bern: Hans Huber.

Hartmann, H. A. (1973). *Psychologische Diagnostik* (2. Aufl.). Stuttgart: Kohlhammer.

Hartmann, H. A. & Haubl, R. (1984). *Psychologische Begutachtung: Problembereiche und Praxisfelder* (S. 33–74). München: Urban & Schwarzenberg.

Hartje, W. (2004). *Neuropsychologische Begutachtung.* Göttingen: Hogrefe.

Haubl, R. (1984). Praxeologische und epistemologische Aspekte psychologischer Begutachtung. In H. A. Hartmann & R. Haubl (Hrsg.), *Psychologische Begutachtung: Problembereiche und Praxisfelder* (S. 33–74). München: Urban & Schwarzenberg.

Häcker, H., Leutner, D. & Amelang, M. (Hrsg.)(1998). *Standards für pädagogisches und psychologisches Testen.* Supplementum 1/1998 der Diagnostica und der Zeitschrift für Differentielle und Diagnostische Psychologie.

Hänsgen, K.-D. (2000). Befragung zur Situation der Psychodiagnostik in der Schweiz. *Berichte des Zentrums für Testentwicklung und Diagnostik am Departement für Psychologie der Universität Freiburg/Schweiz.*

Hänsgen, K.-D. (2005). *Psychodiagnostik und Qualitätssicherung – Probleme und Chancen einer Verbesserung mittels DIN 33430.* Vortrag im Rahmen des Gästekolloquiums der Fachrichtung Persönlichkeitspsychologie und Diagnostik der Universität Zürich am 20.01.2005.

Heubrock, D. & Petermann, F. (2001). *Aufmerksamkeitsdiagnostik.* Kompendien Psychologische Diagnostik, Bd. 2. Göttingen: Hogrefe.

Heyde, G. (1995). *Inventar Komplexer Aufmerksamkeit (INKA).* Frankfurt/M.: Swets (Harcourt).

Holocher-Ertl, S. Kubinger, K. D. & Frebort, M. (2006). Objektive Persönlichkeitstests in der Personalauswahl: Justizanstaltsleiter. In T. M. Ortner, R. T. Proyer & K. D. Kubinger (Hrsg.), *Theorie und Praxis Objektiver Persönlichkeitstests* (S. 222–233). Bern: Hans Huber.

Holocher-Ertl, S., Kubinger, K. D. & Menghin, S. (2003). *Big Five Plus One Persönlichkeitsinventar (B5PO).* Test: Software und Manual. Mödling: Dr. G. Schuhfried GmbH.

Holland, J. L. (1997). *Making vocational choices* (3rd ed.). Odessa, FL: Psychological Assessment Resources.

Holling, H., Preckel, F. & Vock, M. (2004). *Intelligenzdiagnostik.* Kompendien Psychologische Diagnostik, Bd. 6. Göttingen: Hogrefe.

Honemann, E. (2000). Katalog klinisch-psychologischer Interventionen. In W. Beiglböck, S. Feselmayer & E. Honemann (Hrsg.), *Handbuch der klinisch-psychologischen Behandlung* (Anhang, ohne Seitenangaben). Wien: Springer.

Hornke, L. F., Etzel, S. & Rettig, K. (2004). *Adaptiver Matrizen Test.* Software und Manual. Mödling: Dr. G. Schuhfried GmbH.

Hossiep, R., Paschen, M. & Mühlhaus, O. (2003). *Bochumer Inventar zur berufsbezogenen Persönlichkeitsbeschreibung (BIP)* (2. Aufl.). Göttingen: Hogrefe.

Hossiep, R. & Wottawa, H. (1993). Diagnostik. In A. Schorr (Hrsg.), *Handwörterbuch der Angewandten Psychologie* (S. 131–136). Bonn: Deutsche Psychologen.

Hülsheger, U. R. & Maier, G. W. (2008). Persönlichkeit, Intelligenz und Erfolg im Beruf: Eine Bestandsaufnahme internationaler und nationaler Befunde. *Psychologische Rundschau, 59,* 108–122.

International Test Commission (2000). ITC Guidelines on Test Use. Zugriff am 8.4.2009 http://www.intestcom.org/guidelines/index.php

Jacobs, C. & Petermann, F. (2008). *Training für Kinder mit Aufmerksamkeitsstörungen.* (2. Aufl.) Göttingen: Hogrefe.

Jäger, R. S. (1978). *Differentielle Diagnostizierbarkeit in der Psychologischen Diagnostik.* Göttingen: Hogrefe.

Jäger, R. S. (2003a). *Praxis der Psychologischen Diagnostik. Eine empirische Untersuchung über Tätigkeit, Einsatzgebiete, praktisches Handeln, Erfahrung und Wissen von praktisch tätigen Diagnostikern* (Psychologie, Band 33). Landau: Verlag Empirische Pädagogik.

Jäger, R. S. (2003b). Prozess, diagnostischer. In K. D. Kubinger & R. S. Jäger (Hrsg.), *Schlüsselbegriffe der Psychologischen Diagnostik* (S. 348–354). Weinheim: Beltz/PVU.

Jäger, R. S. (2003c). Intervention. In K. D. Kubinger & R. S. Jäger (Hrsg.), *Schlüsselbegriffe der Psychologischen Diagnostik* (S. 230–235). Weinheim: Beltz/PVU.

Jäger, R. S. (2006). Diagnostischer Prozess. In F. Petermann & M. Eid (Hrsg.). *Handbuch der Psychologischen Diagnostik* (S. 89–96). Göttingen: Hogrefe.

Jäger, R. S. & Kaiser, A. (1987). Biographische Analyse und biographische Diagnostik. In G. Jütenmann & H. Thomae (Hrsg.), *Biographie und Psychologie* (S. 178–193). Berlin: Springer.

Joerin Fux, S. (2006). *Persönlichkeit und Berufstätigkeit: Theorie und Instrumente von John Holland im deutschsprachigen Raum, unter Adaptation und Weiterentwicklung von Self-directed Search (SDS) und Position Classification Inventory (PCI).* Göttingen: Cuvillier.

Joerin Fux, S. & Stoll, F. (2006). *Explojob – Das Werkzeug zur Beschreibung von Berufstätigkeiten.* Bern: Hans Huber.

Jörin, S., Stoll, F., Bergmann, C. & Eder, F. (2003). *EXPLORIX® – Das Werkzeug zur Berufswahl und Laufbahnplanung.* Bern: Hans Huber.

Kaminski, G. (1970). *Verhaltenstheorie und Verhaltensmodifikation.* Stuttgart: Ernst Klett Verlag.

Kanning, U. P. (2003). *Diagnostik sozialer Kompetenzen.* Kompendien Psychologische Diagnostik, Bd. 4. Göttingen: Hogrefe.

Kersting, M., Althoff, K. & Jäger, A. O (2008*). WIT-2. Der Wilde Intelligenztest – vollständig neue Version.* Göttingen: Hogrefe.

Klinck, D. (2002). *Computergestützte Diagnostik.* Göttingen: Hogrefe.

Klüber, A. (1998). *Psychologische Gutachten für das Familiengericht.* Lengerich: Pabst.

Kramer, J. (2009). Allgemeine Intelligenz und beruflicher Erfolg in Deutschland: Vertiefende und weiterführende Metaanalysen. *Psychologische Rundschau, 2,* 82–98.

Krampen, G. (1991). *Fragebogen zu Kompetenz- und Kontrollüberzeugungen (FKK).* Göttingen: Hogrefe.

Krampen, G. (1993). Effekte von Bewerbungsinstruktionen und Subskalenextraktion in der Fragebogendiagnostik. *Diagnostica, 39,* 97–108.

Krampen, G., Freilinger, J. & Willems, S. (1996). *Kreativitätstest für Vorschul- und Schulkinder (KVS-P).* Göttingen: Hogrefe.

Krampen, G., Hense, H. & Schneider, J. F. (1992). Reliabilität und Validität von Fragebogenskalen bei Standardreihenfolge versus inhaltshomogener Blockbildung ihrer Items. *Zeitschrift für Experimentelle Psychologie, 39,* 229–248.

Kröber, H.-L. & Steller, M. (Hrsg.) (2005). *Psychologische Begutachtung im Strafverfahren* (2. Aufl.). Darmstadt: Steinkopff.

Kubinger, K. D. (1993). Testtheoretische Probleme der Computerdiagnostik. *Zeitschrift für Arbeits- und Organisationspsychologie, 37,* 130–137.

Kubinger, K. D. (1997). Richtlinien zur Qualitätssicherung von psychologischen Gutachten. *Psychologie in Österreich, 17,* 10–16.

Kubinger, K. D. (2003). Gutachten. In K. D. Kubinger & R. S. Jäger (Hrsg.), *Schlüsselbegriffe der Psychologischen Diagnostik* (S. 187–195). Weinheim: Beltz/PVU.

Kubinger, K. D. (2006). *Psychologische Diagnostik – Theorie und Praxis des psychologischen Diagnostizierens.* Göttingen: Hogrefe.

Kubinger, K. D. (2009). Psychologische Computerdiagnostik. *Zeitschrift für Psychiatrie, Psychologie und Psychotherapie, 57,* 23–32.

Kubinger, K. D. & Deegener, G. (2001). *Psychologische Anamnese bei Kindern und Jugendlichen.* Göttingen: Hogrefe.

Kubinger, K. D. & Ebenhöh, J. (2007). *Arbeitshaltungen. Kurze Testbatterie: Anspruchsniveau, Frustrationstoleranz, Leistungsmotivation, Impulsivität/Reflexivität (AHA).* Software und Manual. Mödling: Dr. G. Schuhfried GmbH.

Kubinger, K. D. & Farkas, J. (1991). Die Brauchbarkeit von Normen von Papier-Bleistift-Tests für die Computer-Vorgabe: Ein Experiment am Beispiel der SPM von Raven als kritischer Beitrag. *Zeitschrift für Differentielle und Diagnostische Psychologie, 12,* 257–266.

Kubinger, K. D. & Ortner, T. M. (2010). Psychologische Diagnostik und Intervention in Fallbeispielen. Göttingen: Hogrefe.

Kubinger, K. D. & Proyer, R. (2005). Gütekriterien. In K. Westhoff, L. J. Hellfritsch, L. F. Hornke, K. D. Kubinger, F. Lang, H. Moosbrugger, A. Püschel & G. Reimann (Hrsg.), *Grundwissen für die berufsbezogene Eignungsbeurteilung nach DIN 33430* (S. 186–194). Lengerich: Pabst.

Kubinger, K. D. & Wurst, E. (2009). *Adaptives Intelligenzdiagnostikum 2 (AID-2).* (2. Aufl.) Weinheim: Beltz.

Lefèvre, S. & Kubinger, K. D. (2004). *Differentielles Stress Inventar (DSI).* Test: Software und Manual. Mödling: Dr. G. Schuhfried GmbH.

Leitner, K., Lüders, E., Greiner, B., Niedermeier, R., Ducki, A. & Volpert, W. (1993). *Analyse psychischer Anforderungen und Belastungen in der Büroarbeit. Das RHIA/VERA-Büro-Verfahren.* Göttingen: Hogrefe.

Leitner, W. G. (2000). Zur Mängelerkennung in familienpsychologischen Gutachten. *Familie und Recht – Zeitschrift für die anwaltliche und gerichtliche Praxis, 2,* 57–63.

Liedl, K. (1997). *Mechanisch-Technisches Auffassungsvermögen (MTA).* Test: Software und Manual. Mödling: Dr. G. Schuhfried GmbH.

Lichtenberger, E. O. (2006). Computer utilization and clinical judgment in psychological assessment reports. *Journal of Clinical Psychology, 62,* 19–32.

Lienert, G. A. & Raatz, U. (1998). *Testaufbau und Testanalyse* (6. Aufl.). Weinheim: Beltz/PVU.

Liepmann, D., Beauducel, A., Brocke, B & Amthauer, R. (2007). *Intelligenz-Struktur-Test 2000 R (I-S-T 2000 R).* (2. Aufl.) Göttingen: Hogrefe.

Lumsden, J. A., Sampson, J. P., Reardon, R. C., Lenz, J. G. & Peterson, G. W. (2004). A comparison study of the paper- and pencil, personal computer, and Internet versions of Hollands self-directed search. *Measurement and Evaluation in Counseling and Development, 37,* 85–94.

Lück, H. E. & Timaeus, E. (1969). Skalen zur Messung manifester Angst (MAS) und sozialer Wünschbarkeit (SDS-E und SDS-CM). *Diagnostica, 15,* 134–141.

MacCann, R. (2006). The equivalence of online and traditional testing for different subpopulations and item types. *British Journal of Educational Technology, 37,* 79–91.

Mainberger, U. (1977). *Test zum Divergenten Denken (TDK Kreativität).* Weinheim: Beltz.

Mead, A. D. & Drasgow, F. (1993). Equivalence of computerized and paper-and-pencil cognitive-ability tests – A metaanalysis. *Psychological Bulletin, 114,* 449–458.

Meehl, P. E. (1956). Wanted – A good cookbook, *American Psychologist,* 11, 262–272.

Merten, T. & Ruch, W. (1996). A comparison of computerized and conventional administration of the German versions of the Eysenck Personality Questionnaire and the Carroll Rating Scale for depression. *Personality and Individual Differences, 20,* 281–291.

Merten, T. & Siebert, K. (1997). A comparison of computerized and conventional administration of the EPQ-R and the CRS: Further data on the Merten and Ruch (1996) study. *Personality and Individual Differences, 22,* 283–286.

Michaels, M. H. (2006). Ethical considerations in writing psychological assessment reports. *Journal of Clinical Psychology, 62,* 47–58.

Moosbrugger, H. & Goldhammer, F. (2006). Aufmerksamkeits- und Konzentrationsdiagnostik. In K. Schweizer (Hrsg.), *Leistung und Leistungsdiagnostik* (S. 83–102). Heidelberg: Springer.

Möseneder, D. & Ebenhöh, J. (1996). *Ein Simulationstest zur Erfassung des Entscheidungsverhaltens (ILICA).* Frankfurt/M.: Swets (Harcourt).

Musch, J., Rahn, B. & Lieberei, W. (2001). *Bonner Postkorb-Module (BPM).* Göttingen: Hogrefe.

Neuwirth, W. & Eberhardt, G. (2004). *Flimmer/Verschmelzungsfrequenz (FLIM).* Test: Software und Manual. Mödling: Dr. G. Schuhfried GmbH.

Nisbett, R. E. & Wilson, T. D. (1977). Telling more than we can now: Verbal Reports on Mental Processes. *Psychological Review, 84,* 231–259.

Oesterreich, R., Leitner, K. & Resch, M. (2000). *Analyse psychischer Anforderungen und Belastungen in der Produktion. Das Verfahren RHIA/VERA-Produktion.* Göttingen: Hogrefe.

Ortner, T. M. (2003). Psychophysiologische Messungen. In K. D. Kubinger & R. S. Jäger (Hrsg.), *Schlüsselbegriffe der Psychologischen Diagnostik* (S. 354–361). Weinheim: Beltz.

Ortner, T. M. (2004). On changing the position of items in personality questionnaires: Analysing effects of item sequence using IRT. *Psychology Science, 47,* 59–69.

Ortner, T. M. & Janous, G. (2006). Zur Nützlichkeit eines Objektiven Persönlichkeitstests für die Auswahl von Fachhochschulstudierenden. In T. M. Ortner, R. T. Proyer & K. D. Kubinger (Hrsg.), *Theorie und Praxis Objektiver Persönlichkeitstests* (S. 244–253). Bern: Hans Huber.

Ortner, T. M., Kubinger, K. D., Schrott, A., Radinger, R. & Litzenberger, M. (2006). *Belastbarkeits-Assessment: computerisierte Objektive Persönlichkeits-Testbatterie – Deutsch (BAcO-D). Test: Software und Manual.* Frankfurt/M.: Harcourt Test Services.

Ortner, T. M., Proyer, R. T. & Kubinger, K. D. (2006) (Hrsg.). *Theorie und Praxis Objektiver Persönlichkeitstests.* Bern: Hans Huber.

Ostendorf, F. & Angleitner, A. (2004). *NEO-Persönlichkeitsinventar nach Costa und McCrae, Revidierte Fassung (NEO-PI-R).* Göttingen: Hogrefe.

Oswald, W.-D. & Kaiser, H.-J. (2006). Gerontopsychologie. In K. Pawlik (Hrsg.), *Handbuch Psychologie* (S. 699–710). Berlin: Springer.

Österreichisches Normierungsinstitut (2005). *Anforderungen an Prozesse und Methoden in der Personalauswahl und -entwicklung (ÖNORM D 4000)*. Wien: ÖNORM.

Paunonen, S. V., Ashton, M. C. & Jackson, D. N. (2001). Nonverbal Assessment of the Big Five Personality Factors. *European Journal of Personality, 15*, 3–18.

Perels, F. (2007). Hausaufgaben-Training für Schüler der Sekundarstufe I: Förderung selbst-regulierten Lernens in Kombination mit mathematischem Problemlösen bei der Bearbei-tung von Textaufgaben. In M. Landmann & B. Schmitz (Hrsg.), *Selbstregulation erfolgreich fördern: Praxisnahe Trainingsprogramme für effektives Lernen* (S. 33–51). Stuttgart: Kohl-hammer.

Petermann, F. (1997). Testrezension zu Familie in Tieren – Die Familienkonstellation im Spie-gel der Kinderzeichnung. In K. D. Kubinger (Hrsg.), Themenheft Testrezensionen, *Zeitschrift für Differentielle und Diagnostische Psychologie* (S. 90–92), 18 (1/2).

Petermann, F. (2000) (Hrsg.). *Fallbuch der Klinischen Kinderpsychologie und -psychotherapie.* (2. Aufl.) Göttingen: Hogrefe.

Petermann, F. (2008) (Hrsg.). *Lehrbuch der Klinischen Kinderpsychologie* (6. Aufl.). Göttingen: Hogrefe.

Petermann, F. & Petermann, U. (2000a). *Training mit aggressiven Kindern* (9. Aufl.). Weinheim: PVU.

Petermann, F. & Petermann, U. (2000b). *Aggressionsdiagnostik.* Kompendien Psychologische Diagnostik, Bd. 1. Göttingen: Hogrefe.

Petermann, F, & Petermann, U. (2008). *HAWIK-IV Hamburg-Wechsler-Intelligenztest für Kinder – IV.* (2. Aufl.) Göttingen: Hogrefe.

Peterson, C. & Seligman, M. E. P. (2004). *Character strengths and virtues: A handbook and classi-fication.* Washington, DC: American Psychological Association

Plück, J., Wieczorrek, E., Wolff Metternich, T. & Döpfner, M. (2006). *Präventionsprogramm für Expansives Problemverhalten (PEP)*. Göttingen: Hogrefe.

Proyer, R. T. (2006). *Entwicklung Objektiver Persönlichkeitstests zur Erfassung des Interesses an beruflichen Tätigkeiten* (Psychologie, Bd. 52). Landau: Verlag Empirische Pädagogik.

Proyer, R. T. (2007). Die Theorie beruflicher Interessen von J. L. Holland in der Beratung: Über-blick und aktuelle Entwicklungen. *Psychologie in Erziehung und Unterricht, 54*, 71–77.

Proyer, R. T. (2008). Zur Diagnostik beruflicher Interessen in der Berufs-, Studien- und Lauf-bahnberatung. In D. Läge & A. Hirschi (Hrsg.), *Berufliche Übergänge – Psychologische Grundlagen der Berufs-, Studien- und Laufbahnberatung* (S. 97–111). Münster: LIT.

Proyer, R. T. & Häusler, J. (2008). *Multimethodische Objektive Interessentestbatterie (MOI)*. Test: Software und Manual. Mödling: Schuhfried.

Proyer, R. T., Wagner-Menghin, M. M. & Grafinger, G. (2005). *Leseverständnistest für Erwach-sene (LEVE)*. Test: Software und Manual. Mödling: Dr. G. Schuhfried GmbH.

Raven, J. (1998). *Advanced Progressive Matrices (APM)*. Oxford: Oxford Psychologists Press. Deutsche Überarbeitung: Heller, K. A., Kratzmeier, H. und Lengfelder, A., (1998). *Matrizen-Test-Manual* (Band 2). Göttingen: Beltz.

Reijnen, E., Penner, I.-K. & Opwis, K. (2006). Gedächtnisdiagnostik. In K. Schweizer (Hrsg.), *Leistung und Leistungsdiagnostik* (S. 102–111). Heidelberg: Springer.

Reimann, G. (2005). Arbeits- und Anforderungsanalyse. In K. Westhoff, L. J. Hellfritsch, L. F. Hornke, K. D. Kubinger, F. Lang, H. Moosbrugger, A. Püschel & G. Reimann (Hrsg.), *Grund-wissen für die berufsbezogene Eignungsbeurteilung nach DIN 33430*. (2., überarbeitete Aufl.) (S. 111–127). Lengerich: Pabst.

Riemann, R. (2006). Eigenschaftsdiagnostik. In F. Petermann & M. Eid (Hrsg.), *Handbuch der Psychologischen Diagnostik* (S. 467–475). Göttingen: Hogrefe.

Rollett, B. (2003). Projektive Verfahren. In K. D. Kubinger & R. S. Jäger (Hrsg.), *Schlüsselbeg-riffe der Psychologischen Diagnostik* (S. 340–348). Weinheim: Beltz/PVU.

Röhrle, B., Caspar, F. & Schlottke, P. F. (2008) (Hrsg.). *Lehrbuch der klinisch-psychologischen Diagnostik*. Stuttgart: Kohlhammer.

Schaarschmidt, U. & Fischer, A. (2008). *Arbeitsbezogenes Verhaltens- und Erlebensmuster (AVEM)*. (3. Aufl.) Frankfurt/M.: Swets (Harcourt).

Schaarschmidt, U. & Fischer, A. (1997). Psychologische Abklärung und Beratung bei beruflichem Belastungserleben. In K. D. Kubinger & H. Teichmann (Hrsg.), *Psychologische Diagnostik und Intervention in Fallbeispielen* (S. 269–275). Weinheim: PVU.

Schermer, F. J. & Weber, A. (2006). *Methoden der Verhaltensänderung: Komplexe Interventionsprogramme*. Stuttgart: Kohlhammer.

Schmalt, H.-D., Sokolowski, K. & Langens, T. (2000). *Multi-Motiv-Gitter (MMG)*. Frankfurt/M.: Swets (Harcourt).

Schmidt-Atzert, L. (2007). *Objektiver Leistungsmotivationstest (OLMT)*. Test: Software und Manual. (2. Aufl.) Mödling: Dr. G. Schuhfried GmbH.

Schmidt, L. R. (1975). *Objektive Persönlichkeitsmessung in diagnostischer und klinischer Psychologie*. Weinheim: Beltz

Schmidt, L. R. (1999). Psychodiagnostisches Gutachten. In R. S. Jäger & F. Petermann (Hrsg.). *Psychologische Diagnostik* (S. 468–478)(4. Aufl.). Weinheim: Beltz/PVU.

Schmidt, L. R. & Keßler, B. H. (1976). *Anamnese: Methodische Probleme, Erhebungsstrategien und Schemata*. Weinheim: Beltz.

Schmitt, M. & Gschwendner (2006). Regeln der Datenintegration. In F. Petermann & M. Eid (Hrsg.), *Handbuch der Psychologischen Diagnostik* (S. 383–395). Göttingen: Hogrefe.

Schneewind, K. A. & Graf, J. (1998). *16-Persönlichkeits-Faktoren-Test Revidierte Fassung (16 PF-R)*. Göttingen: Hogrefe.

Schoppe, K.-J. (1975). *Verbaler Kreativitätstest (VKT)*. Göttingen: Hogrefe.

Schraml, W. (1971). Das Diagnostische Gespräch (Exploration und Anamnese). In R. Heiss (Hrsg.), *Psychologische Diagnostik* (S. 868–900). Göttingen: Hogrefe.

Schuler, H. & Höft, S. (2006). Konstruktorientierte Verfahren der Personalauswahl. In H. Schuler (Hrsg.), *Lehrbuch der Personalpsychologie* (2., überarb. Aufl., S. 101–144). Göttingen: Hogrefe.

Schuler, H., Prochaska, M. & Fintrup, A. (2001). *Leistungsmotivationsinventar (LMI)*. Göttingen: Hogrefe.

Sindelar, B. (2005). *Leitfaden zur Behandlung von Teilleistungsschwächen*. (3. Aufl.) Wien: VAP.

Smith Harvey, V. (2006). Variables affecting the clarity of psychological reports. *Journal of Clinical Psychology, 62*, 5–18.

Snyder, C. R., Ritschel, L. A., Rand, K. L. & Berg, C. J. (2006). Balancing psychological assessments: Including strengths and hope in client reports. *Journal of Clinical Psychology, 62*, 33–46.

Souvignier, E., Streblow, L., Holodynski, M. & Schiefele, U. (2007). Textdetektive und LEKOLEMO – Ansätze zur Förderung von Lesekompetenz und Lesemotivation. In M. Landmann & B. Schmitz (Hrsg.), *Selbstregulation erfolgreich fördern: Praxisnahe Trainingsprogramme für effektives Lernen* (S. 52–88). Stuttgart: Kohlhammer.

Srp, G. (1994). *Syllogismen. Logisches Denken Verbal*. Frankfurt/Main: Swets Test Services (Harcourt Test Services).

Stoll, F., Jungo, D. & Toggweiler, S. (2006). *Foto-Interessentest F-I-T Serie 2006*. Dübendorf: Schweizerischer Verband für Berufsberatung (SVB); Thema 8.

Stöber, J. (1999). Die Soziale-Erwünschtheits-Skala-17 (SES-17): Entwicklung und erste Befunde zu Reliabilität und Validität. *Diagnostica, 45*, 173–177.

Stumpf, H. & Fay, E. (1983). *Schlauchfiguren – Ein Test zur Beurteilung des räumlichen Vorstellungsvermögens*. Göttingen: Hogrefe.

Stumpf, H., Angleitner, A., Wieck, T., Jackson, D. N. & Beloch-Till, H. (1985). *Deutsche Personality Research Form (PRF)*. Göttingen: Hogrefe.

Sturm, W. (2005). *Aufmerksamkeitsstörungen*. Göttingen: Hogrefe.

Sturm, W. & Willmes, K. (2004). *Verbaler Lerntest (VLT)*. Test: Software und Manual. Mödling: Dr. G. Schuhfried GmbH.

Teichmann, H. (1997). Psychologische Diagnostik im Konzept der lebenslangen Entwicklung. In K. D. Kubinger & H. Teichmann (Hrsg.), *Psychologische Diagnostik und Intervention in Fallbeispielen* (S. 7–14). Weinheim: PVU.

Tennstädt, K.-C., Krause, F., Humpert, W. & Dann, H.-D. (1992). *Das Konstanzer Trainingsmodell (KTM)*. (2. Aufl.) Bern: Hans Huber.

Terlinden-Arzt, P. (1998). *Psychologisches Gutachten für das Familiengericht*. Lengerich: Pabst.

Testkuratorium (2006). TBS-TK. Testbeurteilungssystem des Testkuratoriums der Föderation Deutscher Psychologenvereinigungen. *Report Psychologie, 31*, 492–499.

Tewes, U. (1991). *Hamburg-Wechsler Intelligenztest für Erwachsene Revision 1991 (HAWIE-R)*. Bern: Hans Huber.

Thomae, H. (1967). Prinzipien und Formen der Gestaltung psychologischer Gutachten. In K. Gottschaldt, P. Lersch, F. Sander & H. Thomae (Hrsg.), *Handbuch der Psychologie in 12 Bänden* (S. 743–767). Bd. 11: Forensische Psychologie. Göttingen: Hogrefe.

Toggweiler, S., Jungo, D. & Stoll, F. (2004). Der Foto-Interessentest Serie FIT 2003: Zur Erfassung von Berufsinteressen mittels fotografischer Stimuli. *Zeitschrift für Personalpsychologie, 3*, 34–42.

Unverhau, S. & Babinsky, R. (2000). Problemanalyse, Zielsetzung und Behandlungsplanung in der neuropsychologischen Therapie. In W. Sturm, M. Herrmann & C.-W. Wallesch (Hrsg.), *Lehrbuch der Klinischen Neuropsychologie* (S. 300–320). Lisse, NL: Swets & Zeitlinger Publishers.

Urban, K. K. (2003). Kreativitätstests. In K. D. Kubinger & R. S. Jäger (Hrsg.), *Schlüsselbegriffe Psychologischer Diagnostik* (S. 254–258). Weinheim: Beltz/PVU.

Urban, K. K. & Jellen, H. G. (1995). *Test zum schöpferischen Denken – Zeichnerisch (TSD-Z)*. Frankfurt/Main: Swets Test Services (Harcourt Test Services).

Vansickle, T. R. & Kapes, J. T. (1993). Comparing paper pencil and computer-based versions of the Strong Campbell Interest Inventory. *Computers in Human Behavior, 9*, 441–449.

Wagner-Menghin, M. M. (2003). Messgenauigkeit. In K. D. Kubinger & R. S. Jäger (Hrsg.). *Schlüsselbegriffe der Psychologischen Diagnostik* (S. 282–286). Weinheim: Beltz/PVU.

Weiss, R. H. (1998). *Grundintelligenztest Skala 2 (CFT-20)* (4. Aufl.). Göttingen: Hogrefe.

Westhoff, K. (Hrsg.) (2006). *Nutzen der DIN 33430 – Praxisbeispiele und Checklisten*. Lengerich: Pabst.

Westhoff, K. (2008). Decision-Aiding im psychologisch-diagnostischen Prozess. *Zeitschrift für Sportpsychologie, 15*, 63–72.

Westhoff, K., Hagemeister, C. & Strobel, A (2007). Decision-Aiding in the Process of Psychological Assessment. *Psychology Science, 49*, 271–285.

Westhoff, K., Hellfritsch, L. J., Hornke, L. F., Kubinger, K. D., Lang, F., Moosbrugger, H., Püschel, A. & Reimann, G. (Hrsg.) (2005), *Grundwissen für die berufsbezogene Eignungsbeurteilung nach DIN 33430*. (2., überarbeitete Aufl.) Lengerich: Pabst.

Westhoff, K., Hornke, L. F. & Westmeyer, H. (2003). Richtlinien für den diagnostischen Prozess – Zur Diskussion gestellt. [Deutsche Adaptation von: Fernandez-Ballesteros, R, De Bruyn, E.E. J., Godoy, A., Hornke, L. F., Ter Laak, J., Vizcarro, C., Westhoff, K., Westmeyer, H., & Zaccagnini, J. L. (2001). Guidelines for the Assessment Process (GAP): A Proposal for Discussion. European Journal of Psychological Assessment, 17, 187–200.] *Report Psychologie, 28*, 504–517.

Westhoff, K. & Kluck, M.-L. (2008). *Psychologische Gutachten schreiben und beurteilen* (5., vollständig überarbeitete und erweiterte Aufl.). Berlin, Heidelberg: Springer.

Westhoff, K. & Strobel, A. (2005). Eignungsinterview. In K. Westhoff, L. J. Hellfritsch, L. F. Hornke, K. D. Kubinger, F. Lang, H. Moosbrugger, A. Püschel & G. Reimann (Hrsg.), *Grundwissen für die berufsbezogene Eignungsbeurteilung nach DIN 33430* (S. 93–110). (2., überarb. Auflage) Lengerich: Pabst.

Westhoff, K., Terlinden-Arzt, P. & Klüber, A. (2000). *Entscheidungsorientierte psychologische Gutachten für das Familiengericht.* Berlin, Heidelberg: Springer.

Wiesflecker, S. (2003). *Psychologische Anamneseerhebung mit Hilfe von Gesprächsleitfäden. Zur Effizienz am Beispiel des Systemisch Orientierten Erhebungsinventars von Kubinger.* Landau: Verlag Empirische Pädagogik.

Wiesflecker, S. & Kubinger, K. D. (2005). Das «Systemisch Orientierte Erhebungsinventar» im Vergleich zur intuitiv-unstrukturierten Exploration. Ein Experiment in Bezug auf den psychologisch-diagnostischen Informationsgewinn. *Zeitschrift für Klinische Psychologie und Psychotherapie, 34,* 54–64.

Wittkowski, J. & Seitz, W. (2004). *Praxis der verkehrspsychologischen Eignungsbegutachtung Eine Bestandsaufnahme unter besonderer Berücksichtigung alkoholauffälliger Kraftfahrer.* Stuttgart: Kohlhammer.

Zulliger, H. (1969). *Der Zulliger-Tafeln-Test – Ein Rorschach-Verfahren mit drei Tafeln für individuelle psychologische Prüfungen, Lehr- und Übungsbuch* (3. Aufl.). Bern: Hans Huber.

Zuschlag, B. (2002). *Das Gutachten des Sachverständigen.* (2., überarbeitete und erweiterte Aufl.). Göttingen: Hogrefe

Zuschlag, B. (2006). *Richtlinien für die Erstellung psychologischer Gutachten.* (2., überarbeitete und erweiterte Aufl.) Bonn: Deutscher Psychologen Verlag GmbH.

Sachwortverzeichnis

Nützliche Seiten im Internet (Auswahl)

http://www.dgps.de/fachgruppen/diff_psy/
  Homepage der *Fachgruppe Differentielle Psychologie, Persönlichkeitspsychologie und Diagnostik der Deutschen Gesellschaft für Psychologie*
http://www.eapa-homepage.org/
  Homepage der *European Association of Psychological Assessment*
http://www.pearsonassessment.de/front_content.php
  Deutschsprachige computergestützte und Papier-Bleistift-Tests der *Pearson-Verlagsgruppe*
http://www.hogrefe-testsystem.com/
  Computergestützte Diagnostik mit dem *Hogrefe Testsystem*
http://psychologie.univie.ac.at/diagnostik/software-downloads/
  Downloadseite des *Arbeitsbereichs Psychologische Diagnostik an der Fakultät für Psychologie der Universität Wien*
http://www.psychologie.uzh.ch/perspsy/links/
  Linksammlung der *Fachrichtung Persönlichkeitspsychologie und Diagnostik der Universität Zürich*
http://www.psycontent.com/
  Fachzeitschriften mit Online-Zugang der *Hogrefe & Huber Verlagsgruppe* (Gebühr; häufig freier Zugriff über Rechner an universitären Einrichtungen)
http://www.schuhfried.at/
  Computergestützte psychologische Diagnostik mit dem *Wiener Testsystem der Dr. G. Schuhfried GmbH.*
http://www.sciencedirect.com/
  Internationale *Fachzeitschriften* mit Online-Zugang (Gebühr; häufig freier Zugriff über Rechner an universitären Einrichtungen)
http://www.testraum.ch/labels.htm
  Kurze Testkritiken und Bewertungen verschiedener psychologischer Tests durch die *Diagnostikkommission des Schweizerischen Verbands für Berufsberatung*
http://www.testzentrale.de
  Psychologische Tests der Hogrefe & Huber Verlagsgruppe
http://www.zpid.de/
  Das *Zentrum für Psychologische Information und Dokumentation* bietet Informationen zu psychologischen Tests, Übersichten über Testkritiken, Übersichten über Fachzeitschriften oder Datenbanken und zahlreiche weitere Informationen aus vielen verschiedenen Bereichen der Psychologie

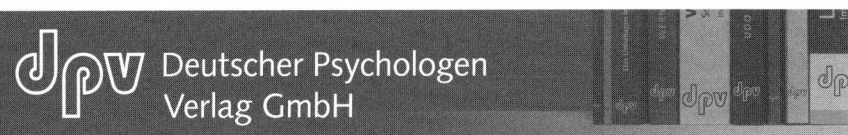